中国传媒大学"十二五"规划教材编委会

主任：苏志武　胡正荣

编委：（以姓氏笔画为序）
　　　王永滨　刘剑波　关　玲　许一新　李　伟
　　　李怀亮　张树庭　姜秀华　高晓虹　黄升民
　　　黄心渊　鲁景超　廖祥忠

播音与主持艺术专业"十二五"规划教材编委会

主任：鲁景超

副主任：李洪岩

业界顾问：（以姓氏笔画为序）
　　　方　明　李瑞英　沈　力　姚喜双　铁　成

编委会成员：（以姓氏笔画为序）
　　　丁龙江　王　群　王世林　卢　静　白岩松
　　　杜　宪　陈京生　陈晓鸥　周　涛　赵　俐
　　　翁　佳　栾洪金　唐　朝　康　辉

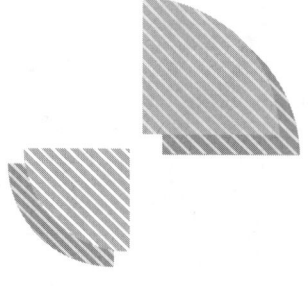

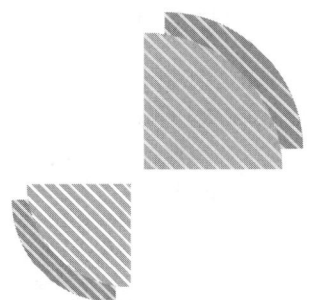

播音与主持艺术专业"十二五"规划教材

电视节目播音主持

中国传媒大学播音主持艺术学院 编著

中国传媒大学出版社
·北京·

目 录

播音主持艺术学的回顾与展望(代序) 鲁景超/1

第一章　电视节目播音主持概述　/1
　　第一节　电视媒介的传播特点　/1
　　第二节　电视传播的基本单元　/3
　　第三节　电视传受关系与播音主持　/4
　　第四节　电视摄制与播音主持　/5

第二章　电视新闻播音　/10
　　第一节　电视新闻播音概述　/10
　　第二节　电视新闻播音的表达样态　/14
　　第三节　电视新闻播音的多样化发展　/18
　　第四节　电视新闻播音的准备　/21
　　第五节　电视新闻口播　/30
　　第六节　电视新闻配音　/38

第三章　电视新闻节目主持　/79
　　第一节　电视新闻采访　/79
　　第二节　电视新闻现场报道　/85
　　第三节　电视新闻评论　/93
　　第四节　电视新闻直播　/111

第四章　电视社会生活节目主持　/122
　　第一节　电视社会生活节目的服务意识　/122
　　第二节　电视社会生活节目及其主持的发展演变　/130
　　第三节　电视社会生活节目的界定、分类及特点　/132

第四节　电视社会生活节目主持人的媒介角色定位　/136
第五节　电视社会生活节目的主持方式　/138
第六节　电视社会生活节目的主持语言特点　/143
第七节　电视社会生活节目主持人的能力诉求　/148

第五章　电视综艺娱乐节目主持　/178

第一节　电视综艺娱乐节目主持人的文化责任　/178
第二节　电视综艺娱乐节目的特性及类型划分　/182
第三节　电视综艺娱乐节目主持人的素质　/204
第四节　电视综艺娱乐节目的主持特点　/213
第五节　电视综艺娱乐节目主持的控场艺术　/216

参考文献　/228

编写说明　/229

播音主持艺术学的回顾与展望(代序)

鲁景超

一、播音主持艺术学概述

首先,播音主持艺术学及其专业建设孕育于新中国的人民广播播音事业,经过半个多世纪的风雨历程,不仅在广播电视领域、艺术学领域有着广泛的影响,而且还拓展到语言传播、文化传播等相关领域。

播音主持艺术学是以广播电视有声语言创作主体及其语言传播活动为研究对象,以新闻事实及时传播为根基,以规范、审美为艺术追求,以民族精神、人文精神和社会主义核心价值观为灵魂,以提升国民综合素质为目标的一门科学。它以新闻传播学、艺术学、语言学及应用语言学、文学、心理学及哲学美学等诸多学科作支撑,其中,新闻性是根本属性,艺术性是重要属性,哲学美学是精神旨归,语言是创作领域与手段,文学是提升语言传播文化水平与品位的根基。

虽然它立足于广播电视大众传播的语境,但又能充分汲取自我传播、人际传播的优势,并通过去粗取精、去伪存真的创作过程引领和提升语言的品质;虽然它具有语言文字的工具属性,但又能在"音声化"的过程中,赋予"有声语言"生命的活力、思想的力量,使其具有"人性"的蕴藉和"文化"的灵魂;虽然它具有艺术表现的属性,但又必须严格遵循大众传播规律,在新闻真实性原则的制约下,展开一系列艺术创作活动;虽然它具有哲学美学的属性,但又不以钻研哲学、美学的本体为己任,而是致力于语言表达对创作者人生观、价值观的现实表露,以及对其审美能力、审美尺度的全面把控。

鲜明的文化性和民族性,以及跨学科和交叉性的学科定位,成就了其独树一帜的品牌特色与学科独立性的特征。

其次,学科的独立性是播音主持艺术理论研究的基础,学科的鲜明特色和独特价值规定着播音主持艺术理论研究的范围和领域。

播音主持艺术学以广播电视播音主持语言为主要研究对象,同时关注新媒体中的口语传播活动以及公众表达体系当中的各种口语表达活动,探索播音主持语言及公众口语表达的基本规律、实践方法、传播模式,以及历史和现状、文化内涵、社会影响等问题,它研究的重要领域是"有声语言",而不是"文字语言"。

语言,可以分为"书面语"和"口语"两大类。书面语,从文字书写上体现;口语,从口头言说中呈现,二者有着各自不同的语体特征。"有声语言",不仅包括了口头言说,也包括了文字书写的"音声化"。"有声语言"既可以从文字语言转化而来，也可以从内部语言外化而来；既可以表现书面语的色彩，也可以表现口语的色彩。

相比于书面语，口语的生存空间以日常生活场景为主，因此，过于日常化、生活化、碎片化，内容也过于散乱、琐碎、随意，缺乏主题性、目的性，文化内涵不足，精神价值不高，停留在日常生活中的口语缺乏提高质量和品位的内在动力。书面语以规范、完整、艺术、精辟等优势长期参与于经济、政治、文化生活中，而历史并没有为口语提供那样广泛的参与社会生活的空间，这使得口语长期以来徘徊在公共视野和研究视野之外。信息社会的到来，当然也包括广播电视的发展，使我们迎来了口语研究的春天，以播音主持语言为代表，人们看到了口语对社会的影响和人类的价值，开始思考如何释放其文化含量、挖掘其精神品质。但是，由于我国口语研究的时间较短，历史资料较少，口语典范积累不足，技术水平有限，在浩如烟海的文化典籍中，非常缺少对"有声语言"表达的研究与论述。

播音主持艺术学的价值恰恰在于填补了这个空白。播音主持语言是强势口语资源，有责任在改变口语研究薄弱现状方面发挥作用。通过研究"语"与"文"的融合，把握"有声语言"的本质——人文精神，以提升广播电视语言的表达质量；通过推动国民"语"与"文"能力的均衡发展，以提高全民族的语言文化素养，催生口语表达的典范。

再次，播音主持艺术学研究的主体是"人"，是"出声露面，驾驭节目进程的人"，是处于语言传播活动"咽喉要道"位置的播音员、主持人。他们的言谈举止，不仅会影响节目的质量、传播的效果，还会引领社会语言生活的潮流，对社会起着极强的示范作用。

几十年来，播音主持艺术学学科已经为新中国的广播电视事业输送了一批批优秀的毕业生，他们当中的许多人活跃在我国主流广播电视媒体的最前沿，他们在重大新闻事件的报道现场，向大众传递政府和人民的声音，他们庄重大气的形象成为中国形象的代表，他们掷地有声的播报和评论成为中国气派话语风格的代表，同时，他们也用精彩的语言创作实践，有力地证明了本学科的生存价值和意义。

播音主持语言所承载的信息传播功能、舆论引导功能、宣传功能、教育功能、娱乐功能、记录历史的功能、凝聚民族精神的功能、标志时代的功能、实现语言规范和传播语言规范的功能，以及传承中华文化的功能等，说到底是要靠"人"来实现的，所以，培养什么人，怎么培养人，始终是本学科研究的重中之重。能否培养出既具有新闻工作者的社会责任感和扎实的职业素养，又具有语言艺术工作者的敏锐、悟性和扎实的"语言功力"，还具有明确的文化传承者的身份认同、自觉坚守语言传播文化品位和文化使命的"人"，是本学科能否凸显核心竞争力的关键所在。

广播电视实践需要大量高水平、复合型的播音主持精英人才，大学作为教学、科研的重镇所在，理应为培养这样的人才做好充分的理论准备。

最后，形成较为完备的、独特的理论体系，是学科成熟的标志，也是学科建设的核心内容。

播音主持艺术学历经了从无到有、从小到大、从单一到综合的发展历程。学科的理论体系建设，围绕"有声语言"表达"感性－知性－理性－悟性"的独特艺术路径，锤炼语言表达能力，提升"有声语言"艺术感染力和艺术境界。以1994年出版的《中国播音学》为标志，发展至今，逐步形成了独具中国特色的理论体系，国内首创，在国际上也独树一帜。

其主要研究方向及研究内容有：

播音主持发声艺术——以有声语言表达中发声艺术的创作基础及创作方法为研究对象,研究语言发声艺术的物理基础、机体控制、发声方法和语言艺术表达效果之间的关系,以及人们的思想感情与声音表达形式之间的关系。为了适应我国新时期进一步推广普通话的要求,本方向还以普通话教学和水平测试为研究对象,着重研究普通话测试的基本原理以及测试的范围、内容、方法,数字技术在测试中的应用等,为推广普通话服务。本方向除重点进行播音员主持人的发音用声和播音主持语言艺术效果之间的规律性研究外,还兼顾公众的发声艺术,如新闻发言人、企事业机构管理人员、教师以及大型活动主持的语言发声艺术。

播音主持艺术理论——以播音主持艺术创作主体、创作过程、接受主体、艺术效果为研究对象,以广播电视播音员主持人从素材准备到节目播出过程中的创作道路、原则、技巧、规律、风格等为研究范畴,梳理总结播音主持艺术创作过程中的原理、方法,用以指导播音主持艺术创作实践。播音主持艺术是有声语言表达艺术与广播电视语言传播相结合的艺术形式,重点在语言、传播、艺术等交叉领域进行艺术规律的探析,从创作主体和接受主体及其关系的角度将传者、受众和作品纳入研究视野,并对播音主持创作中的心理机制、美学特征等进行深入研究。本方向还将研究广播电视播音主持艺术的历史发展、代表人物、重点作品、风格流派等。

播音主持创作艺术——以播音主持业务为基础,以播音主持实践的动态发展变化为关注点,以各类广播电视节目播音主持创作活动为研究对象,系统研究包括新闻节目、综艺娱乐节目、专题性节目、谈话类节目、体育节目等各类节目播音主持的艺术特征、节目形态、创作方法、创作规律和艺术效果等,用以指导播音主持艺术创作实践。本方向除了研究具体节目的播音主持创作活动及其艺术外,还在宏观上跟踪、勾画广播电视播音主持艺术的发展脉络,并深层次分析不同类型节目播音主持艺术与媒介传播平台的相互影响,探索传媒与艺术之间的关系。

口语传播艺术——重点研究播音员主持人的口语表达的内涵外延、思维方式、创作方法等,以满足并探索此种类型节目的语言传播艺术规律。同时以此为基础,探索研究面对公众的口语表达及人际交流口语表达艺术规律,以提高公众口语表达水准作为主要任务,服务于全社会各领域的口语表达应用之需,如新闻发言人口语表达艺术、教师口语表达艺术等等。同时,本研究方向关注世界范围内华语传媒及华语有声语言传播的新变化,为世界范围内的华语传播提供关注课题和参考方向,培养对外宣传和世界华语传播的高端人才,完善国家媒体形象在海内外的传播与建设,提高世界华语传播品质。

以上研究方向和研究内容,构建了本学科的主干理论框架,在此框架下,沿着"有声语言"的运动轨迹,沿着理论与实践紧密结合、动态和静态相结合的研究路径,探索播音主持艺术的特殊规律,探索创新型人才培养的新模式,以回应广播电视媒体和社会对语言传播艺术越来越高的要求。

二、播音主持艺术教育的继承与创新

本学科是一个新兴交叉学科,学科的归属经历了逐步理顺的过程。本科层面在艺术类中的"播音与主持艺术"专业目录下招收学生。硕士层面在1980年申报硕士点之后，一直在"语言学及应用语言学"学科下招收硕士研究生；2007年，本学科开始在"新闻传播学"自主增列"广播电视语言传播"硕士研究方向，同时也在"广播电视艺术学"之下招收硕士研究生。在博士层面，1999年设立博士点之初，本学科在广播电视艺术学之下招收博士研究生，2001年改在语言学及应用语言学之下招收博士研究生，2007年开始在新闻传播学之下招收广播电视语言传播博士研究生。2011年艺术学升为门类，播音主持艺术学在戏剧与影视学一级学科下成功设置二级学科，使本学科在本科教育基础上有了更好地进行硕士、博士人才培养的平台和空间，人才特色更鲜明，学科特色更突出。

"培养什么人"始终是播音主持艺术教育的核心问题。一代代播音员、主持人恪守职责，不辱使命，用声音传播真理、记录历史、讴歌时代、传承文化，忠实地宣传党的方针政策，热情地为广大人民服务。他们的成长历程，最好地印证了"培养什么人"的重要性。

应该说，正是坚持正确的创作道路，牢牢抓住"培养什么人"这个"核心"和"主题"，播音主持人才培养的定位才经受住了时间的检验。

中国传媒大学是教育部直属的国家"211工程"重点建设大学，其下属的播音主持艺术学院是我国培养播音主持艺术精英人才的重要基地。独树一帜的播音主持艺术学，为科研与实践提供了坚实的学科支撑和理论指引，在此基础上，经过以齐越、张颂为代表的几代教育工作者的不懈努力，形成了一套特色鲜明、行之有效的教学模式，积累了"怎么培养人"的宝贵经验，也对"培养什么人"提供了有力的保证。

进入新时期以来，中国传媒大学播音主持艺术学院坚持贯彻党的教育方针，与时俱进地完善自己的教育教学理念；坚持以全球化的视野和国际化的发展定位，创新自己的教育模式、优化人才培养战略；坚持服务和谐社会建设和人的全面发展，提升全民族的语言文化素质；坚持发挥播音主持在建设社会主义先进文化进程中的导向和引领作用；坚持理论和实践相结合的教学方法，开拓创新地完成对高精尖人才的培养和输送。

我们的办学理念是：以融合人文和艺术的大学精神为指导，培养更多更优秀的播音员主持人，更好地执行大众媒体话语权，在党和人民之间架起沟通的桥梁；通过高质量的有声语言传播，塑造表达典范，在"书同文"的基础上，推进实现"语同音"的理想；发挥语言的文化承载力和精神塑造力，彰显中华民族的优良传统和精神气质。

我们的办学定位是：引领提高全民族的语言能力和文化素养；引领播音主持艺术的专业走向；引领语言传播的高规格和高标准。

我们不断完善课程体系和学科体系建设，坚持以特色课程建设为中心，贯彻以课程特色聚合学科特色的思路，扎扎实实地进行课程建设。根据国家宏观发展战略及广播电视播音主持实践的需求，在继续强化学科主干课程的同时，切实推进播音主持心理学、播音主持哲学、播音主持美学、播音主持教育学等方面的理论研究；积极建设世界华语传播、双语播音主持、口语传播等方向，拓展新的学科方向。在特色主干课"播音创作基础理论"已经建成国家级精品课的基础上，继续建设本学科的其他特色主干课程："普通话语音与播音发声艺术"、"广播节目播音主持艺术"、"电视节目播音主持艺术"等。

目前，播音与主持艺术专业共开设公共基础课、学科基础课、专业基础课、专业课、基础选修课、专业选修课60多门。在强化专业教育的同时，全面提升学生的综合素质。

在教学方法上，融合规范化教学、情感化教学、个性化教学、伴随化教学等多种教学方法。针对播音专业的特性，凸显以下特色：

"一个依托"的办学特色——依托一线发展，引领专业走向；

"两个属性"的人才特色——"新闻性+艺术性"；

"三个并重"的师资特色——"重教学+重科研+重实践"；

"四个结合"的教学特色——大课+小课，有稿+无稿，感性+理性，教书+育人；

"五个互补"的发展特色——继承+创新，开放+自强，动+静，国内+国际，大众传播+人际传播。

截至目前，已和全国各地的广播电视专业媒体合作共建了十多个校、院级实习基地。通过社会实践、专业见习、专业实习、毕业实习等多种实践途径磨炼学生的专业水平。

与此同时，我们还联合全国开办播音主持专业的各高等院校的力量，共同推进专业教育的深入和学科建设的深化。针对广播电视实践中遇到的实际问题，联合开展科研攻关；邀请一线专家参与本科生、研究生的培养，切实实行双导师制；积极参与中华文化的对外传播，大力推进国际学术交流。

在国家相关部门和学校的大力支持下，建设教学与科研相结合、先进技术设备与一流管理相结合、基础建设与拓展建设相结合、理论发展与实践发展相结合的教学科研实验基地。

随着广播电视事业的不断进步，特别是新技术的不断涌现、新媒体的不断发展，我们的教学内容和教学方法不可能一成不变。对于教学的改革与创新，我们从未停滞过。其改革创新的思路，既要基于学科规律的历史性延展，也要着眼于国内外学科建设现状和社会发展大势的战略性提升。播音主持艺术学院紧扣国家对教育事业的指导方针，把教育创新和对高端人才的培养放在学院工作的首位；把国家和广播电视事业一线对人才的需要作为全院培养人才的重要引领思路，在继承原有优良教学传统的基础上，兼容并蓄，推陈出新，努力提高教学质量。我们认为，未来对人才的培养要向"精深"和"宽广"两个方向同时发展。一方面，要继续深化专业内涵，突出专业优势，倍加重视"语言功力"，巩固新闻播音教学强项，提高综艺娱乐、社教服务等方向的教学能力，培养出更多精英人才，继续占领国内媒体及世界范围内华语媒体的高端；另一方面，还要拓展专业外延，顺应媒体融合的新趋势，不断开辟新领域。从大众传播向新媒体和人际传播拓展，培养出能适应复杂媒介环境的复合型精英人才。为此，我们要以"宽口径、厚基础、高素质、强能力"为教学原则，以课程体系为核心，以师资队伍为主导，以科研和管理为保障，探索出特色鲜明的教学、管理模式。

我们正在逐步规划因材施教、教学相长、分类培养、差异发展的教学特色，积极培育新课程，形成不同的课程模块，满足不同学生的成长需求，夯实学生的文化基础，强化学生的专业技能。改变学生的选课模式，由"配给制"到"套餐制"并逐渐发展到"自助式"。通过项目制教学、案例教学、工作室教学，打破封闭式教学，与电台、电视台进行校台合作、联办节目，在实践中锻炼学生的能力。建立教学监督检查和质量监控体系，完善教学质量保障工程。完善招生环节，对学生的培养实施从入口到出口的"一条龙"监控，完善人才质量保障体系建设。一方面，"请进来"——积极聘请各类专家为我院的兼职教授，让教学紧贴一线发展，紧贴学科前沿；另一方面，"走出去"——有计划地派教师和学生出去交流、调研、学习，借鉴先进经验，开阔视野、增强能力。

三、播音主持艺术的理论建设

齐越曾指出："播音业务跟其他工作一样，总是由实践到认识，再以认识指导实践，这是一个反复的过程。"[①]播音专业从无到有、从小到大，它的每一步发展都与理论建设密不可分。然而，播音主持艺术理论体系的形成并非一蹴而就的。

即使是在战火硝烟的时代，老一辈广播工作者也十分重视对播音工作实践经验的探索和总结，齐越的《播音员日记——解放战争年代的播音工作》就是最真实的佐证。在这篇日记中，齐越总结了自己因片面追求"语气自然"而容易播错的原因，明确提出了不能因为片面地追求播音语言形式而忽视对稿件内容理解的观点，以及通过加强政治学习和锻炼语言功力来提高播音水平的基本构想，对后人有着十分中肯的参考价值。同一时期的文献《新华总社语言广播部暂行工作细则》《XNCR陕北阶段工作的简单总结》《对当前改进语言广播的几点意见》等，都开始对语言规范提出要求。

在人民广播创建之初，有很多人不理解播音工作的重要性，认为只要爱国、会说普通话就能当播音员。针对这种后来被大家总结为"播音无学"的风气，以梅益、左荧、齐越为代表的广播工作者进行了有力的纠正。例如，1955年，梅益在中央台播音业务学习会上指出："我们从来没有轻视过播音工作，也许有个别人轻视这个工作，那是他的思想有问题。""做好播音工作，首先要有一定的政治觉悟和较好的思想修养，还要有一定的文化水平，再加上必要的技巧。"左荧则在题为《播音是一种语言艺术活动》的报告中明确提出："播音是一种艺术创作。"[②]

1955年中央广播事业局召开全国播音业务学习会，这是新中国成立后召开的第一次全国播音会议。在会上齐越介绍了苏联的播音工作经验，向大会传达了他从苏联学习到的宝贵经验。1959年，广播事业局翻译的《话筒前的播音员》和《广播业务译丛第三辑——播音业务专辑》出版。1961年，广播事业局为了"给做播音工作的同志提供一些学习资料"，组织中央台及地方台的播音员专门撰写了一部分文章，汇编了一本《全国播音经验汇辑》，出版了汇集中央人民广播电台播音员经验文章的白皮书《播音业务》等。这几本书分别总结了国外（苏联）、中央台和地方台（主要是省台）的播音经验，是对当时播音经验的一次总结和推广，也为播音理论的建立提供了基本的思路，具有重要的理论与实践意义。

1962年，齐越在上海播音组的讲话成为播音理论的奠基之作。以此为标志，开始了中国播音学的探索。在讲话中齐越提出了"播音工作的三个环节"、"播音创作的三个出发点"和"稿件分析的三个要素"等播音理论的概念。其中关于"播音技巧的三张王牌"和"语气为核心"的论述，为《播音创作基础》中"思想感情的表达方式"提供了理论依据。

---

① 齐越：《献给祖国的声音》，中国广播电视出版社1991年版，第74页。
② 广播电影电视部政策研究室、《当代中国的广播电视》编辑部：《梅益谈广播电视》，中国广播电视出版社1987年版，第68～69页。

齐越还强调了播音员应该从党的政策、观点出发深入分析稿件,用恰切的语气去表达稿件的精神内涵。这些观点对我们今天播音理论的深化和播音实践的发展仍有指导意义。

改革开放以后,我国的广播电视事业日新月异。播音员主持人的工作受到更多人的关注,实践的发展创新为理论研究提供了依据,理论研究的规律性总结与对播音工作的前瞻性指导也有力地推动了播音实践的不断进步。

伴随着广播事业和播音教育的发展,相关的教材和理论著述不断涌现。1994年《中国播音学》的出版,标志着中国播音学理论体系已经形成。这个理论体系,为我国的广播电视实践提供了坚实的理论基础。

当前,宏观媒介环境正在发生巨大变化,传播内容日益广泛,传播形态愈发多样,节目高科技含量越来越大,制作水平越来越高,播音主持人才的实战本领和形象包装也较以往更为多样化。域外广播电视节目以各种方式进入我国内地,我们不得不应对域外媒体的竞争、面对"西强我弱"的传播态势。

与此同时,微观的媒介生态格局也发生着惊人的变化:在宽带、移动互联网及3G、4G网络迅速蔓延的形势下,智能手机、超级本、平板电脑、掌上电脑、车载移动电视、楼宇电视等新媒体终端极为多样化,新媒体技术不断推陈出新,功能应用层出不穷,虚拟社区、社交网站、微博、微信、易信、网络游戏、网络动画、IPTV、RSS、APP等新媒体形态日新月异。可以说,媒介传播格局早已今非昔比,新媒体技术已经渗透到社会生活的各个领域,打破了传统媒体环境下信息传播的流程,改变了受众的信息接触习惯,甚至成为一种巨大的生产力。

目前,中国互联网普及率已超过42%,网民达6亿。手机用户已突破11亿户,平均每10人拥有8部手机。中国成为名副其实的全球新媒体用户第一大国。在第三产业经济和新技术革命的推动下,新媒体网络化、全球化、全民化、移动化、社会化、融合化发展的态势更为显现。

这些变化,在带给我们巨大生存压力的同时,也给我们提出了新的命题。理论是实践的先导,它有责任回答实践当中的问题,服务实践,引领实践。由此我们确信,这些变化,也必将促进语言传播研究的深化,必将加快播音主持艺术学理论建设的现代化进程。

播音主持艺术领域在飞速发展的同时,也出现了许多始料未及的问题。面对应接不暇的新情况,一批批理论研究成果破土而出,研究触角涉及方方面面,不仅对各种具象性的实践问题进行相应回答,而且进一步拓宽了理论研究的视野,促进了交叉学科理论知识的融合。但是,我们的学科尚显年轻,理论体系不够完善,理论研究不够深入,对于实践中出现的问题,在一些时候还不能作出理论的解释,以至于在层出不穷的具体问题面前,"头痛医头、脚痛医脚",甚至显得有些束手无策。今天的播音主持艺术实践,呼唤着理论研究尽快超越具体的战术层面,而能从宏观的战略层面思考问题,从深层的思想观念入手,找到问题的根源,作出系统的理性回答。这是历史赋予我们的神圣责任。

教材建设是理论建设的重要内容。人才培养目标最终要通过以教材为依据的教学活动才能实现。教材不仅是"一课之本",更是"一科之本"。它是衡量一个学科/专业办学水平的重要标志。播音主持艺术学院将教材建设作为重要抓手,以深化巩固教改成果、完善学科构建、提升教学质量和人才培养质量。经过几年的努力，重新修订的教材终于和大家见面了，这是全院老师教学实践和理论探索的结晶。

新一轮教材建设项目从2007年启动，参照教育部本科教学评估期间专家学者提出的规范性、指导性建议，学院组织各个教研室、教研组开始了前期调研、论证以及策划工作。2009年，以中国传媒大学本科生培养方案的修订为契机，按照学校对本科教学的总体要求，紧紧围绕"实践"展开的思路，以"项目制教学"、"案例式教学"、"研讨式教学"等新型教学方式为突破，有步骤地完善了课程体系并对核心专业课程作出了调整。几年来，我们一边密切关注学科理论建设的前沿和广播电视一线的发展变化，一边不断地充实教学内容和教学方法，在此基础上，陆续完成和推出《播音主持语音与发声》、《播音主持创作基础》、《广播节目播音主持》、《电视节目播音主持》。

新版教材有如下特点：

第一，经过了几十年的教学实践，播音主持艺术理论和训练材料中的核心内容是经得住时间检验的。因此，新版教材没有脱离原有的框架，核心内容均被保留。

第二，新版教材适当调整了理论讲述和训练材料的比重。理论部分内容较为翔实，能够充分满足课堂学习的需要；训练内容的选择，既关注经典，又不忽略鲜活的"新"样态，且更注重训练的"层次性"、实用性和拓展性。理论讲述与训练内容相互印证、相互融合。

第三，新版教材在保留原有核心、经典内容的基础上，为适应传媒一线的新变化，在理论讲述和训练材料两方面都作了更新和发展。

第四，新版教材的参编人员以本院教师为主，还邀请、吸纳了学界和业界的部分专家共同参与。另外，我们还特别成立了一个由老中青教师共同参与的编委会，共同筹划新教材建设。

通过教材的编写，我们进一步统一了教学思想，梳理了学科发展和理论建设的脉络，密切了和传媒一线的联系，也更坚定了在继承传统的基础上，不断改革创新的信念。

有声语言是人类在远古时期就开始广泛使用的一种传播工具。它可以传播民族文化，也可以塑造民族精神。有声语言的发达程度，是一个民族发展水平的重要指标，也是一个国家能否振兴的核心元素。播音主持艺术学院必将在有声语言这一领域不断进取，为实现民族振兴的中国梦奋斗不懈！

第一章　电视节目播音主持概述

■ **本章要点**

1. 电视媒介的传播特点。
2. 电视传播的基本单元。
3. 电视传受关系与播音主持。
4. 电视摄制与播音主持。

电视是20世纪最强有力的大众传播媒介，在新世纪的全媒体生态中，仍是颇具影响的领军者，并展现出极强的成长性和包容性。电视播音主持作为电视媒介应用的重要组成部分，其运动规律与媒介自身的内在规律密不可分。"了解传播可以使你成为较佳的传播者。"本章以电视传播的媒介规律为起点，从电视的传播特点、电视传播的基本单元、电视传受关系及电视摄制方式等方面介绍电视节目播音主持。

第一节　电视媒介的传播特点

一、大众电子媒介，动态视听可感

电视是强有力的大众电子媒介，电子技术渗透于电视传播的全过程之中。在节目制作、播出、发射、传送和接收各主要环节中，先进技术与设备都是节目生成和传播的物质载体与保障。电视传播是先进的物质形态与丰富的精神形态有机统一的产物，也是物质文明与精神文明相结合的成果。

电视传播的各类信息的讯号是连续运动的图像、声音和文字，其中，连续运动的图像是电视媒介的基础。而图像、声音和文字这三大元素又各有许多不同的形态，根据传播内容和传播者的意图，构成数不胜数的表达方式和节目形态。图像和文字作用于视觉，有声语言、声音（包括音乐、音响等）作用于听觉，这样的动态视听、直接可感的方式使观众跨越文化水平的门槛，直接凭借视听两个通道同时接受刺激，获取信息。视听同步的信息符码直接作用于受众的感知器官，并为人们所理解、接受，显示出电视媒介在受众接受和参与方面强大的优势。

二、直接性、直观性与现场感

由于技术日趋完善,电视传播活动从摄录各类素材,到编播、传输、覆盖和接收等各个环节都具有越来越高的保真度和传真力。加之电视传播内容大多与社会生活直接相关,时效性和接近性显著,使得电视犹如一扇窗户或一面镜子,让人们通过直观的视听形象瞭望周围的世界,因此,电视传播具有不可比拟的直接性、直观性和现场感。

这一特性给电视传播带来至少三方面的影响:第一,电视传播通俗生动,较少受文化程度与生活经验的限制,可以达到较大范围的雅俗共赏。第二,能够充分发挥电视传播的示范作用和影响力。第三,突出了视觉在传播中的地位,所谓"眼见为实",强化了观众从画面中汲取信息的习惯。

三、线性传播特征,时间流程编排

电视传播的活动方式是按时间流程有序呈现的,无论是一个节目,还是一次连续性的播出流程,变化着的屏幕视听形象在时间形态中得以展示、集聚和串联,分分秒秒连续不断地诉诸观众的视听器官。因此,线性传播、时间流程编排是电视传播的重要特点。

时序性的、一次过的编排方式要求电视传播一目了然、一听就懂。这给播音主持所带来的有声语言信息呈现秩序,以及在一个节目中画面与声音形象构成的结构关系带来决定性影响。

四、将人际传播特色引入大众传播

在电视节目中,无论是新闻主播的播报,还是新闻主持人、新闻评论员的讲述、评述,无论是新闻记者的现场采访,还是综艺娱乐节目中的游戏和交流,都具有非常鲜明的人际传播特色。而电视传播的目的地则是一个个家庭,受众往往和存在着亲属关系的家庭成员一起收看电视节目。这种收视场合具有亲密氛围,收视时间也多数是闲暇时光。家庭是社会的细胞,每个家庭都同社会有着千丝万缕的联系。因此电视主创人员需要充分考虑到家庭这种收视环境、收视活动的特点,以及基于此种特点进行选择与取舍的心态。这是电视节目播音主持内容、形态、定位的重要逻辑起点。

五、内容、形式的广泛兼容性

电视传播可以突破时空局限,具有内容、形式的广泛兼容性。从基本表现元素上看,有图像、声音和文字的搭配、组合、互补或强化。从节目内容上看,兼容新闻、生活、服务、艺术、娱乐等诸多内容。从传播手段上看,既能发挥大众传播的种种优势,又可借鉴人际传播和其他艺术门类、其他媒介传播的经验、形式、技巧,不断丰富电视的表现手段。

要点小结

电视媒介的传播特点：
1. 大众电子媒介，动态视听可感。
2. 直接性、直观性与现场感。
3. 线性传播特征，时间流程编排。
4. 将人际传播特色引入大众传播。
5. 内容、形式的广泛兼容性。

第二节 电视传播的基本单元

一、电视节目是电视传播的基本单元

电视节目是指电视台（或其他节目制作机构）为播出或交换而录制的，表达一定内容的，可供人们感知理解的视听作品。电视节目是电视传播内容、形式相结合的最基本单元，如同一台复杂的机器中有待组装的各个预制的独立部件。电视台的每个频道，正是以众多的内容、形态、篇幅各异的节目编排成一次又一次的播出流，这也是电视讯号构成的特有的信息流。

关键术语

电视节目是指电视台（或其他节目制作机构）为播出或交换而录制的，表达一定内容的，可供人们感知理解的视听作品。电视节目是电视传播内容、形式相结合的最基本单元。

二、电视栏目与电视节目

"栏目"是从报纸、杂志的编辑艺术中借用过来的专有名词。在报纸或杂志的版面上，一个栏目有相对集中的主题，由具有这样或那样共同点的稿件，如同类的主题、题材、体裁、风格的稿件，占据版面的一个局部，标以栏目的标题，并用花边与专栏以外的文稿隔开，以示区别。

电视栏目与电视节目是既有联系又有区别的两个概念。栏目是按照一定的方针和目的，把某些内容、性质、功能或形态相近的节目纳入定期、定时播出的某一栏目之中，一个栏目可以由若干个节目串编而成。

每个节目提供给观众的都是具有一定内容与形式的讯息，各个频道的节目如同流水般地涌进家庭，"栏目"和标明具体内容的"节目"，自然成为观众选择的目录。栏目和节目的设置、构成与编排体现着电视台或频道的总体风貌与特色。

> **关键术语**

电视栏目是按照一定的方针和目的,把某些内容、性质、功能或形态相近的节目纳入定期、定时播出的某一栏目之中的电视编排播出方式。一个栏目可以由若干个节目串编而成。

三、对于电视节目和电视栏目的基本要求

电视传播对节目和栏目的基本要求是:第一,要有确定的节目性质、功能和内容。第二,有确定的栏目标志与时长规格。第三,有确定的节目形态。

这些要求,对于提高节目质量,保证节目播出有重要意义:第一,便于成立相对固定的制作团队。第二,便于设置固定的节目标志——节目主持人。第三,便于与基本观众保持经常而密切的联系,加强互动。第四,便于与社会有关机构、团体合作,在信息来源、专业知识、资料等方面得到长期支持。这其中,确定电视节目和电视栏目的基本特点,使得电视播音主持与之相匹配并形成统一的风格,具有特别重要的意义。

第三节 电视传受关系与播音主持

一、瞬时传播,平等共享

电视的普及使亿万观众有可能同时收看到同一信息。每晚 7 点整,全国的电视观众都看能到中央电视台的《新闻联播》。这种瞬时传播、平等共享的方式不仅能减少信息传播的损耗、失真和迟缓,而且从某种意义上还有强化和增值的效果,诸如对社会公众的冲击力,造成轰动效应,形成一时的社会热点和舆论中心等。电视具有使特定信息在特定时空条件下形成"媒介仪式"的效应,在一个国家民族的观众中形成强大的向心力、凝聚力的作用。以 2008 年为例,汶川地震、北京奥运会由于电视的瞬时传播、平等共享特点而成为发生在局部,但影响全国乃至全球的重大事件,也体现出众志成城的民族凝聚力。

二、面对面的传播

在电视出现之前的其他大众传媒中,传播者几乎没有机会直接同受众见面。电视传播在向观众传递信息时,和其他传统媒介相比,具有得天独厚的优势,既可以直面观众独白讲述,又可以相互交谈,还可以现场连线采访。传播者(包括电视播音员、电视主播和主持人,也包括嘉宾),主要以有声语言传播为主,但受众可通过电视画面中的眼神、表情、姿态、服饰、化妆、环境等解读出一定的言外之意。这些无言的信息与有声语言相互配合,使观众较容易感到一种参与感、亲密感。

面对面传播能反映人的本真状态,符合人的接受本能。在以人为本的传播中,如果其中一些形象对多数观众产生可亲、可信、有人格魅力的影响,那么按照社会心理学中

"光环效应"的规律,他们传播的思想、观点、态度也乐于为观众所理解和接受。电视播音主持符合这一规律:观众常常是因为首先接受了某一个播音员或主持人,才进而接受他所传递的信息的。因此电视传播应充分了解和实践人际传播规律。

三、家庭收视,固定编排,朋友关系

电视机放置家中,仿佛家具的一部分。电视节目内容也侵入了个人、社会组织的每个角落。电视节目有固定编排的特点,内容多是及时反映社会现实与贴近观众生活各方面需求的题材。多数栏目由播音员主持人面对面地为观众提供服务,这就使观众很容易同某些栏目、某些播音员主持人建立起拟态的朋友关系。节目及播音员主持人也会对观众体现出朋友般的关心,建立长期的友谊。就是在这种家庭收视、朋友关系的轻松氛围当中,电视传播成为现代文明生活的一部分。当然,家庭收视不光具有亲密性,也具有随意性。随意性体现在以家庭作为收视空间,存在各种噪声干扰和收视活动的随时可能性中断。

四、新媒介对传统电视传受关系的解构与重构

新世纪,互联网,特别是移动互联技术对于电视的冲击是巨大的,由此也带来对传统传受关系的解构与重构。如:由于IPTV的广泛使用,电视的点播、回看功能使得受众对内容的选择和编排有了巨大的话语权。由于在移动互联终端(手机)上收看电视(视频)成为可能并日益流行,电视家庭媒介的地位受到手机私人媒介地位的冲击。电视节目在网络上碎片化的传播方式也在解构"固定编排"和与之相伴的"朋友关系"。新媒体时代的传媒格局已经开始发生变化,播音主持应根据技术变化,在媒介格局的变动之际抓住人类本质上的交流与互动需求,加强内涵建设,把握传播内容和传播形式的变革,适应时代的要求,与新媒体融合发展。这样播音主持语言传播才会不断创新,才会永葆青春。

第四节 电视摄制与播音主持

电视播音员主持人在摄像机前进行工作,电视摄制工作者与播音员主持人通力合作,共同制作出电视节目。电视摄制方式的不同带来了拍摄角度的变化、画面成像效果和成像特点的不同,并直接或间接地影响着播音员主持人的工作方式。因此,了解电视摄制的基本知识可给播音主持工作带来不少帮助。

一、电视摄像与电视播音主持

(一)电视摄像

电视摄像指摄像师通过电视摄像机,把被摄体的存在方式和运动方式以影像的方式

记录下来形成画面的过程。电视摄像作为一种记录手段,能够在时间和空间两个向度上,最大限度地真实再现现实对象的形状、体积、颜色、质地以及运动。现代电视技术使得电视摄像在记录画面的同时也可以同步记录声音。

> **关键术语**
>
> 电视摄像指摄像师通过电视摄像机,把被摄体的存在方式和运动方式以影像的方式记录下来形成画面的过程。它能够在时间和空间两个向度上,最大限度地真实再现现实对象的形状、体积、颜色、质地以及运动。现代电视技术使得电视摄像在记录画面的同时也可以同步记录声音。

(二) 镜头与画面

摄像机开机——连续拍摄——关机,所拍到的一段片段,即一个画面,或称一个镜头。镜头与画面是电视语言的基本表意单元和叙事单元。它既有两维平面表现三维立体的空间特性,又有影像连续运动的时间特性。在现代电视观念中,声音也是其中的有机成分。

> **关键术语**
>
> 摄像机开机——连续拍摄——关机,所拍到的一段片段,即一个画面,或称一个镜头。镜头与画面是电视语言的基本表意单元和叙事单元。

(三) 构图

构图是指对被拍摄对象以及各种造型元素进行组织和安排,使其成为具有思想含义与美感形式的画面形象的过程。构成一幅画面的主要因素有:主体、陪体、前景、背景与空白。影响画面构图的主要因素有:影调、形状、线条、色彩。画面构图是决定造型形式的基础,不同的表现目的和审美要求会影响到构图的处理方式。

> **关键术语**
>
> 构图是指对被拍摄对象以及各种造型元素进行组织和安排,使其成为具有思想含义与美感形式的画面形象的过程。

(四) 景别

景别是画面中表现出的视域范围。直接体现为景物在画面中空间范围的大小和主体在画面中所占面积的大小。景别的大小通常由摄像机与被摄体之间的距离以及所使用的镜头焦距的长短来决定。景别一般分为:远景、全景、中景、近景和特写。

远景表现较大的空间环境、自然景色或众多群众活动的场面,它提供广阔的视野、宏大的空间。

全景表现拍摄主体的全身或场景全貌，用来交代主体所处的位置与环境，以环境表现为主。全景中的主体本身能够给人以明确的印象，是电视新闻现场报道中可能用到的景别。

中景是表现人物膝盖以上，或具有典型意义的局部场景的电视画面，可使观众看清人物的动作姿态、手势和情绪交流，有利于交代人与人、人与物之间的关系。是新闻访谈常会用到的景别。

近景是表现人物胸部以上或物体局部的电视画面，主要用来表现人物的神态，并通过神态来反映人物的内心世界。近景可以使观众看清人物的面部表情和细微动作，是容易产生交流感的景别。近景是电视新闻主播、电视新闻主持人的工作景别。

特写是表现人物肩部以上的头像，或某些被摄对象细部的电视画面。通过特写，观众可以真切地看到人物的面部表情，并将某一瞬间的心灵信息放大传达给观众。特写镜头有较强的主观色彩和情绪色彩，给人以视觉上、心理上的强烈感染。是电视人物采访可能用到的景别。

■ **关键术语**

景别是画面中表现出的视域范围。直接体现为景物在画面中空间范围的大小和主体在画面中所占面积的大小。景别一般分为：远景、全景、中景、近景和特写。

(五) 固定摄影与运动摄影

固定摄影是指摄像机的机位固定、焦距固定、光轴固定所进行的拍摄。

摄像机在推、拉、摇、移、跟、升、降、旋转、晃动等不同形式的运动状态中进行的拍摄是运动摄影。

■ **关键术语**

固定摄影是指摄像机的机位固定、焦距固定、光轴固定所进行的拍摄。

摄像机在推、拉、摇、移、跟、升、降、旋转、晃动等不同形式的运动状态中进行的拍摄是运动摄影。

(六) 单机拍摄与多机拍摄

单机拍摄是指用一台摄像机拍摄一个一个的镜头。单机拍摄的画面除了用于现场播出的新闻节目外，大多数需要进行编辑加工。多机拍摄是指将两台以上的摄像机放在不同位置上，从不同角度同时拍摄一个场景的前期制作方式。摄像时，摄像师负责从不同的角度选取镜头，导演在切换台上根据需要选取几个摄像机拍摄镜头中的一个。

■ **关键术语**

单机拍摄是指用一台摄像机拍摄一个一个的镜头。

多机拍摄是指将两台以上的摄像机放在不同位置上，从不同角度同时拍摄一个场景的前期制作方式。

二、电视照明与电视播音主持

(一)电视照明

电视摄像现场的照明,分内景照明与外景照明两种。外景照明的主要光源是日光等自然光,有时也依靠人工光对场景和人物进行局部修正和光线调整。常使用反光板等辅助工具。内景照明是指在室内或演播室内用人工光线对场景、人物等进行光线造型。

(二)直射光与散射光

直射光是指光源(外景照明中主要指太阳)没有被云雾和空间中的介质遮挡,直接投射到地面上的光线。此时被摄景物表面有较明显的受光面、背光面、阴影面和投影,光线有明显的入射角。

散射光主要指光源被密度不均匀、存在于光源与地面之间的大量云、雾、尘埃等介质遮挡,间接投射到地面上的光线。散射光照明的天气主要包括:晨曦和黄昏,阴霾天和薄云天,雨雪天。散射光照明中还包括直射光照明下的背阴处,如树荫、凉亭内等。散射光光线柔和,照明均匀,明暗反差小,无明显的光源投射方向。

(三)顺光、逆光与斜侧光

顺光:光源在被摄体的前方、镜头的后方,镜头同光源照射方向基本一致。顺光有时也被称为平光、正面光或前光。

逆光:光源在被摄体的后方、镜头的前方,统称为逆光。逆光有时也被称为背光、轮廓光或隔离光。

斜侧光:光源同镜头构成了一定的投射角度,出现在被摄体左或右的前侧方向45度角左右的光线,称为斜侧光。

要点小结

顺光、逆光、斜侧光是指直射光源的投射方向。顺光的光源在被摄体的前方、镜头的后方,镜头同光源照射方向基本一致,也称平光、正面光或前光。逆光的光源在被摄体的后方、镜头的前方,统称为逆光,也称背光、轮廓光或隔离光。斜侧光,光源同镜头构成了一定的投射角度,出现在被摄体左或右的前侧方向45度角左右的光线,称为斜侧光。

三、电视制作与电视播音主持

(一)电子新闻采集

电子新闻采集,即 Electronic News Gathering(简称 ENG),指应用电子设备摄录新闻事件现场的画面与声音,并经过简单编辑后即可播出的电视新闻制作方式。ENG声音与画面的同步记录增强了新闻报道的现场感与真实感,可在拍摄现场回看画面效果、检查录音效果也保证了新闻报道的质量,是目前各国电视台新闻摄制报道的主要手段。

（二）电视现场节目制作

电视现场节目制作,即 Electronic Field Production(简称 EFP),是电视节目前期制作的一种方式。一般在一辆小型转播车上装带 3 台或 3 台以上摄录系统、小型特技混合器、切换设备及电子编辑机,开赴现场录制节目。现场采取多机拍摄、即时切换的方式,几台摄像机拍摄的内容可以通过剪辑台和特技台一次性地被排列成有序的节目。这种方式制作出来的节目可以在电视台原样播放,也可与其他节目编辑组合成新的节目。

（三）演播室节目制作

演播室节目制作,即 Electronic Studio Production(简称 ESP),在演播室内用成套设备进行节目制作的方法。演播室节目制作对各部门的制作人员都有特殊要求,摄影、美术和照明人员要在有限的空间环境内,通过布景设计和灯光设计创造出生动的造型效果和新颖的视觉感受。多机同时拍摄,导演需在节目进行的过程中调度机位,一次性完成画面剪辑。因此,演播室节目制作,特别是直播节目制作,必须做好充分的准备工作,制定出细致、严格的节目流程,有时还需要进行彩排。

要点小结

电子新闻采集,指应用电子设备摄录新闻事件现场的画面与声音,并经过简单编辑后即可播出的电视新闻制作方式,简称 ENG。电视现场节目制作,指在转播车上装带 3 台或 3 台以上摄录系统、小型特技混合器、切换设备及电子编辑机,开赴现场录制节目的制作方式,简称 EFP。演播室节目制作,指在演播室内用成套设备进行节目制作的方法,简称 EFP。

思考题

1. 电视的媒介特点、媒介规律与播音主持的关系。
2. 新媒介环境下,互联网和移动互联传播给电视播音主持带来了怎样的影响?
3. 在 ENG、EFP、ESP 制作方式中,需要播音员主持人与其他工作人员做怎样的沟通和配合?

延伸阅读

中国应用电视学编辑委员会、北京广播学院电视系学术委员会编著:《中国应用电视学》,北京师范大学出版社 1993 年版。

第二章　电视新闻播音

■ **本章要点**

1. 电视新闻播音概述。
2. 电视新闻的表达样态。
3. 电视新闻的多样态发展。
4. 电视新闻的准备。
5. 电视新闻口播。
6. 电视新闻配音。

第一节　电视新闻播音概述

一、电视新闻播音的定义

电视新闻播音,指电视新闻播音员、电视新闻主播或电视新闻主持人将新闻文字稿件转化为有声语言,利用电视媒介进行传播的语言表达样式,也称"新闻播音"或"播新闻"。其中,"消息播报"是电视新闻播音中最有特色的类型,是新闻播音的代表。

■ **关键术语**

电视新闻播音,指电视新闻播音员、电视新闻主播或电视新闻主持人将新闻文字稿件转化为有声语言,利用电视媒介进行传播的语言表达样式,也称"新闻播音"或"播新闻"。

以"消息播报"为代表的电视新闻播音,可以说是播音员、新闻主播和主持人在各类节目传播中最独特、最鲜明而又自成一体的语体。不要说与日常生活语言有较大区别,就是与广播电视中的其他语体如讲述、评论、解说、采访、谈话相比,也是别具一格的。

这种语言表达样式是如何形成的呢?

新闻播音是以稿件为依据的二度创作,它的语言表达样式特点与新闻稿件的文体特点密切相关。新闻稿件的文体,大致有三:消息、通讯和评论,其中,消息是数量最多、最重要的文字稿件。在新闻稿件中,不论过去还是现在,消息一直是保留书面语特征最多又最长久的传播文体,它信息准确集中、写作规范、有一定格式。消息类新闻稿件的特征可以用四个词来形容:准确、规范、严谨、简洁。其中,准确、严谨是为了适应新闻固有的"真实客观"的本质特征;规范、简洁的文风符合受众尽早、尽快、尽多获知新闻信息的接受心理。客观地说,将这种特殊的书面文体准确转化为有声语言的口头对应形式,就是"播报"。[1]

"播报"具有强大的传播效率和传播力量。在长期的电视传播中,传播者和受众就"播报"语体已经达成默契,认可其公信力。正因为如此,"播报"是国内外主流媒体、主要新闻消息类节目普遍采用的方式,具有权威性和公信力,是新闻节目语言传播的标杆。

二、电视新闻播音的稿件依据

电视新闻播音以消息为主,兼有新闻评论播音(社论、编后话、本台短评)。播报是新闻播音的主流形态。[2] 这是因为新闻的叙述方式是服从、服务于传播需要的,其共性为"概括叙事,言简意赅"[3]。无论国内还是国外,电视新闻播音都遵循着两个原则:一是要求以确切的文字稿件为依据,稿件内容严谨、真实;二是要求语言准确规范,能忠实传达稿件内容。

案例精选

毛泽东一直十分重视播音工作。曾说过"不要播错一个字"。

1948年5月25日,中共中央发布《一九四八年的土地改革工作和整党工作》。陕北新华广播电台编辑部主任温济泽向播音员齐越同志传达了毛泽东主席的指示:"此文不要播错一个字。"齐越经过一小时的紧张准备,3300字的稿件一气呵成,准确、完整、规范地播出了《一九四八年的土地改革工作和整党工作》,被传为佳话。

案例分析

这个例子给我们的启示是:

第一,正是由于播报语言能忠实体现新闻消息准确、规范、严谨、简洁的特点,因此具有强大的传播力量和不可替代的重要位置,具有权威性和公信力。很多时候新闻非播不可。

第二,越是重要的新闻越需要准确、严谨的播报。文字稿件经过仔细的推敲,增一字则多,减一字则少。播错一个字,意思可能就走样了。

正因为如此,每当有重大新闻出现,都需要高质量的电视新闻播报。2013年11月12日,中央电视台《新闻联播》在新闻头条中全文播送了《中共中央十八届三中全会会议公报》,超过5000字的内容用了21分钟播报完毕,成为2013年最重要的新闻内容之一。

---

[1] 吴郁:《当代广播电视播音主持》,复旦大学出版社2006年版,第123页。
[2][3] 张颂:《播音主持艺术论》,中国传媒大学出版社2009年版,第336页。

延伸阅读

《中共中央十八届三中全会会议公报》节选

中国共产党第十八届中央委员会第三次全体会议,于2013年11月9日至12日在北京举行。

出席这次全会的有,中央委员204人,候补中央委员169人。中央纪律检查委员会常务委员会委员和有关方面负责同志列席了会议。党的十八大代表中部分基层同志和专家学者也列席了会议。

全会由中央政治局主持。中央委员会总书记习近平作了重要讲话。

全会听取和讨论了习近平受中央政治局委托作的工作报告,审议通过了《中共中央关于全面深化改革若干重大问题的决定》。习近平就《决定(讨论稿)》向全会作了说明。

全会充分肯定党的十八大以来中央政治局的工作。一致认为,面对十分复杂的国际形势和艰巨繁重的国内改革发展稳定任务,中央政治局全面贯彻党的十八大和十八届一中、二中全会精神,高举中国特色社会主义伟大旗帜,以邓小平理论、"三个代表"重要思想、科学发展观为指导,团结带领全党全军全国各族人民,坚持稳中求进的工作总基调,着力稳增长、调结构、促改革,沉着应对各种风险挑战,全面推进社会主义经济建设、政治建设、文化建设、社会建设、生态文明建设,全面推进党的建设新的伟大工程,扎实推进党的群众路线教育实践活动,各项工作取得新进展,推动发展成果更多更公平惠及全体人民,实现了贯彻落实党的十八大精神第一年的良好开局。

……

全会号召,全党同志要紧密团结在以习近平同志为总书记的党中央周围,锐意进取,攻坚克难,谱写改革开放伟大事业历史新篇章,为全面建成小康社会、不断夺取中国特色社会主义新胜利、实现中华民族伟大复兴的中国梦而奋斗!

通常,电视新闻有完备的稿件依据,新闻稿件具有书面语言简意赅的特点,但也同时具有口语化的特点。书面语准确精练、言简意赅的特点和口语短句较多、生动明了、"适合听"的特色并存于新闻稿件之中,二者并不矛盾。我国人民广播自诞生之日起就十分重视口语化工作,在陕北新华广播电台时期就设有口语编辑部,口语化是多年来编播实践中的经常性课题。但要注意,提高口语化水平的同时,不应违反新闻语言的根本特点和叙述方式。

要点小结

1. 电视新闻播音要求以确切的文字稿件为依据,稿件内容要严谨、真实。
2. 电视新闻播音要求语言准确规范,能忠实传达稿件内容。
3. 电视新闻稿件兼有书面语准确精练、言简意赅的特点和口语短句较多、生动明了、"适合听"的特点。

三、电视新闻稿件的类型

(一)新闻消息类

新闻消息是对新近发生或正在发生事实的报道,具有简明扼要、概述叙事、迅速及时报道事实的特点。其结构一般是:导语、主体、背景和结论等,其中导语的重要性十分突出。

(二)新闻评论类

以说理为主要表现手段,着重是从思想、政策或论理的角度来分析新闻事实、社会现象,表明自己的观点、态度和主张。播音员主持人往往代表官方立场和观点。新闻评论常分为署名和不署名两类,都具有用事实说话,用事实分析社会现象的特点。

(三)新闻专稿类

是详细生动的新闻报道,是与消息相对应的报道形式,是对消息的详细补充。这种新闻体裁的时效性稍逊,但更追求生动和深度。包括人物专稿、事件专稿、风貌专稿、研究性专稿等,也可称为新闻专题。

要点小结

新闻播音稿件类型主要有:新闻消息类、新闻评论类和新闻专稿类。

四、新闻播音的总体要求

(一)内容准确清晰,语言规整、大气、自然、流畅是新闻播音的基本要求

1. 正确理解稿件内容,准确把握精神实质

新闻播音的时效性要求主持人在第一时间准确熟知内容、把握稿件实质。要想在看似简单的备稿过程中做到正确理解、准确把握,需要平日的广泛积累与扎实训练。

2. 注重道理的阐述

新闻播音时不仅需要讲清事实,也往往需要注重道理的阐述,因此更需要快速准确把握稿件内涵的能力。层次、背景、目的等备稿步骤都应该随着实践积累愈加熟练,做到迅速领会稿件的精神实质,精准把握,有效传达。

3. 真实可信、流畅生动

语言真实可信是由新闻工作的基本要求和性质决定的,也是由传媒特质所决定的。语言的内涵应当是真实可信的,而听感则是流畅生动的。

(二)体现新闻节目的时效性和时机性

时效性是新闻工作的基本要求,也是播音工作的基本要求,要树立"第一时间"的概念。首先做到第一时间备稿、播出;其次做到始终保持播讲愿望,拥有播出热情,始终保持新鲜感。

时机性来源于对稿件背景和宣传目的的准确把握,播出的时机、重要性和传播效果往往密切相关。新闻稿件不是个人的创作,而是媒体集体工作的结晶,需要从意识上树立新闻责任感,需要站在宏观的角度来把握。时效性和时机性的把握,需要以准确性和清晰性为前提,不能因追求时效性而损害信息传达的准确清晰。

(三)准确把握分寸

分寸的准确把握来源于对稿件的整体把握,特别体现在对重音的处理上。重音的处理一要清晰准确,二要合适恰当,以此准确清晰传达稿件的精神实质。

(四)根据稿件与节目特色灵活调整播报样态

1. 稿件的内容和形式决定播报的样态

以稿件为依据,灵活调整播报样态,不能一成不变,或以不变应万变。

2. 节目的类型和特色影响播报语态

节目是一个有机整体,播报的语言样态不仅以稿件为依据,还应符合节目的类型与特点。

▌要点小结

新闻播音的总体要求是:
1. 内容准确清晰,语言规整、大气、自然、流畅是新闻播音的基本要求。
2. 体现新闻节目的时效性和时机性。
3. 准确把握分寸。
4. 根据稿件与节目类型、特色灵活调整播报样态。

第二节 电视新闻播音的表达样态

一、新闻播音的语言样态

新闻播音以消息播报为主,从语言表达样式上看属于"播报式",其语言样态被表述为:字正腔圆,呼吸无声,感而不入,语尾不坠,语势平稳,节奏明快,新鲜感强,基调各异,分寸恰切,语流畅达。①

这里,"字正腔圆""呼吸无声"强调的是保证消息传播清晰所应具备的用气发声基本功。"感而不入""分寸恰切"是新闻节目应遵循的客观性、真实性特点对播报提出的要求。"语尾不坠""语势平稳"是适应新闻传播的新鲜感和权威感所必需的。"节奏明快""语流畅达"既反映了消息所固有的时效性特征,又是观众对新闻播音声音形式听觉上的审美要求。

■ 要点小结

新闻播音的语言样态为:字正腔圆,呼吸无声,感而不入,语尾不坠,语势平稳,节奏明快,新鲜感强,基调各异,分寸恰切,语流畅达。

二、电视新闻播音的表达样态

电视新闻播音的基本状态是电视新闻播音员、新闻主播或新闻主持人面对镜头,在电视屏幕上面对观众直接传播新闻,即电视新闻口播;或在电视画面后运用有声语言传播新闻,即电视新闻配音。

电视新闻播音具有鲜明的电视媒介特点,除了符合新闻播音的一般特点外,在进行新闻口播时,还有多种副语言参与,要求语言与副语言、声音与形象的和谐,注重与观众的交流。在进行新闻配音时,还要求画外配音与画面内容协调,整体统一。因此,要表述电视新闻播音的表达样态,可在新闻播音语言样态的基础上增加"形声和谐,注重交流;声画对应,整体统一"的要求。

■ 要点小结

电视新闻播音的表达样态是:字正腔圆,呼吸无声,感而不入,语尾不坠,语势平稳,节奏明快,新鲜感强,基调各异,分寸恰切,语流畅达;形声和谐,注重交流;声画对应,整体统一。

三、电视新闻播音表达样态的传承

我国的新闻播音语言样态和语言风格始于人民广播创办的延安时期,后来历经解放战争、新中国成立初期、抗美援朝、社会主义经济建设、改革开放等不同时期的延续、发展、继承和创新,在各个时期的社会进程中起到了积极的作用,新闻播音准确及时的传播效果有目共睹,新闻播音的公信力、权威感得到广泛深入的认同,新闻播音的样态和风格在传播者和受众之间已经达成默契。

1958年,中央电视台的前身"北京电视台"成立,5月1日开播第一天即播出了新闻性节目——由新影厂拍摄的纪录片《到农村去》。11月2日北京电视台开始口播《简明新

---

① 张颂:《播音主持艺术论》,中国传媒大学出版社2009年版,第336页。

闻》,每次 5 分钟,稿件采自中央人民广播电台,由中国第一位电视播音员沈力播报。1960 年元旦,北京电视台设立了固定的《电视新闻》栏目,每周三次,每次 10 分钟。这就是中国电视新闻播音最初的步伐,其风格与人民广播的新闻播音风格一脉相承。[1]

■ 背景延伸

最早的北京电视台台址选定在新建成的广播大楼西南侧四楼上。60 平方米的临时演播室空间高度不足三米,照明灯具难以吊装,播出时只能用两三个聚光灯在地板上来回移动。室内的墙壁上没有吸音材料和隔音设备,用三合板和玻璃在一个角落隔出一间约九平方米的小屋,作为视频和音频导演控制室。演播室里备有六支国产话筒,用灯光架子改装成的两个话筒支架,三台中央人民广播电台使用过的苏联老式录音机。就是在这样艰苦的条件下,北京电视台 1958 年 5 月 1 日试播黑白电视节目成功,最初每周播出两次,1958 年 9 月 2 日正式播出后增加至每周四次,每次播出约三个小时,后来直到 1960 年 1 月 1 日,北京电视台才开始每天播出电视节目。以北京电视台为榜样,全国其他一些省、区、市也开始建设自己的电视台,1958 年 10 月 1 日,上海电视台几经波折后试播成功,哈尔滨电视台于同年 12 月 30 日顺利试播。

几十年来,中国电视新闻改革的步伐从未停歇,新的内容和形式纷至沓来,丰富着观众的收视选择,但新闻播音的语言样态始终有着毋庸置疑、无可替代的重要性,新闻播音也是播音主持专业最具代表性、最重要的语言样态,需要新闻播音员具备深厚的语言功力。

为什么以消息播报为代表的新闻播音语言样态始终能够稳定传承?原因是:

(一)新闻播音语言样态源于消息稿件的语体特点

新闻播音以消息播报为主。消息写作历来结构严密,布局紧凑,语言精练,具有一定书面语风格。新闻播音的声音形式,应与稿件风格一致,消息文体本身具有的书面语特点,决定了播报语言样态质的规定性。在世界范围内,当今各国大台的消息传播也多采用播报方式,同样具有"吐字清晰,语势稳健,节奏明快,语言规整"的特点。

(二)"准确、清晰、及时"是传播者和受众的共同要求

无论从新闻信息传播的角度,还是从观众获取新闻信息的角度,"准确、清晰、及时"是新闻传播者和观众的共同要求,而播报的语言样态恰好能较好地体现这种要求。

(三)舆论导向作用

我国新闻节目的政治功能和社会意义即舆论导向作用,也是新闻播音语言样态和语言风格持续传承的重要原因。

---

[1] 刘习良:《中国电视史》,中国广播电视出版社 2007 年版,第 34 页。

要点小结

以消息播报为代表的新闻播音语言样态始终能够稳定传承的原因是:

1. 新闻播音语言样态源于消息稿件的语体特点。
2. "准确、清晰、及时"是传播者和受众的共同要求。
3. 舆论导向作用。

四、电视新闻播音表达样态的时代特征

新闻播音的风格不但是继承和延续的,也是不断发展的。几十年来,虽然新闻播报样态总格局变化不大,但是它始终与当时的政治气候、社会生活有着最紧密的联系,反映着那个时代的特征。在新的历史时期,在以人为本、和谐社会、注重民生的社会语境下,人们理所当然地呼唤反映时代气息的、平易近人的播报风格。[①]

在业界,新闻播音员、新闻主播和新闻节目主持人对以消息播报为代表的新闻播音不断进行着积极的尝试和探索。新闻播音表达样态发生变化的依据,一方面来自节目和稿件的变化,电视新闻节目中指令性的东西少了,日趋生动、贴近生活的东西多了,节目的互动性更强了,注重沟通交流的语言方式多了;另一方面是社会语境的变化,社会大环境更加宽松、民主、和谐,受众也期盼着媒体传播的平等与贴近,于是新闻播音表达样态就有了顺应时代特征的一些变化。如:

镜头前状态,讲究专注投入的"精气神",强调真诚平等的沟通交流。

用声吐字,讲究"清晰"与"轻巧"的浑然天成,吐字弹动自如,语流顺耳入心。

语句组织,"突出"与"带过"巧妙结合,重音少而精,多连少停,句群抱团,自然洒脱,具有鲜明的主次感和层次感。

语气基调,融"饱满"与"平和"于一体,分寸适度,恰到好处。

语言感受,更加细腻,更加具体。

语言表达,更加亲和,更加生动。

播报速度适当加快,但快而不乱,稳健中强调晓畅,松紧有度。[②]

要点小结

电视新闻播音表达样态的时代特征是:

1. 镜头前状态,专注投入,真诚平等,注重沟通交流。
2. 用声吐字,"清晰"与"轻巧"浑然天成。
3. 语句组织,"突出"与"带过"巧妙结合。
4. 语气基调,融"饱满"与"平和"于一体。
5. 语言感受,更加细腻,更加具体。
6. 语言表达,更加亲和,更加生动。

---

① ② 吴郁:《当代广播电视播音主持》,复旦大学出版社 2006 年版,第 123 页。

7. 播报速度适当加快，但快而不乱。

经过几代电视新闻播音工作者的不懈努力和不断尝试，在继承传统的基础上又有所创新，富于中国气派的新闻播音风格的特点越加成熟，展现出有容乃大的包容性和不断开拓的创新性。

第三节 电视新闻播音的多样化发展

随着电视新闻节目改革的深入发展，消息类节目从内容、形式到播出时间、传播对象等各个方面都已经有而且还会有更加细化的分工。同时，消息写法、节目形式和风格也会有各自的特点，加之媒体特色、地域特色，新闻理念的差异等诸多对播报产生直接影响的相关因素，必然促成播音的多样化发展。以消息类电视新闻为例，事实上，当前消息类节目的播报已经呈现出多样化的格局。[①]

虽然我们把消息类新闻的口语传播统称为"播报"，但是在具有中国特色的播音风格的前提下，播报多样化格局已然形成，主要形式有：规范播报、说新闻和播说结合。它们之间的区别不仅仅是语言样态上的不同，还有内部信息加工机制的区别，而各种不同的语态传播更存在着丰富的节目及个人风格的差异。[②]

一、规范播报

规范播报又称"传统播报"，是国内外主流媒体、主要新闻消息类节目普遍采用的方式。在电视新闻传播中，每当观众看到或听到"现在报告新闻"，通常是采用规范播报的方式来传递新闻。"报告"，意味着"把事情正式告诉大众"的郑重，时政新闻、国内外要闻、简讯等内容准确严谨、写作规范的消息多采用规范播报。规范播报具有吐字清晰、语势稳健、节奏明快、语言规整的特点。对传统的继承是规范播报语言样态的主要特色，但在此基础上依然有不同风格的区别。

播报风格并非孤立存在，它在遵从消息文体风格特点的原则下，体现时代精神，顺应受众心理，外化栏目特色。它主要从播报的镜头前状态、语言表达的色彩分量、分寸尺度、速度节奏等方面作出调整和改进。如以中央电视台《新闻联播》这个重点新闻栏目为代表的新闻播报，继承和发扬了中国气派的新闻播音风格，以庄重大气、稳健有力的播音而在重点新闻栏目中独占鳌头。对海外播出的《中国新闻》，以新闻主播积极振奋的投入状态，明朗快捷、练达自信的播报，彰显改革开放进程中中国人民的精神风貌及日新月异的变化。

---

①② 吴郁：《当代广播电视播音主持》，复旦大学出版社2006年版，第125页。

二、说新闻

"说",《现代汉语词典》上的解释为"用话来表达"。"话",意为说出来能表达意思的声音。从词源上看,"说新闻"更强调口语表意,而不像"播报"强调准确严谨。说新闻的表层特点为口语化色彩较浓的"告知",也就是"告诉……使知道"的传播,而非"报告",即"把事情正式告诉群众"式的传播。"报告"强调"正式"和"面向众人"的特色,相比之下,"告知"的色彩和力度都比较宽泛,也相对软化。能够用"说"的方式进行传播的消息一般比较亲和、轻松、贴近,多用于社会新闻、民生新闻、地域新闻。政府工作报告就适合"播报",而不适合"说"。在消息传播中,内容和形式总是相伴相生的。内容决定形式,稿件决定表达,文体决定语体是普遍规律。

早在1987年出版的《播音文体业务理论》中就对"说新闻"予以了阐述,并详细分析了"说新闻"的特点。相关内容如下:"说新闻这种表达方式较为明显地体现了日常说话聊天的特点,它的优点是亲切自然,比较随便,与听众的距离近,主要适用于知识性、趣味性较强的稿件,稿件的篇幅不宜太长。思想性、政策性较强的新闻有时也可采用此种方式,但为了适应口语化这一特点,稿件的语言要做较大的改动。如书面语要改成口头语,一个较长的句子要改成几个短句等等。这种表达方式的缺点是适应性较差,特别是一些分量较重、较为严肃郑重的稿件,采用这种方式就显得立足点太低,过于小气,稿件的指导性和鼓动性都会受到影响。如新闻的篇幅较长,采用这种方式播出,就显得过于松散、过于随便,在处理上稍不注意就容易出现自言自语或过于亲昵的后果。"[①]

说新闻,无论是否有稿件依据,也无论稿件的详细程度如何,都呈现出以下语言特征:

第一,口语化色彩较浓,句子短,口语词汇较多。

第二,在修辞手段上,常有活用或非常规的修辞手段出现,日常口语也常纳入其中。

第三,在镜头前状态方面,常具有较鲜明的"拟态交流"的状态,传播者的主动给予感增强,与受众之间的交流感增强,状态变化的幅度可能更大,态度也更加鲜明。

第四,在重音强调方面,鲜明突出。

第五,在节奏把握方面,自由多变。

第六,说新闻中常包含主持人对新闻消息的议论与评价。

要点小结

电视"说新闻"的语言特征:

1. 口语化色彩较浓,句子短,口语词汇较多。
2. 在修辞手段上,常有活用或非常规的修辞手段出现,日常口语也常被纳入其中。
3. 在镜头前状态方面,常具有较鲜明的"拟态交流"的状态,传播者的主动给予感增强,与受众之间的交流感增强,状态变化的幅度可能更大,态度也更加鲜明。

[①] 毕征主编:《播音文体业务理论》,北京广播学院出版社1989年版,第42页。

4. 在重音强调方面,鲜明突出。
5. 在节奏把握方面,自由多变。
6. 说新闻中常包含主持人对新闻消息的议论与评价。

值得注意的是,"说新闻"从语言样态上强调"口语化"处理,但必须坚持新闻语言简洁准确、规范质朴的要求,新闻事实的叙述应保持简练紧凑的消息语体风格。陈鲁豫在《凤凰早班车》中的"说新闻"曾广受认可,是"说新闻"的代表。其语言轻松而不失干练,亲切而不失大方,自然而不失稳重,娓娓道来而不失明快和分量,给人以新鲜的感觉和深刻的印象。陈鲁豫较强的新闻素质、出色的语言组织能力和训练有素的记忆力等诸多因素,是其"说新闻"成功的基础和保障。

"说新闻"尽管有鲜明的口语特点,但它有别于日常生活口语,需要尽量避免口语中的杂质,更不能丢失广播电视大众媒介中所传播新闻消息的真实、客观、准确、郑重的本质特点。如果说得过于草率,超过了新闻消息所能包容的尺度,新闻消息的性质就可能发生异化,由准确、简洁、明快滑向模糊、啰唆、庸俗,如果这样,就会让人对信息的真实性产生怀疑,有悖于新闻的真实客观和公正,也就会失去观众对新闻传播的信任。

因此,在"说新闻"的实践中要特别注意防止"为说而说"的形式主义和庸俗化倾向。如果疏于对"说新闻"目的和基础的思索,加之对主持人个性化的模糊认识,只抓口语化的皮毛,用不经加工的口语混充新闻口语,就会违背新闻的真实性、客观性及新闻传播的严肃性、可行性,走入"说新闻"的误区。

三、播说结合

在规范播报和"说新闻"之间,还有一个容量较大的中间地带:播说结合。它介于规范播报与"说新闻"之间,消息语体有改动但变化不大,既不失准确规范,同时又融入了一些口语色彩,增加了亲和力。播说结合的镜头前状态平和稳健,播报心理和语态十分注重"交流感"和"讲述感"。如中央电视台《新闻联播》中的《走基层》《家风是什么》,中央电视台新闻频道的《新闻30分》《法治在线》和财经频道的早间新闻节目《第一时间》等。新闻主播以播说结合的语态面对观众,呈现出平和自然、清新洒脱、亲和自如的特色,并以交流感和讲述感取胜。

综上所述,新闻播报多样化发展是一个必然的趋势,"规范播报""说新闻"与"播说结合"各有所长,各有适应范围。一个优秀的播音员、新闻主播和新闻主持人,应该能够从本质上把握规范播报、说新闻与播说结合的联系与区别,并熟练地掌握消息传播的多种传播方式及必要的信息加工手段,依据具体语境选择恰当有效的语言传播方式,以恰切的方式进行有效传播,优化传播效果。

播报的语言样态也是随着社会发展变化而不断发展变化的。新闻播报既遵循新闻传播规律,又反映时代要求和大众审美,还是新闻主播经过对内容的理解并根据个人特点再创作而成的,体现着个性化的特点。

第四节　电视新闻播音的准备

电视新闻播音的准备，是个比较复杂的过程，那是因为电视新闻播音本身是一个复杂、复合、多维度的表达体系，是由以电视新闻主播有声语言为基础的听觉表意符号系统，以及观众可以真切看到电视新闻主播或者新闻现场画面视觉表意符号系统共同构建的电视新闻播音完整表意体系。

因此，对于电视新闻主播来说，电视新闻播音的准备不是一个简单、狭义的识读文字稿件的过程，而是一个多维度的信息认知加工的过程。具体来说，电视新闻播音的准备过程及要求可以归纳总结为以下六点。

一、熟悉稿件内容，明确节目定位

当电视新闻主播拿到当天要播出的稿件时，应当在第一时间快速阅读稿件，了解稿件的内容和传播意图。也就是说，电视新闻主播的准备过程要从稿件出发。具体说来，有三大要求：

（一）理出播音提纲

理出播音提纲有两个好处：第一，能快速对新闻内容有个大致的了解和认识；第二，现在的电视新闻主播多数都是在提词器环境下工作，理出播音提纲可以帮助主播提纲挈领，有效识读提词器，以免识读提词器的方寸空间时逻辑混乱。

理出播音提纲（不管是成文的还是腹稿），对于先说什么，后说什么，哪里要重点讲，哪些地方可一带而过，要大致有个安排，这样就容易做到有条有理。[①]

（二）明确节目定位

要结合具体的新闻节目，明确节目定位。不同的新闻节目有着不同的定位要求，比如早间新闻节目和晚间新闻节目就不一样。即使是同样一条新闻，在不同节目中的播讲状态也不同，例如早间新闻开启新的一天，因而更清新、明快有活力，而晚间新闻伴随人们结束一天的工作，进入到休息时段，整体风格相对会稳健一些。

（三）灵活使用提词器

进入演播室以后，还要利用播出前的短暂几分钟，熟悉一下提词器，因为提词器的显示方式和纸质稿件的显示方式不一样，所以需要提前适应和熟悉一下，至少需要滚动一遍，了解每句话在什么地方结束。同时要注意，手中的纸质稿件尽量和提词器保持同步，这样万一提词器出现故障，可以迅速切换到手中的纸质稿件。

---

① 参见毕征主编：《播音文体业务理论》，北京广播学院出版社1989年版，第19页。

学习电视新闻播音时,学生要将这种调整能力作为一项重要基本功来训练,做到胸有成竹,灵活自如。抬头看提词器的时候果断大方、注意交流,低头看稿件的时候沉稳自若、适时抬头,两种播读稿件的方式要能够平稳过渡。

案例精选

中共中央总书记、国家主席、中央军委主席习近平7月8日主持召开经济形势专家座谈会,听取专家学者对当前经济形势和做好经济工作的意见和建议。他强调,实现我们确定的奋斗目标,必须坚持以经济建设为中心,坚持发展是党执政兴国的第一要务,不断推动经济持续健康发展。发展必须是遵循经济规律的科学发展,必须是遵循自然规律的可持续发展。各级党委和政府要学好用好政治经济学,自觉认识和更好遵循经济发展规律,不断提高推进改革开放、领导经济社会发展、提高经济社会发展质量和效益的能力和水平。(2014年7月8日中央电视台《新闻联播》播出)

案例分析

新闻不同于文学作品,往往是用最简洁的文字向受众传递尽可能多的新闻信息。一般情况下,我们所接触到的新闻稿件是几个新闻基本要素齐全的稿子:时间、地点、人物、事件、缘由等。

首先,我们要快速通读稿件,在尽可能短的时间里了解新闻的大意、主要结构和关键词。比如说这条新闻,讲了什么呢?讲了习近平主席主持召开了一个座谈会。为什么要召开这个座谈会呢?是因为习主席要听取专家的意见和建议。大家可以注意到,这个因果关系的复句构成了这条新闻的语义表达的基础,通过表达这层因果关系,我们可以向观众呈现这个座谈会的重要意义。

之后,我们来看看在座谈会上习主席的几点要求。我们不难发现,这里有着明显的"标识":"必须"。来数数有几个"必须"?一共有三个,其中第二和第三个是递进关系,归为一组,都是在强调对于"发展"的要求。这两组"必须"引导的内容构建起了习主席讲话的主要观点体系。最后,用"各级党委和政府要……"来总结。通过这样的快速归纳分析,我们很快就能把握住整条新闻的逻辑结构和脉络。不但可以掌握准确的表达基调,同时也可以对语言样态做一个整体设计,比如哪几个关键词要特别强调和突出。这种事先的快速浏览和语言设计,避免了"跟着感觉走",盲目、胡乱地给重音。

于是,我们可以整理出这条新闻的播音提纲:

习主席开会听建议　(交代事实)

习主席强调了什么呢?(重点)

(1)必须坚持以经济建设为中心,发展是第一要务。

(2)坚持遵循经济规律的科学发展。

习主席的要求是什么呢?(总结)

(1)学好用好。

(2)提高水平。

■ **要点小结**

熟悉稿件内容,理解节目定位

1. 理出播音提纲。
2. 明确节目定位。
3. 灵活使用提词器。

二、掌握节目流程,具备节目意识、做好应急准备

当前,绝大多数电视台的新闻节目都是直播或是准直播,因此,留给新闻主播的准备时间很有限,几乎可以用"争分夺秒"来形容播出前的紧张状态。

在节目准备过程中,要遵循以下三点要求:

(一)熟悉电视新闻节目的常规流程

新闻主播在播出前,需要和编导、导播有较为密切的沟通,掌握节目的常规流程。通常情况下都会有一张当天节目的流程表或者串联单,新闻主播要了解流程表的要求,对于整个节目的布局做到心中有数。一般情况下,在直播过程中,导播都会通过耳麦发出清晰明确的指令,调度各工种工作人员协同配合。直播一开始,每一秒都很关键,主播要提前熟悉指令,以免直播过程中由于沟通原因而导致失误。

(二)要具备节目意识

新闻主播应当具备节目意识。从狭义上来理解,新闻主播的节目意识指的是新闻主播对节目负责的态度。在节目的直播过程中,新闻主播必须聚精会神,专心致志,排除杂念,密切关注导播的每一句指令,绝不能做和节目无关的事情,更不能将个人物品,如手机,带入演播室。因为直播过程中,经常会有各种情况发生,稍有不慎就会酿成播出事故,后果不堪设想。

从广义上来讲,新闻主播的节目意识,指的是要根据节目的要求调整好自己的心理状态和播出状态。根据具体节目的定位和要求,将自己的思想和稿件内容以及新闻节目的传播要求统一起来。

(三)新闻主播要做好应急准备

新闻主播是新闻节目播出最后防线的关键岗位,因此必须担当好"把关人"的职责。当有突发情况发生时,应当有应急预案,随时做好应急准备。

通常突发情况有两大类:一是突发新闻,或者现有的新闻有重大更新。此时导播会插入最新消息,新闻主播要有能力驾驭临时变更的新闻内容,能够从容淡定、不动声色地继续播出,并保证与一线记者或者嘉宾的顺利交流。二是发生突发状况。在直播过程中,经常会发生形形色色意想不到的事情,如稿件顺序乱了,提词器故障,导播切错,等等。

出现了紧急情况，该怎么办呢？如果提词器发生了故障使得新闻主播无法正常播读，主播应当果断切换到手中的纸质稿件，确保播出顺利进行。新闻主播要始终保持精神高度集中的状态，不能因为导播没有把画面切给自己就可以放松。在现实中由于导播的误操作，不该切主播台的时候切主播台画面的情况不在少数，万一这种情况发生，只能靠新闻主播的沉着冷静和聪明机智将之化险为夷了。其他诸如技术故障导致的突发情况，也都需要新闻主播一一化解。总之，要尽量避免将后台的纰漏和窘迫呈现在镜头前。

由于直播所涉及的工种十分繁杂，所以，任何一个环节，不论是人还是机器，都有可能出现问题。新闻主播应在平时多设想几种可能会发生的问题，并想出对策，做好各方面的思想准备，以防不测。当问题出现的时候，新闻主播应该做到沉着冷静、处乱不惊，将故障或问题产生的影响控制在最小限度内。

■ **案例精选**

应急预案对于新闻主播来说非常重要，应急预案是扎实的备稿过程的具体体现。中央电视台中文国际频道在2013年8月31日直播《第十二届全运会开幕式特别新闻》的时候，就出现了突发状况，新闻主播自己事先做好的应急准备就派上了用场。

当时，原定直播方案中，习近平主席将在开幕式发表讲话，之后演播室将对习主席的讲话进行解读，讨论全民健身的话题。但是，直播时突然发生了变化，习主席只是宣布了全运会开幕，并没有发表讲话。这样，就出现了空档时间，临时插播小片也来不及了。在这紧急关头，当班主播事先准备好的内容起到了重要作用。在播出前，他做了大量的功课，根据编导提供的节目播出流程准备了关于体育精神、全民健身、国内外举办运动会、运动员培养等话题资料，并事先交给责任编辑审核。当突发状况发生时，这些事先准备好的内容马上就派上了用场。

每一位新闻主播在准备过程中，都要有应急预案。有备才能无患，这是对自己负责、对节目负责、对观众负责的态度。

■ **要点小结**

节目准备过程中的三点要求：
1. 了解电视新闻节目的常规流程。
2. 要具备节目意识。
3. 新闻主播要做好应急准备。

三、多方协同配合，完善出镜形象

电视新闻节目的播出是一项非常繁杂的工作，需要一支由多工种组成的专业技术团队相互协作才能完成。虽然，我们在电视屏幕上只能看到新闻主播，但是在他们背后却有众多的工作人员默默无闻地为节目顺利播出而共同努力着。

从节目播出前的准备来看，新闻主播的屏幕形象塑造是很重要的。新闻主播的屏幕形象分为视觉形象和听觉形象两个维度,在完善屏幕形象时,需要考虑四个方面。

(一)着装

电视新闻主播的着装应该反映我国民俗的基本礼仪,要遵循国际公认的社交着装"TPO原则",体现出中华民族的素质修养和时代发展的精神风貌。[①]

"TPO原则"是当今世界上公认的着装礼仪应遵守的基本原则,即在不同时间、地点、场合以及面对不同交流对象时着装的规定和要求。电视新闻主播的着装主要应当考虑以下几个因素:

1. 与节目背景的和谐

随着演播室技术条件的改善,演播背景呈现出结构、色彩和材质多样化的特点。很多电视台的新闻演播室甚至采用了虚拟演播、三维动画等先进技术,这就使得电视新闻主播的着装要与节目背景相和谐,适应演播室的背景要求。比如最基本的常识有,镜头前不适宜穿细格或者细条纹服装,以免造成画面"爬格";如果虚拟演播室的背景板是蓝色的,则新闻主播就不能穿蓝色服装。

2. 与时令的契合

特殊场合和特别时节对于电视新闻主播的着装也有具体的要求。重大节日、重要活动等强调仪式性的场合,就需要新闻主播在着装的色彩、款式、搭配上认真思考。比如春节是中华民族最重要的节日,所以春节期间值班的新闻主播着装要喜气洋洋,要能体现出年节的喜庆气氛。再比如一些严肃的场合,着装则要以深色,比如藏青或者黑色为主基调。因此,电视新闻主播在上节目前,应主动和当天的责任编辑进行沟通,了解节目的具体着装要求。

3. 与搭档着装的搭配

很多电视新闻节目都采用两人或者两人以上的新闻播报方式,所以电视新闻主播的着装不能随心所欲,要考虑搭档的年龄、气质、风格,并与之商榷服装的款式、色彩是否和谐,切忌互相不沟通,各穿各的,这样到了演播室就很难协调了。

(二)化妆

对于电视新闻主播来说,化妆造型是必不可少的。特别是高清电视的普及运用,对于化妆造型的要求越来越高。电视新闻主播要与造型师进行良好的沟通,根据自己的个人特点和节目的实际要求化妆造型,刻画个人的屏幕形象。一些缺乏工作经验的新闻主播往往以为自己越美越好,其实并不是这样。花枝招展对新闻播音并没有什么好处,朴实大方、符合节目定位的妆容才能让观众感到舒服和自然。

---

① 参见罗莉:《电视播音与主持艺术》,北京广播学院出版社2004年版,第367页。

(三)演播室照明

新闻演播室的照明在强调主体人物写实的基础上,讲究节目氛围的营造和演播室空间的立体感、纵深感、通透感。现代演播室的调光台自动化程度较高,通常可以按照预定程序进行控制。但若想得到更加理想的屏幕形象,具体用光仍需根据新闻主播的个体形象、当日着装和化妆发型特点进行精细的调节。新闻主播应该提前到岗,与灯光师进行沟通和调试,以期达到光线造型准确、屏幕形象完善的目的。

(四)音响

与调控音响系统的录音师的配合也不能忽视。录音师的作用是将话筒调试到最佳状态,确保新闻主播的声音不失真,有助于主播轻松用声。

实践过程中,单人播报时,音响系统的调试不是特别复杂,主要考虑拾音能否完整,较为饱满地还原新闻主播的声音,此外要考虑和新闻片音响的和谐。

在双人乃至多人播报的时候,音响系统就比较复杂了,要根据不同人的声音特点调整话筒的位置,以求做到不同声源的声音能够和谐匹配。

尽管这些工作都由专业工种负责,但是最后的效果却要通过新闻主播的屏幕形象来呈现,所以新闻主播应当礼貌地和各工种沟通,尽量确保准备到位。

■ **要点小结**

多方协同配合,完善出镜形象要注意以下四个方面:

1. 着装。
2. 化妆。
3. 演播室照明。
4. 音响。

四、新闻主播与新闻现场的灵活互动

由于技术的发展,使得新闻信息的来源极大丰富,在新闻节目直播过程中,新闻主播直接与新闻现场连线互动已经不是新鲜事了。面对复杂的节目形态,新闻主播要在导播的指引下,与现场记者构建有效沟通,形成和谐的交流场。

总体来看,新闻主播与新闻现场的互动主要有以下三点基本要求:

(一)引导信息推进

现场记者的职责是传递他在现场所看到听到的信息。由于所处的传播环境不同,因此现场记者常常无法从节目整体的角度来把握信息推进的方向,这就需要新闻主播根据节目流程来引导现场记者按传播要求传递信息。

(二)挖掘细节信息

细节信息是新闻报道的重要构成。具体要什么样的细节信息,细到什么程度,需要新闻主播根据节目传播的需要来挖掘和调控。

对于新闻现场记者来说,他要根据新闻主播的要求提供符合节目需要的细节信息,既做到新闻事实生动鲜活,同时又确保新闻报道的客观公正。

(三)做好"把关人",处理突发状况

在新闻节目直播连线中,突发状况在所难免,主要有三种情况:

一是新闻事件的突发变化。在报道过程中,新闻事件有了实时的发展,这时需要新闻主播及时跟进最新信息,即时加工。比如一些新闻事件,处于不断更新的状态,所以新闻节目也随时在为受众提供最新的信息,新闻主播要能够适应"本台刚刚收到的消息"。

二是连线过程中的不可抗力导致的故障、障碍。比如卫星信号不稳定等。这就需要新闻主播随机应变,即时组织语言,给后台人员处理突发情况提供宝贵的时间。

三是人为因素引起的突发情况。这就需要新闻主播敏锐地把握住不和谐因素,及时"补台",确保节目安全顺畅地进行下去。

■ 案例精选

中央电视台《朝闻天下》在2014年7月28日的节目中播出了贵州福泉山体滑坡新闻,派出了前方记者去了解灾情和救援情况。

记者给出了大量现场细节信息,诸如房屋损毁的情况、人员伤亡的数字,展现了山体滑坡造成的泥泞环境,提供了可能造成的进一步地质灾害的分析。但这些细节信息堆砌交织,条理不清,让人难以在第一时间都接受消化。

于是,演播室主播及时跟进总结:"谢谢记者给我们介绍了此次地质灾害的具体成因,我们也给大家补充一些信息,福泉是黔南布依族苗族自治州管辖下的一个县级市,少数民族人口有8.54万人,这个地方位于山区,房屋结构都不太好……"短短几句话就交代清楚了新闻的背景信息,把记者分散的信息点整合在了一起。

在直播过程中,什么情况都有可能发生,即使是训练有素的现场记者也可能受新闻现场环境的影响,表述不到位。此时,我们的新闻主播在演播室就要及时"补台",确保各方信息最后能在这个信息中枢平台上和谐整合,以更完善的形态传递给受众。除了在演播室播出外,新闻主播在重大新闻发生时,还会时常和记者一起被派往新闻现场进行报道,演播室练就的职业素养使得他们有着与常人不同的新闻敏感性和现场驾驭力。

■ 要点小结

新闻主播与新闻现场互动的基本要求:

1. 引导信息推进。
2. 挖掘细节信息。
3. 做好"把关人",处理突发状况。

五、做好心理调节,把握出镜状态

心理调节是电视新闻播报准备的重要一环。训练有素的新闻主播往往可以将心理状态调整得十分稳定,确保自己能够从容面对演播现场出现的各种突发情况。电视新闻主播的心理状态大致可以归纳为以下三点:

(一)轻松上阵,大方自然

对于新闻主播来说,应该轻松上阵,面对摄像机就像是面对自己的亲人、朋友、邻居一样,大大方方,亲切自然。要做到这一点,关键是脑子里不要产生各种杂念。一般说来,过分的紧张源于不自信,而不自信的根源则是缺乏充分的准备。因此,全面细致的播前准备,是消除过度紧张心理最有效的方法之一。

提前的充分准备,可以从客观上为新闻主播提供安全播出的保障;同时由此带来的自信可以帮助新闻主播在生理上放松肢体,保持呼吸顺畅,避免身体僵硬、使拙劲儿;还能在心理上获得放松,专心致志地思考稿件。

(二)从容不迫,稳健推进

当主播坐上主播台开口说话之前,可以用深呼吸来调整自己紧张的心情。紧张是人身体的自然反应,适度紧张对于主播拥有积极的状态是有利的,但如果过度紧张,则极易导致错误的出现。初学者做到从容不迫可能有些困难,因为他们心里常常缺乏安全感,总"幻想"着会有各种突发情况发生,脑子里充满着各种杂念,所以在播报的时候,总想赶紧说完,心里也就感觉踏实了。

在直播过程中,新闻主播要主动调整、控制自己的心理节奏。初学者要学会正确看待自己存在的问题,调整好自己的心态,从容面对可能出现的口误,不用怕错,错了及时改正就是了。如果由于过度紧张而造成错误频繁的话,可以适当放慢语速,因为出错往往是因为思维节奏比说话节奏要慢,导致思维断线。放慢语速是个好办法,当思维节奏和说话节奏和谐以后,整个心理状态就会从容许多。

(三)处乱不惊,随机应变

其实,新闻主播面对各种突发情况,是经常的事。这就需要新闻主播具有良好的心理素质。要避免人为地给自己制造压力,即事先假想了很多问题,产生了很多杂念,自己让自己紧张。遇到问题,随机应变,处乱不惊,从容面对,有问题就解决问题,紧张对解决问题起不到任何作用,唯有沉着冷静,淡定处理一切,才能做到不慌不忙,有条不紊。冷静对于处理复杂问题很必要,问题乱如麻,唯有冷静才能细致思考,抽丝剥茧,将问题的头绪一点一点地理清楚。惊慌失措,只会使得我们无法专心思考,所以沉着冷静是随机应变的心理基础。

■ 要点小结

做好心理调节,把握出镜状态:
1. 轻松上阵,大方自然。
2. 从容不迫,稳健推进。
3. 处乱不惊,随机应变。

六、注意总结归纳,准备下次播出

总结归纳,是电视新闻主播准备过程中必需但又最容易被忽视的一环。特别是初学者,往往播完会长出一口气,然后去休息了,而这恰恰贻误了最佳总结提高的时机。在很多电视台,值班主任都会在直播后和主播寒暄几句,不要小看这几句简单的寒暄,多数情况下都是对当天节目的一个很好的总结。一般说来,有以下几个方面的内容需要新闻主播好好总结。

(一)总结基本读音

切勿小视读音问题,不规范的发音不仅影响信息的传递,更重要的是损害媒介的公信力。因此,世界各国电视新闻媒体对于新闻主播的发音规范都有严格的规定。[1] 每一次直播结束后,新闻主播都应该将易读错的字音总结出来。

(二)总结表达方式

每次播完,新闻主播都应该及时回看自己的录像,征求身边专业人士的意见和建议,更重要的是要重视普通观众的反馈,因为他们的意见往往是最直观的。初学者可以将自己的练习作业给身边的朋友看,请他们客观地提出改进建议。

通过这种方式来发现表达上存在的问题,找到内容和形式之间不和谐之处。一般说来,重音的不当处理会导致逻辑关系的混乱,语气表达的瑕疵会产生歧义。所以对表达方式进行总结,不断推敲,精益求精,可以帮助我们提升表达水平。

(三)总结播出状态

今天的播出状态怎么样?是每一个上完直播的新闻主播要问自己的问题。播出状态,既包括直播时的心理状态调整,也包括创作全过程的技术状态。

通过节目回放,可以发现状态上的瑕疵,发现创作中的缺陷。要及时总结问题,分析问题的原因,以便在下一次创作中改进。

对于新闻主播来说,自身要养成勤总结的好习惯,在直播后立刻进行反思、总结、归纳。一是可以趁热打铁,及时回顾直播过程中的各个细节,寻找不足与瑕疵;二是可以通

---

[1] Nancy Reardon, *On Camera: How to Report, Anchor and Interview*, Focal Press, 2006, p.213.

过归纳与反思,调整好自己的创作状态,获得全方位的能力提升。

一条新闻,从新闻现场散乱的各种信息,最后汇总到演播室,通过新闻主播的加工传递给受众,这个过程浓缩了集体的智慧,体现出了新闻主播及其身后创作团队的人生观、世界观、价值观。每一次播出后的及时总结归纳,都是为了下一次更加精彩。

▍要点小结

注意总结归纳准备下次播出:
1. 总结基本读音。
2. 总结表达方式。
3. 总结播出状态。

第五节 电视新闻口播

电视播音是电视传播中至关重要的一个环节。它以视听结合为特征,利用播音员的有声语言和非有声语言(包括眼神、面部表情、体态、服饰等)全息性地传递信息。电视新闻播音一般是在电视节目中进行的,绝大多数是节目成品的一个部分,因此播音员处理稿件时,要有全局观念,要考虑整体风格需求,不能局限于、纠结于一篇稿件的细节,要兼顾与其他元素(如画面)的关系及产生的影响。电视新闻播音员的风格特点在符合共性要求的基础上,由于全息性的表达方式,由于节目化的呈现方式,可以展现多样性风采,使得播音更具个性。

▍一、电视新闻口播的概念、特点

(一)概念

由播音员在电视屏幕上出图像播报新闻稿件的电视新闻播音,以有声语言作为传达新闻信息的主要手段,同时辅以电视播音员的表情、神态、体态动作等体态语。电视新闻口播是电视新闻播音最具典型意义的形态,也是最基础、最核心的形态。

▍关键术语

由播音员在电视屏幕上出图像播报新闻稿件的电视新闻播音,以有声语言作为传达新闻信息的主要手段,同时辅以电视播音员的表情、神态、体态动作等体态语。

(二)特点

第一,电视新闻口播可以直面受众。"面对面"使传受双方彼此心理距离更近,加之有体态语作为辅助,播音员也因此更易于呈现"呼之欲出"的创作状态。电视新闻口播的状态是真诚炽热、积极新鲜、从容大方的;以关注内容为根本,以传递信息为要义。

第二,电视新闻口播的态度,相对于配音来讲,更加明朗、确切,可以营造气氛,更加吸引人;而配音则是幕后旁白,讲解事情。

第三,电视新闻口播有声语言的表达特点,相对于电视配音来讲,用声较高,咬字、发声力度较强,语速稍慢,语势起伏幅度较大,停连、重音较鲜明。

第四,电视新闻口播有"非有声语言"参与。它可以传达态度与情感,辅助有声语言表达。

第五,电视新闻口播直播化运作。当前,越来越多的电视新闻节目尤其是口播环节采取直播的形式,这就需要播音员有极强的临场应对能力。

第六,电视新闻口播关注点多。电视新闻播音员在口播过程中需要关注的点非常多,一方面受到这些因素的制约,另一方面也得到这些因素的辅助。它们包括文字稿件、有声语言表达、体态语的运用、镜头、提词器的操作、导播指令的执行、监视器的情况、电子设备的运用(如触屏)等等。

二、电视新闻口播的内容与表达

电视新闻播音员应熟知电视新闻的结构,掌握驾驭新闻语体的能力,即具备良好的电视新闻结构感和语体感,方能游刃有余。

电视新闻口播一般会有以下编排方式:在新闻片之前或之间,新闻消息"口加画",口播独立完成等。按照内容划分,主要分以下几种:消息播报(导语串联或口加画)、评论播音和公文播发等。

(一)消息播报

消息播报主要包括两种形式:一种是新闻片导语串联,另一种是口加画。

1.导语串联

即播报一条电视新闻片的导入语,包括两条新闻片之间的承上启下的过渡语。导语串联的主要作用,一是提示重点、概括全篇,二是引起兴趣、引入主体,三是承上启下的过渡与转换对比。

播读新闻片导语时,要求内容清楚、基调准确、重音精当、注重变化,播出特点,有呈送感。导语通常直接点出整条新闻的新鲜处、价值、要点。导语文稿在遵照新闻文体撰写的统一规则下,往往依据具体内容、不同播出平台等而有多样化呈现:有的是提出疑问或制造悬念,以吸引观众关注接下来的新闻片;有的是先给出结果或概括性描述消息内容,使观众获得初步印象,进而期待全面、深入地了解新闻事实;有的是将新闻产生的各种背景因素补充进来,以利于观众把握新闻的实质和意义;有的是边叙述新闻事实边讨论其意义,即采用夹叙夹议的方式,使新闻具有更为突出的权威性和引导性……

基于导语文稿写作的多样性,电视新闻口播在把握时不可千篇一律,不可以不变应万变,而应当以新闻事实为根本,以导语文稿为创作基础,以播出平台(包括媒体、节目)

为发挥空间。处理时,播音员应情绪饱满、积极生动,整体感强、有主有次,抓其实质而不欠不陷不错位,强调重音宜放慢提起,注意节奏的全篇统一与细节变化的矛盾关系,结尾应有延伸感,引起关注、引发思考。

案例精选

口播(导语):省部级主要领导干部学习贯彻十八届三中全会精神全面深化改革专题研讨班17日在中央党校开班。中共中央总书记、国家主席、中央军委主席习近平在开班式上发表重要讲话。他强调,必须适应国家现代化总进程,提高党科学执政、民主执政、依法执政水平,提高国家机构履职能力,提高人民群众依法管理国家事务、经济社会文化事务、自身事务的能力,实现党、国家、社会各项事务治理制度化、规范化、程序化,不断提高运用中国特色社会主义制度有效治理国家的能力。

中共中央政治局常委李克强、张德江、俞正声、王岐山、张高丽出席开班式。中共中央政治局常委刘云山主持开班式。

配音:……

案例分析

这条消息整体分量很重,播音时需要态度坚定、节奏稳健,用声明亮厚实、咬字力度偏大,层次清晰有变化。

这条口播导语篇幅比较长。一般情况下,第一自然段的第一和第二两句作为本新闻片的导语即可说明问题,但是,这次"开班"与"讲话"的意义相当重大,内容又相对复杂,所以,需要将"讲话"的内涵及重要性在口播中更为直接、鲜明且有引导性地提出来,以便观众能够更好地理解、分析新闻片要展示的事件。第一自然段的"省部级"与第二自然段中通告中共中央政治局常委全部参加了此次开班式,揭示了与会人员的最高规格,从而进一步说明了此新闻事件的重要程度。在这一条口播当中,"全面深化改革专题"与"有效治理国家"乃为核心,作为重点短语处理,要明确拎起。

2. 口加画

电视新闻口播有时会采取"口加画"的形式,即消息的内容没有进行先期配音,完全由播音员在口播时完成。尤其快讯类——指极具时效性和报道价值的消息,尚未得到图像,或其画面刚从前方传回,经过编辑记者粗编后需马上播出,于是,播音员在口播的同时同步播放画面,它一般不需要严格的声画对位。口加画的形式应用得越来越广泛,因为其时效性强,而且通常与连线报道相结合,是对传统播报方式的一种丰富,能在第一时间给观众传递出突发新闻的主要信息。

案例精选

根据世界卫生组织发布的疫情通报,截至8月20号,西非地区累计发现埃博拉病毒确诊、疑似和可能感染病例2615例,死亡1427人。

据路透社报道,尼日利亚卫生部长26号表示,目前该国的埃博拉疫情已经得到控制。尼日利亚卫生部长说,在尼日利亚已经确诊的13例埃博拉病毒感染者当中,有5人死亡,7名患者已经痊愈出院,只有1名患者仍然在拉各斯的隔离病房接受治疗,目前这名患者病情稳定。另外据俄罗斯媒体的报道,26号俄罗斯联邦消费者权益保护与公益监督局发表声明称,俄罗斯发现两例疑似埃博拉出血热感染病例,但是均未得到证实。

案例分析

这是一条"口加画"的新闻,第一自然段是导语,第二自然段是主体,均由口播完成。播音员要注意播音状态的一致性。处理时,需要注意两点:一是注意力高度集中,随时准备自己的画面被切换,始终保持出镜状态,强调表达的主动性、清晰性,要与新闻片配音区别开;二是需要很强的驾驭新闻稿件结构和把握电视新闻口播与新闻片配音的能力。快讯类需突显"第一时间"的新鲜感,状态积极,节奏明快,用声可稍高一些。

(二)评论播音

以中央电视台《新闻联播》为例,评论播音的内容包括编后话、本台评论、评论员评论、社论等。

处理时注意,应有评论的心态,情感较为浓厚,态度鲜明;咬字饱满,发声、气息力度较强;语势起伏度大于消息播音,重音突出,节奏变化丰富;语速不宜过快。

案例精选 《人民日报》评论员文章

本台消息:今天出版的《人民日报》发表评论员文章《培育昂扬向上的公民品格》。

文章说,形成健康的社会风尚,需要每个公民的协力;打造奋发的时代气质,离不开亿万人民的参与。社会主义核心价值观倡导的"爱国、敬业、诚信、友善",正是从公民层面提出的价值准则,涵盖了社会公德、职业道德、家庭美德、个人品德等各个方面,是每一个公民都应当树立的道德规范和价值追求。

文章指出,每个公民都从自己做起,把握好社会主义核心价值观的人生之舵,必能鼓起梦想之帆、驶好梦想之船,为事业的进步、国家的前行凝聚起最磅礴的力量。

案例分析

《人民日报》评论员文章具有较强的舆论指导意义,要采取整合内容、拎出重点的方式进行播读,书面表达特点明显。播音时需注意,意识要宏观,态度要鲜明,力度要偏大,节奏要稳健。需注意文稿的书面表达特点,一字不易地播读。从播"今天出版的《人民日报》"开始即进入相应的情绪,报题要拎起放慢。进入"文章"后,要注意依据层次的变化做微调。第二自然段阐释社会主义核心价值观与公民的关系,引导性要强。第三自然段是倡导,要坚定自信,要充满鼓动性。

案例精选 本台评论

导语:前几天,湖北阳新县纪检监察部门针对机关和窗口单位的"四风"问题进行了一次暗访,就在人们以为这次还会像以前数次暗访一样"雷声大雨点小"的时候,一场意想不到的纠风现场会却让全县党员干部受到不小的震动。

配音:……

本台短评:机关不是休闲处,当官不能混日子。湖北阳新县纪委的果断处置,给干部队伍下了一剂端正宗旨意识的猛药,也亮明了正风肃纪公开化、常态化、机制化的决心。党内监督和政务公开融为一体,整肃矛头指向群众不满意的地方,就能够赢得民意支持,取得实实在在的效果。

案例分析

本台短评(或评论)代表本台意志,具有一定的舆论指导意义,一般篇幅短小,指向性强,三言两语直中要害;同时表述方式又具有一定的贴近性。播音时要注意和新闻片的情绪、内容衔接起来,要态度鲜明,自然恰切。

这段评论既是给"当官"的敲响警钟,又是给干部队伍提出方向和给予信心。播这篇短评需注意,语气中既要有批评又要有激励,强调要坚定"正风肃纪"的决心,要坚持"党内监督和政务公开融为一体"的做法。文稿中"休闲处""混日子""猛药"等短语的运用贴近性很强,更易于观众理解,对于当事人来讲可以更多地感受到实实在在的劝说,播音时依据此拿捏好分寸。

案例精选　编后话

导语:在河南,23岁的退伍军人郑春光为帮邻居扑火牺牲了,留下生病的父母和没人照顾的水果摊,乡亲们主动承担起照顾老人和经营水果摊的责任,向无私献出大爱的救火英雄送上一份敬意。

配音:……

编后话:在乡亲们的帮助下,郑春光家的水果今天已经全卖完了。退伍军人郑春光以一个战士的姿态,牺牲在火场上。乡亲们向这位英雄致敬的方式,就是伸出手来,了却他的身后事。见义勇为,见贤思齐,无数普通人,就这样朴素地展现了中国人美好的精神世界。

案例分析

这条消息由口播导语、新闻片配音和口播编后话三个部分组成。

这条新闻反映的是社会主义核心价值观在个体形象与群体形象中的共同展现,具有很强的引导性和推广性。

编后话是以夹叙夹议的形式呈现的。第一句承接新闻片,将故事结束,要注意语气的平稳衔接。接下来的议论,注意基调的调整,发出对英雄"见义勇为"的敬佩和对群众"见贤思齐"的称赞,最后升华为对中国人美好精神的赞颂,虽是结尾,但要平托住并具有一定的延伸感。

(三)公文播发

公文播发的内容包括各种重要的政府公报、决议、政令、通知和新闻发布稿等。

处理时应注意:用声稳实,不虚、不拔;吐字饱满,立得住、咬字较紧;气息较强,支撑稳劲;语速相对于一般电视新闻播音稍慢,用声相对高于、强于一般电视新闻播音,以显示其重要性。公文播发的表达,比较庄重而又不能僵冷。体态语端庄、大方、沉稳、积极。

■ **案例精选**

10月31日,中共中央纪委发出《关于严禁公款购买印制寄送贺年卡等物品的通知》。通知全文如下:

最近,习近平总书记在指导河北省委常委班子专题民主生活会时强调,要认清"四风"的严重性、危害性和顽固性、反复性,锲而不舍、驰而不息抓下去。多年来,每逢元旦、春节,一些地方和单位用公款大量购买、印制、邮寄、赠送贺年卡、明信片、年历等物品,印制越来越奢华、浪费越来越严重。这既是形式主义的表现,又助长了奢靡之风。党的群众路线教育实践活动开展以来,对纠正此风,从党内到社会均有反思、倡议和呼声。为深入落实中央八项规定精神,坚决反对"四风",现就严禁公款购买印制寄送贺年卡等物品提出如下要求:

各级党政机关、国有企事业单位和金融机构,严禁用公款购买、印制、邮寄、赠送贺年卡、明信片、年历等物品。涉及外事、港澳台事务、侨务等工作需要不在此限,但也要提倡节俭。要严肃财经纪律,强化审计监督,相关费用不准转嫁摊派,一律不予公款报销。

各级纪检监察机关要持之以恒强化监督检查,及时发现问题,坚决予以纠正。对顶风违纪的,发现一起、查处一起,严肃责任追究,通报曝光典型案例。以改进作风的实际成效,不断深化和巩固落实中央八项规定精神的成果。

中共中央纪委
2013年10月31日

■ **案例分析**

这是一条原文播发公文内容的口播稿。由于稿件内容态度鲜明,播音时注意态度坚定、情绪饱满,气息要稳劲,用声要扎实,节奏要稳健,表达出此问题不容置疑且刻不容缓的情势,提醒各相关单位及人员既要严肃对待又要认真执行。处理时有两点需要留意:一是不因庄重而拔高"调门",二是顿号前后词语能连则连。

■ **要点小结**

电视新闻口播的形态:

1. 消息播报。
2. 评论播音。
3. 公文播发。

三、电视新闻口播出镜的方式

(一)有提词器口播

1. 掌握操作方式

控制镜面文字显示位置,使之一般在显示屏的中下部,这里不仅视线位置好,而且播读时也会有缓冲余地。控制语言节奏,相应的心理节奏也便容易稳定。

2. 视线自然移动

目光集中有神,移动幅度适中。

3. 整体记忆稿件

充分备稿,整体记忆,播音时可以不完全依赖于稿件,因而有助于注意力的集中,另外还可以随时应对紧急情况。

4. 备齐文字稿件

提词器在直播时出现故障是常有之事,纸质版的文稿一定要带到主播台上,以备不时之需。

特别提示:电视新闻播音训练初期不宜使用提词器,建议先练低头、抬头口播,培养与镜头的交流感。

(二)无提词器口播

即低头看稿件,抬头与观众进行交流。

1. 抬头的目的

进行交流,表现目的,揭示关系(区分、呼应、转折等),强化重点,启发提示等。

2. 抬头的原则

准确合理,灵活具体,有机自然。

3. 抬头的技巧

画出抬头点——适当做抬头位置的标记,既可以起到提示作用,又可以减少注意力的分散。

增强记忆力——利用瞬时记忆并结合长时记忆将抬头点后的词语背下,以取得抬头的主动与基础。

记住首尾句——播读一条消息的首尾句需要抬头,有助于吸引注意、增进交流、承上启下,所以通常要在备稿时将其背下来。

特别提示:播读与抬头的动作可以同时进行,亦可依据内容、目的非同时进行,配合应有机和谐。

4. 抬头的误区

"盲目性"抬头,指的是没有明确目的,为抬头而抬头。

"程式化"抬头,指的是不能具体问题具体处理,按同一模式抬头,机械而单调。

"表演化"抬头,指的是形式化地做出抬头动作而无诠释意义,或以展示自我为目的抬头。

四、电视新闻口播的全息把握

电视新闻口播,播音员一般在演播室内以近景出图像,要求形体姿态端庄、自信。播音员以面部表情、肢体语言及服装造型等来辅助有声语言传达内容,它们反映着播音员具体的思想感情和态度,是播音员与观众呼应交流的重要手段。

(一)体态语

体态语是利用身体的姿态,即身体姿势、肢体动作、面部表情等作为传递信息、交流思想感情的辅助工具的非语言符号。体态语不仅能辅助传播一定的话语信息,对有声语言起到强化、补充、丰富、修正的作用,而且同时还传播着谈话人自身的信息。一个人的举止动作、表情眼神很能体现其文化教养、性格品质。

1. 整体积极

播音员虽主要以近景出图像,但全身上下应该有积极一致的充沛状态。正确的姿态应是坐在椅子前1/3处,双腿平放,两脚踏实落地,这样有利于姿态稳定和气息通畅,同时也不易疲劳。挺胸抬头充满自信,上身微前探,关键在腰部控制,立腰,腹壁站定,双肩自然下沉。双臂自然弯曲,肘部回收与肩约等宽,两边位置不完全左右对称,可一前一后有所变化。

2. 关于眼神

目光集中,视线在镜头中下部,如看观众眼睛一般,有交流感。坚定有神,态度鲜明,真诚、严肃、自信、积极、有新鲜感。眼神要根据具体内容有相应的情感流露,有所依有所指,真切而饱满。

3. 高度重视微身体动作

电视新闻口播的形体表现空间不大、幅度有限,主要是微身体动作。

头部动作幅度根据内容的轻重程度适当调整,略点头或略摇头;无提词器时,低头、抬头动作幅度不宜过大或过小,抬头后要有一定时长的停顿;有提词器时,头部要有相应的动作,不能僵硬不动。眉眼的细微变化能够传情达意,应准确、适度应用。口部动程不宜大,用力不能过紧。颧肌提起使嘴角上提,呈现积极状态。口型的美观应建立于正确的吐字发声要领之上。手部可有少量动作,不宜过大或过小,且应与头部、身体的动作方向相协调。

微身体动作大多是经过控制、克制和弱化后的身体反应，动作虽小，传递的信息却很重要，其有效运用在小景别中被放大，正符合新闻播音庄重、大方、自然的特点。播音员既要善于挖掘有表现力的微身体动作，又要适度控制它的表现，做到积极、自然、大方、得体，并应努力体现出自己的特点。

(二)形象造型

电视新闻口播要求播音员的形象造型端庄、大方、成熟、高雅。男妆自然、趋于写实，女妆采用淡彩修饰。发型简洁、大方、干练，发色为黑色或自然发色。

电视新闻口播要求播音员的服装造型端庄大方，简洁干练。播音员以西服、职业装为主要服装，衣服质地具有一定厚度，款式相对简约，颜色相对淡雅，并依据栏目、节假日、重大事件、时令等不同情况具体选择。当前，许多播音员的服装带有细节处的个性化设计。男播着正规西服，内搭衬衫，系领带，外衣以灰、蓝和略深色为宜，避免有彩格图案，领带的花色通常和搭档女播的服装颜色相协调，遇重大传统节日可穿传统中山装等。女播着西装或庄重、文雅的现代职业套装，款式、颜色相较于男播更为丰富，宜明亮、素雅，遇重大传统节日可穿具有中式传统元素的服装。女播佩戴的饰物极少，以不夺目为前提，一般配以胸针或耳环。

第六节　电视新闻配音

一、电视新闻配音概述

(一)电视新闻配音的定义

新闻配音主要是对新闻片进行解说。新闻片是电视新闻记者拍摄、编辑后供播出使用的图像材料，它一般都需要语言解释，用以说明新闻事件发生的时间、地点、内容、人物等基本要素。[①] 新闻配音是指电视新闻播音员为新闻片在画面外对其内容所进行的说明、介绍、补充、讲解以及评述，用以解释、补充、阐释画面内容。[②] 电视新闻播音的声音类型主要有口播和配音，在电视新闻片中，配音语言与画面语言相互配合，共同传递新闻信息。

(二)电视新闻配音的重要性

新闻配音是当前的电视新闻节目中最常见的播出形式。在新闻播报类节目中，新闻配音时长份额通常超过总时长的一半；在新闻评论节目中，如中央电视台新闻频道的《新

---

① 张颂主编:《中国播音学》，北京广播学院出版社2003年版，第564页。
② 罗莉:《电视播音与主持艺术》，北京广播学院出版社2004年版，第43页。

闻 1+1》《东方时空》《24 小时》等节目里,新闻配音也占有重要地位,配音时长通常也接近或超过 50%。正因为有如此庞大的新闻配音量,为新闻片配音是电视台新闻播音员、主播或主持人的日常工作,如中央电视台新闻频道全天 24 小时都安排专人排班进行配音工作,中央电视台财经频道从早上 7 点到晚间 22 点 30 分,每一档新闻节目也都安排有专门人员进行配音。

(三)电视新闻配音的工作方式

电视新闻配音属于电视新闻片后期工作的一部分,由播音员按照稿件对新闻进行解说,编辑将配音配合画面剪辑好制作成结构完整规范的新闻片后再播出。在录音间配音时一般看不到画面,这就需要播音员提前深入了解每条新闻片的整体概貌以及整期新闻节目编排顺序等信息,在配音时准确把握内容基调,做到心中有数。另外,新闻配音工作时效性较强,一般稿件量大,备稿时间短,这就需要在接触稿件后有一个敏锐准确的初步判断,合理运用第一感受。当然,这是播音员在具有广博的知识储备和丰富的配音经验基础上达到的一种高级状态,与有些人提倡的一遍稿件不看的不备稿是截然不同的。

二、如何做好电视新闻配音工作

电视新闻配音是一项创造性劳动,应当沿着正确的创作道路,以严肃认真的态度、积极饱满的热情和高质量的有声语言来完成这项工作。新闻配音是新闻播音的形式之一,从备稿到表达等创作环节符合新闻播音的一般规律。由于其创作环境和表现方式的特点,在创作过程中还有一些应该特别注意的问题:

(一)加强语言功力,准确传递信息

1. 把握基调,语气贴切

由于新闻播出的时效性要求,在实际工作中,播音员拿到稿件经常有"看一遍"或者"看完首尾段"就必须马上开始配音的情况。这就需要在快速备稿的过程中准确把握基调、找准语气才能让配音工作事半功倍。我们对于当天和近一段时间的新闻事件应当比较熟悉,有一般基调的概念,拿到具体稿件后就容易准确理解稿件,敏锐地把握应向观众传递什么样的信号,对于语言表达中合理的态度分寸和语气分量就有了一个基本预设,不仅有利于快速准确播出,也能明确语言目的,进一步引发积极的播讲愿望。

■ 案例精选

22 号,在叙利亚第三大城市霍姆斯,两名西方记者被炮弹击中,不幸身亡,其中一位正是供职于《星期日泰晤士报》的美国资深战地记者、55 岁的玛丽·科尔文……玛丽·科尔文的新闻职业生涯已有 30 年,曾报道科索沃、塞拉利昂、斯里兰卡等多场战争。她认为自己做战地报道的动力在于:客观报道战争的恐怖就会对身处战争中的人们有所帮助。几十年的战争生涯,科尔文曾历经多次劫难,她在俄罗斯采访时失踪过 3 天,在斯里兰卡采访时受到暗杀的威胁,并失去了左眼……没想到叙利亚的不明流弹最终夺取了她的生命。

> 案例分析

这是一条人物专题新闻片,通过简单介绍科尔文的传奇战地记者生涯,赞扬了她坚持报道战争的勇气以及对战地记者事业的热爱和忠诚。在总体基调把握上,带有惋惜、伤痛和崇敬的色彩,科尔文自己的话"客观报道战争的恐怖就会对身处战争中的人们有所帮助"正是她对于战地记者工作意义的诠释,也成为全篇情感表达的制高点。可以重点推敲、处理语气,体现出我们对新闻工作者职业内涵的理解,对这位同行的同情、肯定和尊敬,以及对战争的谴责态度。

2. 划分层次,做好停连

新闻配音不能平铺直叙、僵化呆板,应当通过细致分析归并与划分稿件层次,归堆抱团、播出层次、做好停连。我们在工作中要能动地理解稿件内容,迅速归纳事件要素,在头脑中形成与稿件相一致的思想感情运动线。遇到多层次事件,比如既有事件本身,也有新闻背景,还有各方观点的稿件,一定要逐层找出中心句或中心词,再通篇把握,对各层意思进行归纳,把握各层次间的逻辑关系。这需要播音员深入理解稿件,对其进行整体把握。大小层次的划分与停连的处理只有细致得当,观众才能一听就明白。

> 案例精选

CPI同比涨幅从37个月的高点到14个月的新低,背后是宏观调控这只"有形之手"发挥作用的结果。国家从年初开始就收紧流动性,减轻了物价上涨的货币压力;①国家还加强了对市场供应和流通环节的调控,②加大对农业的投入,③补贴农民,④我国粮食实现了"八连丰"。国家同时对农副产品流通环节进行清理,在米袋子、菜篮子工程上加大投入。通胀压力缓解,正是这些因素综合发挥作用的结果。

> 案例分析

这段文字共四句话,可分为三层。第一句是一层,第二三句是一层,最后一句是一层。首句是总括,概述CPI涨幅回落是"宏观调控"作用的结果,句内是因果关系,果在前,因在后。第二三句话分别说明了宏观调控的具体措施。第二句的第一个分句是因果关系,说明"收紧流动性"的效果;第二个分句也是因果关系,①②③说措施,其中①是一个层次,②③是一个层次,④"实现'八连丰'"是结果。第三句是对"农副产品"调控的措施,与第二句话是并列关系。最后一句是总结句,"这些"二字总括二三句话中的所有措施。这样分析下来每句似乎都有若干重点,但最后还需要从整体上把握停连,以明确所分析的层次,这样才能使人听得明白。如果划分不清或表达不明,极易让人产生"字听得很清楚但记不住意思"的感觉。

3. 拎出重点，找准重音

在大量的新闻稿件中，每一条新闻都有它值得强调的"新闻点"，也就是本条新闻最重要的信息。我们在面对新闻时应当深入理解、推敲意思，找到每条新闻的重点所在，这样才能使受众在快速的配音语流中听懂意思，明白内涵。在重音确定以后，还应该从整体上预设语流表达的重点之处，在备稿时就设想配音的声音形式和句势变化，真正做到"把稿件变成自己要说的话"。

■ 案例精选

教育部等四部委今天公布，要求各地在对教辅材料科学评议的基础上，一个学科每个版本选择一套教辅材料推荐给本地区学校供学生选用。学生购买教辅材料必须坚持自愿原则。

案例分析

这是《新闻联播》中的一条简讯，由两句话组成，重点之处在于"一个学科每个版本选择一套教辅材料"中的"一套"上，以说明教育部对于学生订购教辅材料的限制；第二句话中"自愿"作为次重音强调。两个重音共同体现出教育部的这项举措为减轻学生课业负担和减少其他收费项目的深意。

4. 调适心理，控制节奏

在配音工作中，应根据新闻稿件内容和基调的特殊性，把握好一定的心理节奏，从而控制好相应的语言节奏。语言节奏的变化与掌控，与心理依据和情感的起伏变化息息相关，我们在配音时应避免心理活动匮乏而造成的语言节奏单一。

■ 案例精选

坐镇主场的公牛展现出良好的竞技状态，开场就打出一波10比3的冲击波，随后公牛一直保持领先。比赛进行到3分06秒，吉布森接到阿西克的助攻妙传暴扣得手，帮助公牛将分差扩大到9分。双方在第二节展开拉锯，不过半场结束时，公牛以53比42领先。半场归来，76人状态有所好转。但主场作战的公牛之后越战越勇，第四节公牛继续展开狂攻，罗斯再次命中3分后，帮助公牛将分差扩大到20分。76人此时仍未放弃，他们奋力将比分追成81比95，但此后76人接连失误，公牛趁机将比分扩大。罗斯在比赛还有1分10秒时伤到了左膝盖，随后在队医的搀扶下返回更衣室。最终，公牛以两位数的领先优势，顺利拿下首战。但赛后，公牛宣布了罗斯韧带撕裂的消息，这对力求夺冠的公牛来说，无疑是一道晴天霹雳。

案例分析

这是一条美国职业篮球联盟（NBA，简称"美职篮"）的战况新闻，节奏偏快，积极活跃。要想体现出相应的节奏，首先，要消除对内容理解上的障碍。比如篮球比赛中的"冲击波""助攻妙传""暴扣""韧带撕裂"这些专业术语的意思;还有为什么会有"罗斯受伤会对公牛是一道晴天霹雳"的说法,(罗斯是该队的当家球星,是联盟中的"最有价值球员")。其次,还要通过稿件文字对比赛的场景进行合理回想,脑海中要浮现出比赛进程和画面,要注意"开场""拉锯""半场归来""第四节""最终"这些时间词,体现出整个比赛的激烈感和赛程推进感。最后,对于节奏的考虑,既应注意在整体上有一气呵成之感,又要注意在比赛每一段落的起落变化。以上这些都有利于我们形成良好的心理依据和画面感,从而控制语言节奏。

5. 声画结合,明确定位

电视新闻片是配音与画面相结合的产物,在创作中应该考虑和了解配音与画面的关系,这样有助于找准心理定位,合理把握配音语言的整体分寸感,增强语言与画面的和谐感。配音与画面的有效结合既能在单位时间里传达更丰富的信息,又可使声画互为补充,内容的表达方式更易于被观众接受。

中央电视台《新闻联播》播音员罗京曾经在《谈电视播音中画面与解说的关系》一文中,从解说与画面的关系出发,将包括新闻、专题等在内的电视节目分为画面为主、解说为辅,画面为辅、解说为主,平行发展、互为补充三大类。以下我们重点介绍几种以配音为主的电视新闻片,如会议、公文、背景介绍类等。

案例精选

人力资源和社会保障部部长尹蔚民、副部长胡晓义就大学生就业、弹性退休以及养老金等社会热点问题回答了记者的提问。尹蔚民说,当前我国就业形势总体稳定,今年将重点解决大学生就业难问题。在社会保障方面,胡晓义表示,新农保和城镇居民基本养老保险的覆盖人数,今年有望超过4亿人。

案例分析

该条新闻一共只有三句话,但每一句都叙述了一个完整的意思:第一句话介绍会议的讲话人和会议的主要内容,第二句是尹蔚民谈我国当前的就业形势,第三句胡晓义谈我国今年社保事业的发展情况。这条新闻片的画面只有两位领导和记者们的镜头,加上整个新闻片时长很短,很容易一闪而过,不能给观众留下印象。但在配音备稿时必须了解到:这是在全国"两会"召开期间,人力资源和社会保障部领导召开的记者会,即这条新闻发布的时间节点是很关键的;我国的就业问题和社保事业发展与亿万观众的切身利益紧密相连,广大观众对此非常关注,即此次会议本身是很重要的。在配音时一定要用声积极,语势多扬,咬字清晰有力,这样才能传递出我国就业形势总体稳定和社保事业发展势头良好的积极信号。基于以上分析,虽然稿件是常规会议新闻,但要把握住配音的重要性,善于发现新闻内涵,播清播好。

■ 案例精选

这份由联合国经济与社会事务部发布的报告说,居高不下的失业率、欧元区主权债务危机以及发达国家的财政紧缩政策使得全球经济增长势头在 2011 年明显放缓,加大了经济再次衰退的可能性。报告预测,2012 年世界生产总值将增长 2.6%,低于今年 2.8%的增长率。报告还说,主动宏观调控措施以及发达国家经济疲软等因素,将导致发展中国家 2012 年经济增长放缓。报告预测,明年发展中国家的整体经济增长将由今年的 6.1%下降到 5.6%。不过,报告认为,尽管全球经济形势严峻,但亚洲发展中国家的经济增长,在中国和印度的带领下,仍然会高于其他地区。

■ 案例分析

这是一条关于联合国发布《2012 世界经济形势与展望》报告的新闻。这条新闻片的画面内容主要是各国经济社会、工业农业生产的画面,如货币印刷、证券中心、商店街头等,这些画面散碎,互不关联,但是观众所关心的是报告预测的具体数字,以及报告所预测的各国经济发展情况,所以,备稿时要努力使叙述准确,把报告对发达国家对发展中国家经济发展的相同和不同预期的两层意思表达清楚,即相同是两者都会出现一定的增长放缓,不同是发展中国家的经济增长仍会领导全球。

可见,电视新闻片配音创作中既要考虑文字稿件,也要兼顾声画关系,这样才能把握住观众对电视新闻片的综合感受。对声画两方面各自的特点和相互间的关系进行分析,是新闻配音准备工作中不可或缺的一个步骤。

(二)积累稿件类型,总结配音样态

新闻片配音稿件的内容庞杂、包罗万象,在有限的创作时间里播出每一条的特点,需要对稿件内容类型的把握有丰富的经验,体会同一类型稿件在播法上的相通之处。在日常的配音和学习过程中应该对配过的稿件进行梳理总结,对稿件进行分类整理,具体分析其特性与共性,发现内在规律。对同一类型稿件的共性进行归纳,非常有助于在工作中快速熟悉同类稿件,帮助自己快速而准确地理解稿件内容、含义,让备稿工作事半功倍。新闻稿件的内容丰富,类型也很多,我们结合一些常见的情况加以分析:

1. 数据调查

常见于一些调查性新闻报道和财经金融新闻等。比如新闻调查性报道,通常是记者针对存在争议,或是被掩盖、忽视的涉及公众利益的行为及社会问题进行调查而完成的新闻报道,这类稿件需要特别关注调查的数据以及事实性重音的处理。

■ 案例精选

在西安长安区五台山下的一处墓园,有不少市民前来祭奠自己的故人。墓园工作人员介绍,这里的墓地价格分几档,位于入口处的豪华艺葬区,价格为每平米三万元。七平米起售,总价在三十万以上。在墓区中间区域,宽两米四、长一米九的孝子碑,由于总价便宜一点,销售情况较好,但售价也要十三万八千八百元。

案例分析

这篇稿件牵涉到一系列数据,首先要避免在小数点、百分号、计量单位上出现咬字不清、模糊的情况;其次要搞清楚并读出数字所表明的"大、小、多、少"等意味;最后要理清数据之间的关系。经过分析,这则关于墓地的报道,总体是要表明当前墓地价格高,因而直接表现价格高的数字都应该给予强调,并突出意味。而主体内容又分为两个层次:一是豪华艺术葬区,"价格为每平米三万元,七平米起售,总价在三十万以上";二是销量好的便宜墓地,"由于总价便宜一点,销售情况较好,但售价也要十三万八千八百元"。对于这两个层次不能只是一味地加重,还要体会两者的对比强调意味,读出重音的语气和整体感。

2. 新闻特写

新闻特写是指截取新闻事实的横断面,即抓住富有典型意义的某个空间和时间,通过一个片段、一个场面、一个镜头,对事物或人物、景物作出形象化的报道的一种有现场感的生动活泼的新闻体裁。[①] 在新闻配音中常见一些社会新闻、新闻故事及深度报道,通过介绍新闻人物和背景得出思考,对新闻事实发生的历史缘由和环境条件进行介绍、补充、说明。通常情况下,语言节奏不快,强调人文关怀,引发受众思考,具有导向意义。

案例精选

就这样,阿根廷和英国之间爆发了持续70多天的战争,双方超过一千人在战争中阵亡。而大卫·杜夫也受到战争牵连,失去一切。如今,他居住在布宜诺斯艾利斯市郊的一幢老房子里,常常向人们讲述自己无意中点燃马岛战争导火索的前前后后。……战争过去30年了,现在摆在人们面前最重要的事,是如何和平解决这样一场持续多年的争端,让受到牵连的人,比如大卫·杜夫先生,让他们能获得一份真正的平静。

案例分析

这是一段题为《阿根廷马岛战争30年》的新闻观察,播读时略带同情感,甚至传递出一点因家国不幸而导致个人不幸的萧索意味。稿件通过把故事讲清楚、人物说明白,来叙述事件的发展情况,引出作者对事件的预测、反思和总结。前面的讲述越深入人心,最后一句的总结、说理也便越意味深长。这类稿件通常是叙事与论理相结合,所以要注意叙事语言的形象清楚和逻辑语言的层次清晰,叙事感性而有据,总结理性而有升华,叙事到说理也要过渡自然。处理这类稿件尤其要注意语言的推进感;相较普通稿件,这类稿件感情色彩可以稍微浓重一些。

---

① 程曼丽、乔云霞:《新闻传播学辞典》,新华出版社2012年版,第172页。

3. 赛事活动

这类稿件的播报共性在于要突出画面感,把画面的情况介绍清楚,将画面的意味表达到位。比如前文所述的NBA赛况播报中,将"保持领先""暴扣得手""展开狂攻""接连失误"这些动词处理得明快流畅,就能使整个比赛中双方你来我往、激烈进攻防守等画面清晰起来。

4. 灾难事件

在日常的电视新闻节目中经常出现一些灾难性报道,诸如地震、火山等地质地貌灾难,洪灾、旱灾、台风、雪崩等气象水文灾难,核事故、酸雨、噪音污染等环境污染事件,车祸、空难、海难等交通事故,恐怖袭击、球迷骚乱事件等社会灾难,利比亚战争、巴以冲突等战争灾难,还有矿难、火灾、瘟疫等。

在播报这类新闻时,首先注意语气里要透出关注、重视的意味;其次注意区分对国际、国内灾难的语气轻重,通常国际灾难报道的语气不宜过于沉重,对我国人员伤亡的报道语气应该带有同情、关切色彩;最后应注意对一些日常灾难,比如由于"三超一疲劳"造成的交通事故,在新闻结尾处出现"相关部门提示大家要注意谨慎驾驶","由于雾大,交警提醒司机要谨慎慢行","我们也再次提醒大家喝酒不开车,开车不喝酒"等语言时,带有善意劝导的意味,真正使观众易于接受,引起重视。

当然,除了以上谈到的几类,新闻类型还有很多,比如重要会议新闻的气氛体现和精神传达,人文科技新闻中的科学原理和生动趣味,国际新闻中的客观冷静和人文关怀等等,都需要播音员在实践工作中结合自身特点进行细致归纳。与此同时,我们整理的稿件类型无法穷尽,所谓类型也是在不断突破变化的,总结是为了更好地积累播出经验。当然,与此同时也要避免一味刻板地拘泥于稿件类型而导致语言风格僵化现象的产生。

(三) 调试工作状态,顺利完成播出

新闻配音是一项长期艰苦的工作,即便有时候播音员认认真真备稿,也有扎实的基本功和丰富的表达技巧,却无法保证每一次的新闻配音都能尽如人意。这与播音员的身体和精神状态有关,所以在配音工作前还应做好身心调节。比如常年上早班的播音员容易失眠,工作时精神状态和声音状态都没有调整到最佳;再如一些播音员在配音稿来得特别着急时会出现烦躁、紧张的情绪,或在工作时间较长时会对配音稿件产生麻木的感觉,遇到重要稿件会因为心理压力大而处理不好语言的分寸等等。总的来说,在新闻配音时良好的身心状态应该是:精神饱满,积极从容。这就要求播音员既要保持充足的体力,又要做好心理调适。

1. 保持充足体力

身体健康、精力充沛是保证配音工作高质量完成的生理基础,所以播音员应该依据配音工作实际调整好生物钟,保证休息时间和休息质量。

播音员要尽可能地保证睡眠质量,养成良好的生活习惯。大夜班的工作就是熬夜,晚上休息后醒来时,发声器官不易迅速调动起来,头脑也难以立刻清醒,所以一般的做法是整个夜班都不睡。但在上大夜班之前和之后都一定要休息好,上班前休息是为保证上班的精力充沛,上班后休息是要补足睡眠时间,缓解疲劳。这都是为了保证工作时具备良好的声音和精神状态。

播音员要想高质量地休息好,需合理安排饮食和作息,适度进行体育锻炼,这样才能保证"招之即来,来之能战,战之能胜"。

2. 稳定创作热情

在新闻配音工作中,除了生理上的充分准备外,还应注意心理调适。首先要求播音员在工作中始终保持平和的心态,不急不躁,思路清晰,认真对待每一篇稿件,克服稿件量大、稿件类型多的客观困难。工作初期,因为新鲜感仍在,每天的工作热情都很高涨,但时间一长,有时候又是连着几条类型相同的稿子,再加上内容相似,就很容易犯迷糊。其实播音员小小的配音间包罗了整个世界:一篇篇新闻稿,表现了祖国发展、社会万象,体现了国际上的纵横捭阖,小到一起消防检查,大到"神八"天宫交会对接;播音员在配音间里可以"走基层"、可以看世界,住在农家炕头、走进偏远山区,为成功救援而欣慰、为事故伤亡而叹息……带着这样的心态去进行配音创作,把新闻故事告诉电视机前的观众,只有这样,才能使配音的新闻生动、鲜活起来,才能感染观众、鼓舞观众。

3. 优化身心状态

新闻配音工作由新闻播音员完成,他们每天每时的身心状态都不一样,所以配音作品也会有佳作、有不足。播音员要勤加总结,工作中遇到的困难,要想办法克服;良好的工作情绪和状态,在今后的工作中要想办法予以延续。

要点小结

如何做好电视新闻配音工作:

1. 加强语言功力,准确传递信息。
2. 积累稿件类型,总结配音样态。
3. 调试工作状态,顺利完成播出。

三、电视新闻配音工作常见问题解析

由于新闻配音岗位需求量大,专业院校毕业生来到电视台新闻部门一开始往往要从这一岗位做起,但"入门易,问题多",新闻配音是一项容易上手但会存在诸多问题的工作。总结起来,新闻配音中的大多数问题均与播音主持的基本功有关。

(一)字音不清,气息不稳

有些同学在配音实践后再听自己的录音就会发现字腹干瘪、声音发虚、气息不稳等问题。这是因为新闻配音内容复杂、语速较快、语流顺畅,配音时注意力集中在稿件内容上,基本功如果不扎实,问题就会暴露出来。在配音时若过多考虑基本功就又会影响到内容的表达。例如有人在配音时为了将"号"的字音发圆润,导致"23号"的"号"被无故强调;有人在长句子中因气息不够而切断语流,引起语意松散,或者用虚声音色来表达时政新闻中的信息。语音发声问题的解决重在平时,不能到播出时才为了纠正硬伤而损害内容的传递。也就是说,日常要坚持"大运动量"的练习,才能应对真实的工作状态,做到"心无旁骛"。

(二)语势单一,腔调固定

一些新闻配音语调平淡,语势单一,语言的起伏变化小,每一个字平均用力;还有一些新闻配音员在熟练后形成了模式化的配音腔调,对不同的新闻采取同样的语调,突出同样的重音,特别是在"在""于""从""为了""由于""被"等介词和"都""已经""尤其"等副词上拖腔甩调。这样的配音逻辑不清,达意不准,常常让观众听得云里雾里,影响了观众对新闻事件的理解。

出现这些问题的原因有很多,客观上主要是当前新闻节目中稿件特别多,配音量特别大,播音员在新闻配音时准备时间短;主观上则是由于一些播音员对新闻配音备稿工作不够重视,准备不足,也没有在新闻播音的备稿要求下形成一些专门针对新闻配音的备稿方法和要领。这就导致拿到稿件后仓促间只能凭着感觉"趟",大量运用保险调了。

这就需要播音员日常对稿件中可能提及的事件进行归纳总结,比较详细地了解各类新闻事件的背景、发展经过和产生的影响。这样才能厚积薄发,在配音时做到得心应手、游刃有余。

■ 案例精选

安理会本月轮值主席、美国常驻联合国代表赖斯当天在安理会公开会议上宣读了这份主席声明。声明说,安理会强调,此次卫星发射,以及使用弹道导弹技术进行的任何发射,即便被形容为卫星发射或空间发射工具,都严重违反了安理会第1718号和第1874号决议。安理会同时决定调整此前根据第1718号决议设立负责监督对朝鲜制裁委员会的相关措施,并要求这一委员会在15日内向安理会提交报告……赖斯在会后对记者说,安理会迅速、一致通过此份主席声明表明国际社会向朝鲜发出了明确的信号,朝鲜发射卫星的挑衅行为"十分严重且不可接受"。

案例分析

这是"朝鲜发射'光明星3号'卫星"事件中,关于"安理会强烈谴责朝鲜发射卫星"的一条新闻。在配音过程中,应该先了解联合国安理会第1718号和第1874号决议的主要内容,从宏观上把握世界主流声音对朝鲜发射卫星的态度;还应该知晓朝鲜此次卫星发射事件,如"光明星3号"卫星的研发背景;发射前朝鲜方面的情况,比如朝鲜邀请记者参加报道,承诺全程公开等情况;还有此次发射前后美国、日本、韩国等国家对朝鲜进行的阻挠、施加的压力;同时对事件的结果,即朝鲜卫星发射失败的国际影响、朝鲜表态等方面进行了解。这样,在提及任何相关信息时都能有据可依,语气真实有力,以后遇到相关稿件,也能条理清晰、成竹在胸,对配音语言进行具体设计、准确把握,不至于只停留在高谈阔论、高声谴责的层面上,也能避免配音中经常出现的对某一敏感国际事件语气过于轻描淡写或者过于郑重其事的问题。

(三)字音误读,有失规范

新闻配音的稿件内容庞杂、词汇量大,经常遇到生僻字或多音字,播音员误读现象比较普遍。例如:"北疃(tuán)村""关累(lěi)港""济(jǐ)州岛"……这些地名的处理;再如"当(dāng/dàng)天""累累(léi/lěi)""载(zǎi/zài)"这些常见多音字的处理,都要防止出错。

要搞清楚多音字在什么情况下读什么音;对读音不符合日常习惯的,要通过再三查字典加深印象并反复练习,纠正过去的不正确读音;更重要的是在工作中对稿件所涉及的生僻字、多音字、多义字词进行归纳总结。对待拿不准的字音和字(词)义一定要客观谨慎,一定要多查字典,不能凭着自己的主观印象随意处理。

要点小结

电视新闻配音工作常见问题解析:

1. 字音不清,气息不稳。
2. 语势单一,腔调固定。
3. 字音误读,有失规范。

总之,在新闻配音的工作中,出现问题的原因大多集中在考虑自己太多,关心受众太少;思考声音过多,关注内容太少。只有练就扎实深厚的基本功,才能避免问题,有效传递内容。新闻配音工作是播音员的一项基本功,应该在不断实践和总结中形成良性循环。

训练材料

(一)电视新闻口播

中央电视台《新闻联播》

(节选)

男播:各位观众晚上好。

女播:晚上好。

男播:今天是9月8号星期一,农历八月十五。

女播:今天是中华民族的传统节日中秋节,我们向全国各族群众、海外华侨华人致以节日的问候。

男播:欢迎您收看今天的《新闻联播》节目。

女播：首先向您介绍这次节目的主要内容。

男播：新华社播发长篇述评：《全面深化改革大潮正起——以习近平同志为总书记的党中央推进全面深化改革述评》。

女播：赏月观潮吃月饼，欢乐团圆过中秋。各地群众多种形式庆佳节，在浓浓的亲情中品味中华传统文化。

男播：乡愁，有的是爸爸的一封家书，有的是婆婆的一顿好饭，每个人的乡愁各不同。《走基层·乡愁是什么》今天为您讲述"家乡也许遥远，乡情始终不变"。

女播：今天出版的《人民日报》发表评论员文章：《中国特色社会主义政治制度生长于中国土壤——三论贯彻习近平在全国人大成立60周年大会讲话精神》。

男播：一道命令进沙漠，屯垦戍边一辈子。《走基层·他乡是故乡》今天向您介绍一个扎根南疆的英雄群体，我们来认识这些沙海老兵。

女播：乌克兰东部局势仍然紧张，冲突双方处于对峙状态，交战双方互相指责是对方违反停火协议。以下是详细报道。

男播：本台消息：新华社今天播发长篇述评《全面深化改革大潮正起——以习近平同志为总书记的党中央推进全面深化改革述评》。

述评指出，党的十八届三中全会开启了全面深化改革的新阶段。以习近平同志为总书记的党中央观大局、察大势、谋大事，牢牢把握改革正确方向，围绕完善和发展中国特色社会主义制度、推进国家治理体系和治理能力现代化的总目标，一步步精心谋篇布局，为全面深化改革引领航程。

述评说，全面深化改革开局之年刚刚过半，随着一批批带有顶层设计性质的综合改革实施方案相继出台，一项项具有标志性、关键性、引领性作用的重大改革举措陆续推出，改革总体部署全面展开，正以破竹之势，在经济、政治、文化、社会、生态文明、党的建设等重点领域和关键环节向纵深推进。这些求真务实、敢于碰硬、勇于创新的改革举措一经推进，犹如阵阵新风吹拂华夏大地，体制机制上为解决广大干部群众关注的突出问题和矛盾开辟了正确途径，为经济社会发展注入了强劲动力。

（《全面深化改革大潮正起——以习近平同志为总书记的党中央推进全面深化改革述评》配音，略）

女播：月圆时分，感悟人间亲情，品味传统文化，今天，各地群众以多种方式欢度中秋佳节。

（《感悟亲情　品味中秋传统味道》配音，略）

男播：随着年龄的增长，我们不少人会走得越来越远，但是不管我们走到哪里，对家乡、对亲人的感情从不改变。面对央视记者的镜头，人们讲述始终不变的乡情。

（《走基层·乡愁是什么：家乡也许遥远，乡情始终不变》配音，略）

女播：人们常说：月是故乡明，这句简单的话里饱含着对家乡的挚爱。在西藏南迦巴瓦峰下，藏族大叔平措就对家门口的那轮明月有着深厚的感情，甚至把月亮印在了自家旅馆的名片上。

（《月是故乡明·平措大叔：守护南迦巴瓦的月亮》配音，略）

女播：本台消息：今天出版的《人民日报》发表评论员文章，题目是《中国特色社会主义政治制度生长于中国土壤——三论贯彻习近平在全国人大成立60周年大会讲话精神》。

文章说，习近平总书记提出，"中国特色社会主义政治制度之所以行得通、有生命力、有效率，就是因为它是从中国的社会土壤中生长起来的。"这一重要论断，深刻揭示了政治制度形成的社会条件及发展规律，是完善和发展中国政治制度的根本遵循。

文章强调，设计和发展国家的政治制度，必须注重历史和现实、理论和实践、形式和内容的有机统一。只有扎根本国土壤、汲取充沛养分的制度，才最可靠，也最管用。

（《中国特色社会主义政治制度生长于中国土壤——三论贯彻习近平在全国人大成立60周年大会讲话精神》配音，略）

男播：接下来是《走基层·他乡是故乡》特别报道。新疆和平解放后，经过整编四分之三的部队约15万人铸剑为犁，成了屯垦兵。如今，在新疆生产建设兵团的屯垦大军中，有一个在沙漠边缘深藏了60多年的英雄群体，原第一野战军二军五师十五团。当年，为了执行一道特殊的命令，他们走进"死亡之海"塔克拉玛干；如今，他们用尽一生扎根他乡，把自己化作了茫茫大漠的一片绿洲。

（《走基层·他乡是故乡：一道命令进沙漠，屯垦戍边一辈子》配音，略）

女播：几十年如一日奔波在新闻采访一线，用手中的笔、肩上的摄像机记录下有温度的时代故事，在践行社会主义核心价值观的行动中，新闻工作者身体力行，始终坚守人民至上新闻理念。

（《新闻界践行社会主义核心价值观：文以载道，人民至上》配音，略）

女播：今天，中央纪委监察部网站通报了上周全国各级纪检监察机关查处的177件违反八项规定的案件，处理200多人。

（《中央纪委：查处案件177件，处理200多人》配音，略）

男播：自今年4月开展"扫黄打非净网2014"专项行动以来，全国及各地"扫黄打非"办公室会同公安、网信等部门，对网上淫秽色情信息进行大力整治，依法查办了一批制作传播淫秽色情信息的企业和人员，社会各界对净网行动反响强烈，普遍反映网络环境得到明显改善。

净网行动开展以来，有关部门共查办各类案件600余起，特别是深圳快播科技有限公司被吊销增值电信业务经营许可证、公司法人王欣被捕，极大震慑了不法分子。

（《净网行动净化网络，社会各界称赞》配音，略）

男播：近日，2014"寻找最美乡村教师"大型公益活动颁奖典礼，在中央电视台录制完成。最美乡村教师走向了颁奖舞台，人们把最美的祝福献给了最美的乡村教师。

（《新闻特写——把最美的祝福献给你》配音，略）

女播：国际方面，我们再来关注乌克兰局势。在乌克兰东部，冲突双方并没有放松戒备。乌克兰政府和民间武装都设立了大量检查站，对车辆、行人进行严格检查。

（《乌克兰冲突双方处于对峙状态》配音，略）

（音乐起）

男播：又是一年中秋时，这是38年来来得最早的一个中秋。

女播：天涯共此时，现在就让我们一起来欣赏正在升起的明月——

（各地实时月夜景色）

男播：今天，中秋和白露节气恰巧相逢。

女播：是啊，正应了那句唐诗"露从今夜白，月是故乡明"。

男播："但愿人长久，千里共婵娟"。让我们同赏一轮明月，共祝团团圆圆。

（结束）

北京电视台《北京您早》

（节选）

男播：各位早上好！您现在收看的是北京卫视和北京电视台新闻频道并机直播的《北京您早》，我是张默。

女播：各位早上好！我是西鸥。今天是2014年9月9日，星期二。

男播：中秋小长假结束，今天开始上班。今天是周二，机动车五环路内的限行尾号是5和0。请大家注意遵照执行。还是那句话，遇到拥堵，放松心情。

女播："北京您早"微信公众账号已经正式开通了，您可以通过扫描屏幕下方二维码或搜索"BTV北京您早"，加入我们的官方微信。

男播：好！首先来关注一组最新消息。

男播：昨天上午，在广昆高速的广东肇庆段有两辆大客车发生交通事故，目前已经造成7人死亡18人受伤。

（《广东肇庆：广昆高速两客车事故 致7死18伤》配音，略）

女播：新任联合国人权事务高级专员扎伊德·侯赛因，当地时间9月8号在日内瓦呼吁国际社会关注中东、北非地区局势及当地人权状况。

（《新任联合国人权高专侯赛因呼吁关注中东、北非局势》配音，略）

男播：阿富汗总统选举候选人阿卜杜拉，当地时间9月8号在喀布尔宣布将拒绝接受舞弊所造成的选举结果。

（《阿总统选举候选人阿卜杜拉拒接受"舞弊结果"》配音，略）

女播：索马里当地官员当地时间9月8号说，首都摩加迪沙郊区当天发生两起自杀式汽车炸弹袭击，目前已造成至少12人丧生、22人受伤。

（《索马里两起汽车炸弹袭击致12人丧生》配音，略）

男播：近日，一种未知病毒正在美国中西部的12个州蔓延，已经导致成百上千的儿童被感染。患病儿童一开始都看似患上普通感冒，随后出现呼吸困难。主要症状包括咳嗽、呼吸困难，有的还出现皮疹和发热。目前密苏里州、堪萨斯州、伊利诺伊州都出现了感染病例。有人怀疑，可能是一种罕见的"68型肠病毒"导致了这次疫情。

（《美国未知病毒蔓延至12个州》配音，略）

女播： 当地时间9月7号，肯尼亚内罗毕以西的一条高速公路发生严重车祸，导致两名澳大利亚游客丧生，另有16名游客受伤。据警方称，这辆旅游巴士载有21名游客，原本的目的地是坦桑尼亚。事故发生时，客车的其中一个后轮突然爆胎，导致翻车。

（《肯尼亚—旅游巴士发生车祸　两人死亡》配音，略）

男播： 再来关注美国，加利福尼亚州中部约塞米蒂国家公园当地时间9月6号发生林火，由于当地天气干燥导致火势迅猛，截至7号，过火面积已经达到约283公顷。考虑到游客安全，当地政府已经组织了约100名登山者乘飞机撤离。据公园发言人介绍，目前大火暂未导致任何人员伤亡。有关部门已经派遣了7架直升机和100多名消防员参加灭火工作。

（《美国加州林火肆虐　百名登山者紧急撤离》配音，略）

女播： 欢迎回到正在为您直播的《北京您早》。接下来我们来关注一下第一时段的天气和交通情况，先请气象主播为大家介绍一下天气的有关情况。

（天气情况略）

男播： 今天是小长假结束后的第一个工作日，今天路面上的限行尾号是5和0，路面上的情况怎么样呢？来连线交管局的警官。

（连线略）

女播： 好了，看完路面上的情况之后，我们再来说两条和"出行"有关的资讯。目前，地铁6号线二期工程车站内的主体装修已经完成，车辆已进入动车调试阶段。根据计划，6号线二期将于年底开通，届时，会展中心站及新华大街站因为施工进度的关系，可能将"甩站"通过。地铁6号线二期工程在通州境内全长12.395公里，共设8座车站，分别是：物资学院站、北关站、新华大街站、玉带河站、会展中心站、郝家府站、东部新城站和东小营站。二期将采用大容量8节编组列车，运行速度可达每小时100公里。北关站和新华大街站都是换乘车站，预留了与R1、S6线的换乘条件。

男播： 目前，三环主路开始整治"病害"。据悉，航天桥南、紫竹桥北、蓟门桥东这三段主路存在"裂痕""鼓包"等状况，因此将全部铲除旧路，铺设新的沥青路面。由于三处地点交通流量较大，因此施工在夜间进行，预计在本周六前完成。此次施工将彻底整治这些道路病害，其中，沥青摊铺全部采用温拌沥青混凝土、乳化沥青黏层进行施工。此种沥青路面与传统的热拌沥青混合料相比，更加节能降噪，施工过程中一氧化碳、二氧化碳等的排放大为减少。

女播： 从9月12日起至9月14日，故宫博物院将推出单日内分流方案，每天14时之后票价将减半为30元。昨天起，9月12日的优惠票可在故宫门票网上预售系统购买，现场无法购买。故宫博物院门票预售系统将这三天门票拆分为两类：全日大门票和特定时段优惠票，售价分别为全价60元和半价30元。全日大门票，顾名思义，也就是全天任意时间段都可入院参观，现场销售不设置分时段大门票，不包含专馆。而特定时段优惠票，指的是只可当日14:00以后入院，且不包含专馆；仅在网上预售系统进行购买，不能在端门售票窗口现场购买。"特定时段优惠票"，填写联系人姓名、二代身份证号码以及手机号后,便可以提交订单进行支付。每个用户在一个预约入院日期内只能下一笔订单,每个订单内最多不能超过 5 张票,其中不包括珍宝馆、钟表馆门票和通票。好了,休息一下,继续来关注新闻。

男播：昨天是八月十五中秋节,各地在欢度中秋佳节的时候都有哪些不同的民风和民俗呢,我们一起去看一看。

(《传统民俗点亮中秋夜》配音,略)

女播：昨天是中国传统的中秋佳节,"燕京八景"之一的卢沟晓月,昨晚再次上演。丰台区在这里组织了 2014 年北京卢沟晓月中秋文化旅游系列活动,吸引了很多观众,一起来体验中秋传统文化,欣赏卢沟晓月美景。夕阳西下时,天空中出现了许多云霞。云霞的形状变化多端,尤其是云霞的颜色,变化极多。时而红,时而淡蓝中夹杂着紫色,时而又在红色中有着蓝金两色。晚霞的色彩是火艳的、气氛是热烈的,对我们的感染是强烈的。在场的观众都被这美不胜收的景色给吸引住了,纷纷拿起相机拍下永远收藏,不想离开这美丽而又奇特的景色。太阳越下去,晚霞就越美,太阳已经完全下沉,可天空中的余晖仍未散去。直到月亮升起并高悬空中才渐渐变淡。这时,赏月活动也开始了。

男播：昨天是中秋佳节,合家团聚吃月饼的时候,很多人也会选择走出户外赏月拍照。而昨晚京城天公作美,虽然落日前空中有云,但晚霞伴月的景观也让很多人难得一见。当天北京古观象台推出的赏月活动吸引了众多公众的参与。来看报道。

(《古台云遮月　公众赏月兴致高》配音,略)

女播：中秋节,在历史上,古典皇家园林北海的琼华岛、团城、五龙亭等都是皇家赏月的最佳场所。昨天晚上,北海公园八大码头红灯高悬,喜气洋洋,游客乘游湖画舫摇曳在太液池上,泛舟赏月,别有一番情趣。来看我们的记者昨晚从现场发回的报道。

(《中秋夜市民北海泛舟　邀明月月圆人圆》配音,略)

男播：近日美国航天局在官方微博上用中文发布了一组来自国际空间站拍摄的月球的照片来庆祝中国的中秋节,这组照片展现了美丽的月亮从月牙到弯月、满月的不同形态。随着科技的发展我们可以看到,在浩瀚的宇宙当中,月亮真的是很美,很神秘。如果在万米高空的飞机上赏月又会是什么样呢?记者登上了赏月航班,一起去跟随记者感受一下。

(《NASA 公布月球照片祝贺中秋》配音,略)

女播：每年农历的八月十五晚上是观赏钱塘江夜潮的最佳时机,来自四面八方的游人在浙江海宁的盐官赏月看潮。过中秋,如果说我们白天看钱塘江观潮看的是钱塘潮的壮美气势和变化莫测的形态,那么晚上欣赏夜潮魅力就在于滚滚而来的潮声。下面我们就一起去听一听盐官夜潮。

(《八月十五夜　盐官听夜潮》配音,略)

男播：各地中秋的传统小吃不同,但共同的是都要吃月饼。随着时代的变迁,一些特色月饼也越来越受大众的推崇,比如在马来西亚,当地将特产水果榴莲引入月饼的制作中,打造出了榴莲月饼,备受当地人的青睐。

(《榴莲月饼创新受欢迎》配音,略)

女播:中秋佳节哪里吃?这也是每逢佳节大家最热议的话题。因为中秋团圆大餐不仅是一顿饭,更是中国人沟通感情的一个重要载体。所以说,这顿饭,不仅要吃得饱,更得吃得好,浓浓的人情味道都浓缩在这个中秋餐桌之上。一起来看看大家都选择吃什么样的中秋大餐吧!

(《传统餐桌依然主流　家里聚餐是首选》配音,略)

男播:在传统与个性大行中秋餐桌的同时,记者也随机走访了多家高档酒店。发现大部分都在践行简约风,不过也有个别商家仍在暗地里推行天价中秋餐桌,宴请之风仍然存在。一起来看记者的调查。

(《高档酒楼转型主推中秋亲民餐　部分奢侈餐依然存在》配音,略)

女播:形容今年的中秋月饼市场有两个词,一是红火,二是节俭。记者近两天调查了北京市场的月饼销售情况,不少商超企业和老字号门店内月饼销售一空。

(《月饼市场回归理性　红火又节俭》配音,略)

男播:接下来进入今天的《晨读时光》。过完中秋节,马上又将迎来教师节,同样是送礼的问题摆上了桌面。送上一份小礼物,表达对老师的崇敬和尊重,说起来无可厚非,但是,近些年的教师节,教师们被关注成为话题,很多时候不是为了尊重,而是为了批判。一方面,的确是有少数的教师大肆趁节收礼,甚至明里暗里要求学生和家长送礼,不仅增加了家长负担也败坏了师德师风;另一方面,绝大部分有良知的辛勤园丁们,不经意间也被绑架到了无良教师的行列,接受一轮又一轮的批判和质疑。

女播:《劳动午报》评论说,教师节的本意主要就是用来怀念、纪念和敬仰教师的伟大与风采的。即便诸如个别无良教师的有违师德、道德和人伦的事件,在教师节被谴责和鞭挞未尝不可,具有警示作用。但更不要忘了,我们教师队伍的绝大部分还是好的,还是优秀的,还是兢兢业业、诲人不倦的,还是需要得到社会的认可和褒奖的,这才是主角、主流和主旋律。我们不能因个别不和谐的音符,就否定、掩盖、忘却了全体老师的辛勤和功劳。

男播:的确,尊师重教是我们的传统,在教师节里,为我们辛勤付出的老师,理应得到祝福和感谢,北师大的学生们选择了一种非常时髦的方式,来为老师们送上节日的祝福。《北京青年报》报道,临近教师节,北师大校园里一款"萌系"海报悄然走红,而海报上出现的各色卡通人像,正是在三尺讲台上谈笑风生的大学任课教师。

女播:其实这是近来较流行的一种人像制作软件,它可用手机轻松制作卡通头像,多种发型、五官和背景可以随意组合。学生们给老师制作了脸萌头像,然后再把真人照片与脸萌头像一起制作成明信片送给老师,"不求神似,但求有心,让你爱的老师变身卡通萌物"!这份心意,真的很萌萌哒。明天就是教师节了,送礼可以有,但重在有心,而绝非有物。

女播:好,今天的《晨读时光》就到这里。稍后,继续《北京您早》的其他新闻。

男播:《北京您早》,新闻继续。国防科技工业局近日宣布,执行探月工程三期载入返回飞行实验任务的实验器,从北京运抵西昌卫星发射中心,实验任务将于今年择机实施。以验证嫦娥5号任务返回器,已接近每秒11.2公里的速度,从月球返回地球的相关技术。

女播:在航天发射中,我们经常会听到第一宇宙速度和第二宇宙速度这样的字眼,需要说明一下的是,每秒11.2公里的速度就是第二宇宙速度。这些速度到底有多快,它对航天技术又意味着什么呢?

(《速度控制——行走宇宙的关键》配音,略)

男播:说到做客月球,目前世界上能够把航天器发射到月球的国家确实不少,但是真正能让航天器再返回到地球的,也就只有美国和前苏联两个国家,那正是找到了回家之路,让这两个国家在月球的探索上,走在了世界的前列。那么,我们能赶超他们的脚步么?

(《探月返回——艰辛回家路》配音,略)

男播:昨天,中央纪委监察部网站通报了上周全国各级纪检监察机关查处的违反中央八项规定的案件,全国共处理了200多人,违规发放津贴、补贴和月饼等节礼的案件明显增多。

(《上周查处案件177件 处理200多人》配音,略)

女播:近日,北京市环保局等部门联合发布了《大气污染防治技术改造项目奖励资金管理办法》,鼓励企业采用先进污染防治技术实现治污减排,单个环保技改项目支持资金最高可达2000万元。

(《本市奖励大气污染防治技改项目 单笔最高2000万》配音,略)

男播:位于门头沟的城子幼儿园,建园时的第一位园长叫荣德秀。今年79岁的她,在很多年前就有一个愿望,就是有生之年再回幼儿园看看。这个梦想,在教师节来临前夕,在家人和朋友的积极努力下,得以实现。

(《老园长44年后重回幼儿园过教师节》配音,略)

女播:古代有句俗语说,男子不可百日无姜,女子不可百日无糖。从古至今,红糖一直被认为是女性的养生佳品,

男播:网友们对于红糖能补血的理由是,红糖里含有丰富的铁,因为铁是造血的重要原料,所以如果红糖里铁的含量高,肯定可以补血。

女播:事实果真如此么?来看记者调查。

(《红糖补血没有科学依据》配音,略)

女播:牙刷是我们每天必不可少的生活用品,最近网上有一篇帖子说,有牙科医生经过化验发现,使用了三个星期的牙刷刷头上的细菌数高达百万,甚至是马桶水含量的几十倍。

男播:牙刷是否真的像传言所说的那样呢?一起来看一下。

(《牙刷细菌多 注意干燥消毒和更换》配音,略)

男播:金秋九月,电影市场进口片大行其道。一方面,《猩球崛起2》、《敢死队3》、《不

惧风暴》等类型不同但口碑同样出色的影片,被片方接连引进。

女播:而另一方面,院线在这一季的票房争夺战中,开始了新一轮放映技术的投入应用,令市场竞争异常激烈。

(《放映技术更新　观影体验升级》配音,略)

女播:一边是电影院线通过大规模技术升级,争夺进口特效大片带来的高票房;而另一边还有利用影像技术打擦边球的,目的也是要在票房争夺战中分一杯羹。

男播:不过这半路杀出来的程咬金,不是电影圈中的窝里斗,而是要从电影院生生把观众抢到戏剧场。

(《跨界舞台剧叫板大银幕》配音,略)

女播:目前,很多街边早餐亭存在占道扰民、食品安全隐患等问题。

男播:近日,海淀区城管综合执法监察局北太平庄队联合街道、公安等部门对辖区多处违规早餐亭进行了拆除。

(《拆除违规早餐亭　提升地区环境质量》配音,略)

女播:不知各位在生活中是否接到过这样的电话,对方称自己是国家工作人员,然后编造一些借口让您给他们汇款。

男播:大家此时应该已经有所警觉,这是一个诈骗电话。而狡猾的犯罪分子不仅翻新着他们的骗局,同时也玩儿起了狡兔三窟的诡计。

(《海淀民警万里擒嫌犯　电信诈骗抓你没商量》配音,略)

辽宁电视台《说天下》

(节选)

男播:新闻脱口秀,

女播:妙语说天下。

男播:这里是正在为您直播的新闻脱口秀节目《说天下》,大家好,我是××(男播)。

女播:我是××(女播)。

男播:你发现没有,这几天咱们沈阳的路上车特别多?

女播:这两天一开学,路上就更堵了。

男播:可不是,为了缓解交通压力,现在城市里的高架桥也是越来越多,像上海、杭州等很多城市都由高架桥构成了立体交通,咱沈阳也正在建一些高架桥。

女播:没错,今年6月20号,连接沈阳三环和二环的首座高架桥——迎宾路高架桥工程开始施工,现在,这座高架桥已经进入了主体施工阶段。下面咱们就一起去看看。

(《首座连接三环二环高架桥预计明年十月通车》配音,略)

男播:说天下,我们再来关注黑龙江越狱案的最新消息。昨天节目中,我们紧急插播了这条新闻,昨天早上4点40分左右,黑龙江延寿县公安局看守所三名在押犯罪嫌疑人杀害一名监管民警后,身着警服逃跑。现在,公安机关正在全力组织追捕。

(《黑龙江三名逃犯均为延寿县人　杀警后抢走手机》配音,略)

女播:当地官方通报说,三名逃跑的在押人员分别是:王大民、高玉伦、李海伟,他们都是延寿县人。延寿县委宣传部的消息说,他们逃跑的时候,没有携带枪支,但在杀害监管民警后,抢走了一部手机和衣物。

男播:抢走的衣物就包括他们走出监狱大门时穿着的警服。今天,杀害监管民警越狱犯罪嫌疑人出逃的视频也曝光了,我们来看一下当时的监控画面吧,这里就是位于延寿县北郊的看守所,我们看,4点44分,从监狱大门走出一个身穿警服的人。

(《黑龙江杀警越狱嫌犯出逃视频曝光》配音,略)

(《黑龙江越狱逃犯未携带枪支 警方悬赏捉嫌犯》配音,略)

女播:因为行动很怪,哨兵就提高了警惕,但因为他穿着警服,所以哨兵也只是眼睛紧盯着监视他,但不到一分钟,又有两个穿着长袖警服和半袖警服的人从看守所走出来。这就奇怪了,哨兵大声问他们的去向,他们没理会,反而是走得更快了。

男播:哨兵一看这情况,赶紧鸣枪示警。一听枪响,这仨人飞快地向看守所西北方向窜逃。

女播:我们再仔细看一下他们从大门走出时的画面,虽然是一个一个走出来的,但前后时间不过53秒。这是第一个走出来的王大民,他逃跑时穿着深蓝色警用春秋常服,下身是深色警裤,脚上穿着皮鞋,这一刻,是4点44分27秒。

男播:紧接着,4点45分13秒,高玉伦穿着浅蓝色长袖警衬、深色长裤和深色鞋,走出门口;之后4点45分20秒,李海伟穿浅蓝色短袖衬衫、深色长裤和浅色鞋,走了出来。

女播:这三个人,一个是因为故意杀人,已经被判了死刑;另外两个,分别涉嫌伤害致死和故意杀人,但都还没判决。

男播:这三人罪行都是很重的啊!事发后,哈尔滨市公安局已在延寿县部属1000多警力来进行缉捕。昨天下午有消息说,其中两名犯罪嫌疑人已被抓获,但随后,警方澄清这个消息并不准确,警方仍在全力抓捕三名逃跑的嫌疑人。

女播:如果电视机前的您发现他们的踪迹,请及时提供给公安机关。对于提供重要线索,或直接抓获犯罪嫌疑人的,每抓获一人,将给予人民币10万元的奖励。

女播:报警请联系金警官,电话是:13394502000。请大家既要警惕、注意发现犯罪嫌疑人,也不要恐慌。天网恢恢,犯罪嫌疑人终将会落入法网。

(《联系人:金警官 联系电话:13394502000》配音,略)

男播:说天下,继续说新闻,有些事,真的需要防患于未然。比如说,女孩子独自出门时的安全问题。

女播:没错,8月份,发生了太多的安全事件,甚至被网友称为"少女的黑色八月"。从重庆女大学生"搭错车"不幸遇害,到江苏女大学生离家返校途中失联,再到山东女大学生被绑架囚禁,每一次的失联,都让人万分揪心。

男播:在年轻少女的安全不断受到威胁的同时,大家也开始寻找自我保护的方法。眼下,不少"防狼神器"就成了热销品。下面咱们就一起去看看,哪些东西能派上用场。

(《少女频繁失联 "防狼用品"销量看涨》配音,略)

男播:跟责任相比,我更担心一个问题,就是关键时刻,这些"防狼神器"会不会失灵,产品质量到底过不过关？如果是个残次品，关键时刻变成了摆设，那可太害人了。

女播：而且我看网上好多标榜"防狼神器"的东西，未必有那么神，吓唬对方行，但靠这个防身，真的谈不上。所以各位需要单独外出的姑娘们，一定要提高警惕，不能因为带着个能吓唬人的东西就大意。

男播：深夜外出，一定要告知朋友家人，比如你走在哪条路段上；比如你乘坐的出租车号牌是多少；一定要保持手机处于有电的开机状态；一个人走夜路的时候，也可以和家人通电话。

女播：没错，总之就是要保持自己和家人联络畅通，别给坏人机会。

男播：新闻脱口秀，

女播：妙语说天下。

男播：广告回来咱们把视线转向2014美国网球公开赛。今天凌晨进行的四分之一决赛当中，中国选手彭帅对阵瑞士的17岁天才少女（本西奇），彭帅以6：2、6：1的绝对优势取得胜利。

（《彭帅首进大满贯四强》配音，略）

女播：彭帅在这届美网的状态简直太棒了，到目前为止，本届美网她未丢一盘，而这场比赛，她也就仅仅丢了三局，就是一副血洗的姿态。

男播：嗯，都打到八强了，哪个选手都不白给。这场比赛彭帅对手本西奇，世界排名58位，有"小辛吉斯"之称，虽然今年首次参加美网，但把科贝尔和扬科维奇都打败了，让人印象深刻。

女播：不过面对彭帅也是被打得没了脾气，彭帅昂首挺进半决赛。真的要恭喜彭帅了，首次进入大满贯四强，她也成为中国第三位大满贯四强。

（《彭帅成中国第三位大满贯四强》配音，略）

男播：之前是李娜和郑洁嘛。她们三个当中，彭帅年龄最小，但她应该算成名最早。在2005年年初她就击败了世界排名第三的米斯金娜，成为首位战胜世界前十的中国球员。

女播：当年彭帅只有19岁，还被赋予"天才少女"的头衔。她在2005年8月5号创造的第31位排名，也刷新了中国球员的最高排名纪录。

男播：之后，它与谢淑薇的海峡组合在2013年7月获得温网女双冠军，这也是彭帅职业生涯的首个大满贯冠军；同年10月夺得年终总决赛女双冠军，创造亚洲历史。

女播：2014年2月17日，彭帅正式登上女双世界第一的宝座；同年6月8日，海峡组合夺得法网女双冠军，这是彭帅的第二个大满贯冠军头衔。

男播：纵观中国女网巅峰这十年，虽然彭帅也一直位列一线行列，也有过登上双打世界第一，获得两个双打大满贯冠军的荣誉，但在单打赛场上，她却始终缺少让人信服的成就。

女播：因为有两位师姐做参照，彭帅的单打成绩确实备受诟病。李娜四闯大满贯决赛并先后在墨尔本和巴黎封后，已经成为亚洲网坛的标杆式人物。

男播：而曾经斩获四个WTA巡回赛冠军的郑洁，也是网坛的一号人物。她曾两度打进大满贯四强，其中2008年在温网的外卡传奇，至今仍为人津津乐道。

女播：而之前彭帅大满贯的最佳成绩只是停留在第四轮，参加这次美网也是以非种子身份。

男播：不过这一切在今年美网后都将结束。彭帅已经成为本届美网女单赛场最大的惊喜、最大的黑马。依靠美网的四强佳绩，彭帅的世界排名将确保最少回到前25的行列。

女播：打进大满贯四强并不是终点，进入四强后她的对手将是沃兹尼亚奇与埃拉尼之间的胜者。对于彭帅来说，更进一步也不是不可想象的。

男播：现在彭帅是手感火热，趁着这股劲，再接再厉，我们等你的好消息。

女播：说完网坛，咱们再来聚焦乐坛吧。昨天下午，歌手臧天朔复出并启动了自己的全国巡演。

男播：臧天朔沉寂几年了，当年《朋友》多火啊！但，2009年11月27日，臧天朔聚众斗殴罪名成立，一审被判刑6年。上个月的27号，臧天朔出狱了。

女播：随后，臧天朔就复出歌坛，全国巡演就叫《来日方长》。来日方长，既是对音乐的态度，也是他的心态吧。

（《〈来日方长〉巡演启动　回归再创音乐经典》配音，略）

男播：发布会上，大伙问得最多的当然还是关于他狱中的生活。臧天朔说，在狱中，更多的是学习和冥想，这几年自己变化很大，这一段生活也让自己成长。

女播：臧天朔还提及了自己的儿子，当年他入狱的时候，儿子才几个月大。这么多年，他没有让儿子去探视过，也没有见过儿子一面，高墙灰瓦，他不想让孩子看到自己的这一面。

男播：50岁了，臧天朔说，一定要好好弥补父爱。他把日程安排得很满，也是想多赚钱给孩子更好的生活。

女播：其实当初臧天朔入狱原因，很多人都说是因为他交友不慎，但是臧天朔不想再提及过去。他说生活还要向前看，不能被一件事绊住，但是现在选择朋友会更谨慎了。

男播：重新出发，吸取教训，音乐的路上，确实来日方长。

（《回忆狱中经历：当成一次洗涤心灵旅行》配音，略）

男播：再来说说热播剧《卫子夫》，主演王珞丹又火了一把。

女播：王珞丹这次出演古装剧可以说是作为新人出道，伴随着收视率而来的当然还有争议和吐槽。

男播：喜欢的观众说，王珞丹版的"卫子夫"张弛有度、清丽自然，而不喜欢的说她扮相太丑、压不住场。

（《王珞丹再现传奇卫子夫引热议》配音，略）

女播：可能因为之前王珞丹主演的都是现代剧吧，她的"钱小样""米莱"很深入人心。

男播：都是干净利落、青春逼人的气质。

女播：对，所以这次出演古装剧，她活泼的性情跟卫子夫沉静温润的印象反差比较大，也就难怪吐槽了。其实，对于争议王珞丹显得很随意啊，还套用了电视剧里的台词就是"安之乐之"。

男播：这还真有点一代贤后不争、不显、不露的气质。对于"卫子夫"咱们多说几句啊，这是汉帝国也是中国自有皇帝以来的第八位皇后。草根出生，她本来是汉武帝的姐姐平阳公主家的婢女，一朝为年轻气盛的皇帝宠幸，被带回宫中，甚至成为皇后，从此改写了许多人的命运。

女播：难得的是，做了皇后的卫子夫没有像此前的吕氏、窦氏、王氏那样心机重重、野心勃勃，虽然备受恩宠、一门显贵，但在雄性政治的围猎场里，她始终温顺、谦和、隐忍、无争。

男播：有网友开玩笑，说，如果把王珞丹版的卫子夫放到《甄嬛传》里，她能活几集，估计满打满算三集吧。总之，讲到汉武帝，就绕不开卫子夫，38年后位，无奈最后还是悲剧落幕。

女播：这样一位传奇女子，当然银幕上总少不了她的形象。比如说，电视剧《大汉天子》。

男播：一连拍了三部呢，黄晓明饰演的汉武帝也换了三个卫子夫。

女播：第一部的王灵，虽然不是很红，但她饰演的卫子夫较弱、贤淑，应该说是最有子夫范儿的。第二部的宁静个性上与卫子夫的内敛，也是反差很大。

男播：我比较喜欢《汉武大帝》里面的卫子夫，林静扮演的，柳叶细眉、丹凤眼、一点朱唇，和大家对卫子夫的印象很像，而且初期的柔情和后期的悲凉，演绎得都很到位。

女播：大汉贤后卫子夫，能演绎这位传奇女子跌宕起伏的人生，作为演员来说肯定是很难得也很过瘾的吧。

男播：而且很多人都会有穿越梦吧，特别你们女生，是不是也想：蟒首娥眉，巧笑倩兮。

女播：长裙连理带，广袖合欢襦。

男播：古装一扮上，只要没得罪化妆师，估计都挺好看的。

女播：没有最好看，只有更好看。今天的唱说天下，咱们就来个古装女星比美，看看谁是最难超越的"古装女神"。

（《唱说天下：谁是最难超越的"古装女神"？》配音，略）

男播：果然是人面桃花啊，今天我们的唱说歌曲正是邓丽君演唱的《人面桃花》。

女播：古装美女真的是太多了，不能尽数，当然，置身于剧情中，美女才能真正地活起来。

男播：盈盈秋水，一顾倾城嘛。还是说回卫子夫，历史上真实的卫子夫到底是美是丑呢？有学者从古文诗词中找到了答案，张衡曾在《西京赋》中描写卫子夫"卫皇后兴于鬓发之美，赵飞燕得宠于体态轻盈"。

女播：就是说卫子夫是位头发很美的姑娘，而坊间也有传闻，说皇上喜欢卫子夫是因为喜欢她的头发。

男播：原来如此。

女播：好，接下来是一小段广告，广告之后来关注：盘踞在伊拉克和叙利亚的极端恐怖组织又在网络上发布一段视频，宣称，他们已经将之前遭绑架的美国记者处死，美国白宫对此事作何回应？稍后关注。

男播：还有，近日，美国驻英国大使透露了一次和英女王伊丽莎白二世的谈话内容。在谈话中，英女王就表示，她对于人们在公共场合只顾埋头看手机的现象感到奇怪。这是为什么呢？说天下，广告之后，接着说新闻。

男播：新闻脱口秀，

女播：妙语说天下。

男播：我们继续来关注，盘踞在伊拉克和叙利亚的极端恐怖组织的消息。

女播：昨天，这个极端组织又在网络上发布一段视频，宣称，他们已经将之前遭绑架的美国记者史蒂芬·索特洛夫处死。

男播：此前，索特洛夫被绑架的消息并没有被报道。他是去年夏天在叙利亚失踪的，直到上个月19号，极端分子将美国记者詹姆斯·弗利杀害，索特洛夫在视频中现身，这才被众人所知。

（《ISIS再公布斩首美国记者视频》配音，略）

男播：昨天，美国国务院发言人在例行发布会上表示，美国方面已经看到视频和报道，目前，美国情报部门正在对视频的真实性进行分析、确认。

女播：如果确认这段视频，已经是第二名美国记者遇害了，所以有记者问，它是否会对美国在伊拉克空袭恐怖组织的计划有所影响？

男播：发言人的回答是，美国政府的决策需要多方面考量，包括美国自身的利益。目前美国已经发起了100多起空袭行动，美国将继续与盟国解决当地极端恐怖组织威胁的问题。

女播：同一天，美国白宫发言人也表示，目前还不能确认视频的真实性，但美国政府以及情报部门将仔细分析这段视频。他说，美国政府此前已经倾注大量时间和资源试图营救索特洛夫。五角大楼方面也在全力监控事件的发展。

男播：据美联社报道，昨天，索特洛夫的家人通过发言人发表了一份简短的声明，说他们已经听到噩耗，并对此感到十分悲痛。

女播：有关消息我们继续关注吧。

（《记者母亲曾呼吁极端恐怖组织放人》配音，略）

男播：换个轻松点的话题，来说说身边的小焦虑。哎，蛔蛔，你想过没有，如果离开手机，你能撑多久？

女播：一个小时吧，咱们直播不让带手机。

男播：那下节目呢？

女播：好吧，我承认我有手机依赖，但现在几乎人人都是这样吧，只要稍微有一点空，不由自主就会点两下，登登QQ、刷刷微博、聊聊微信，没有手机真的是不敢想。

男播： 一条信息，瞬息万里。但你说，现在这种情况到底是把人们拉近了，还是推远了呢？好像，英女王伊丽莎白二世就对此颇有微词。

女播： 听说了，这是美国驻英国大使巴尔赞最近透露的。他说，英女王表示，她很怀念人与人之间目光的交流。

（《"手机低头族"惹怒英女王：我怀念目光交流》配音，略）

男播： 试想一下，在手机普及之前，英女王出行，到处是笑脸、欢呼、挥舞的手臂，可是现在呢，英女王不管到哪儿，看到的都是一堆手机背面。

女播： 也有正面，带着女王玩自拍嘛。

男播： 拿女王当背景是吧？

女播： 和女王合照，多酷啊！当然，让女王头疼的还不止这些，近年来，一些应邀到白金汉宫出席王室宴会和活动的嘉宾，也不时地埋头看手机，也顾不上理别人了，这也让英女王很不满。

男播： 用现在时髦的话说，世界上最遥远的距离，就是我坐在你对面，你却在玩手机。确实不礼貌。可能年轻人习以为常啊，但对于上岁数的人来说，是真心不适应。

女播： 我之前还看过一新闻，说，家庭聚餐儿孙全在玩手机，老人摔盘就走，而且放话"你们就和手机过吧"！

男播： 本来是"儿孙绕膝、天伦之乐"，结果抬头看到的都是脑瓜顶，你说能不生气吗？这么说来，王室的家庭聚会要也是这场景，难怪英女王觉得郁闷。

女播： 是，相较于英女王的"保守"，年轻一代的英国王室成员就时尚多了，也很乐意使用手机交流。像威廉王子夫妇、哈里王子都曾和普通民众一起自拍。甚至连查尔斯王储都曾经很亲切地和前来祝福的民众一起拍照留念。

男播： 而英女王呢，在2001年，都75岁了，才有了第一部手机，是一部瑞士产的西门子手机。这部手机是她的二儿子、被认为在同辈王室成员中最具"高科技意识"的安德鲁送给她的礼物。

（《年轻王室成员爱自拍 英女王75岁才有第一部手机》配音，略）

女播： 但英女王很少在公开场合使用手机啊，只是偶尔和家人聊聊天，就是普通的通话功能，外加参加赛马投注。

男播： 这也挺潮的啊！所以，说归说，英女王也无法抵挡自拍的潮流。这不，最近在英联邦国家运动会中，两名澳大利亚曲棍球手自拍的时候，英女王也配合地露齿而笑，神情显得很轻松。

女播： 也许再过段时间，英女王也会爱上自拍呢？

男播： 有可能，但是女王的忧虑也不无道理啊，我也很怀念人与人之间目光的交流。

女播： 是，看看我们现在，在一个屋里，相隔半米，都是打字交流，确实有些怪异。

男播： 建议大家，多花些时间与身边的亲朋好友目光交流吧，减少那些生硬的文字。话语和笑容会让我们的生活更加充实和精彩。

男播： 有天看微信朋友圈里发了这样一句话：朋友圈让很多人失去了朋友。朋友圈点赞、评论、留言真的及不上面对面的长谈。人与人的沟通,靠网络真不行。没看那网恋最后都得见面嘛。

女播: 不过从朋友圈里我发现,各位有孩子的家长们,这个暑期真没少忙活,带着孩子各种出去玩,晒飞机、晒酒店、晒景点、晒累,但不管怎么晒,背景都不干净,总是能看到攒动的人头。

男播: 这事太正常了,暑期出游,那是旅游的黄金高峰期啊,哪儿哪儿都是人,哪儿哪儿都贼贵。不过你现在出去玩看看,价格降了,人还少了,舒服得很。

女播: 没错,进入9月份,旅游也进入了相对的淡季。现在咱们就跟随记者的镜头一起去旅行社看看,错峰出游都有啥便宜可占。

(《9月错峰游整体价格比暑假降20%》配音,略)

男播: 每年的这个时候,都是错峰出游的一次好机会,团费便宜,人还少,性价比极高。但是我的很多朋友都很哀怨,因为孩子上学了出不去,再便宜也哪儿都去不了呀。

女播: 没办法,那就只能在中秋小长假的时候选择短途游了,出游就是玩个心情,人多也热闹,心态摆好,万事皆顺。但不管咋玩,安全问题最重要,这个大前提,啥时候都不能扔。

男播: 说天下,最后说说天气情况,来关注我省的旱情。昨天,我省大部分地区迎来了降雨,其中前期受旱较重的辽西、辽南地区雨量较大,缓解了一定的旱情。

(《我省部分地区迎来降雨》配音,略)

女播: 观众朋友,今天的《说天下》就说到这儿,

男播: 咱们明天见。

(二)电视新闻配音

▲国家主席习近平当地时间13号在杜尚别会见塔吉克斯坦总理拉苏尔佐达。

习近平指出,这次访问期间,我同拉赫蒙总统就加强中塔睦邻友好和务实合作达成许多共识,双方通过了中塔战略伙伴关系未来五年发展规划,为两国合作开辟了广阔前景。我对目前访问取得的成果感到满意。

习近平强调,随着中国经济发展,我们将扩大和深化同其他国家的交往合作,欢迎其他国家利用中国发展的机遇,携手实现发展。中方提出的共建丝绸之路经济带倡议是互利共赢的,欢迎塔方积极参与。双方要把握当前有利时机,抓住利益契合点,扎实推进合作。两国政府要发挥指导、协调、监督作用,制定实施具体合作项目,抓好落实。

习近平强调,中国新疆维吾尔自治区与塔吉克斯坦地理邻近,文化相通,两国开展地方合作优势明显。中方愿同塔方加强地方合作,促进经贸人文往来。

拉苏尔佐达表示,习近平主席访问取得成功,两国元首为塔中关系未来发展指明了方向。塔方愿意同中方共同落实好中塔战略伙伴关系未来五年发展规划,挖掘互补优势,拓展合作空间,推动经贸、基础设施建设、能矿等领域合作。塔方愿意创造有利条件,吸引更多中国企业前来投资。

王沪宁、栗战书、杨洁篪等参加上述会见。

▲9月2号,中共中央政治局常委、国务院总理李克强主持召开国务院组成部门和相关单位负责人会议并作重要讲话,研究部署"十三五"国民经济和社会发展规划编制启动工作。

中共中央政治局常委、国务院副总理张高丽出席会议。

李克强说,"十二五"规划实施以来,面对错综复杂的形势,在党中央、国务院坚强领导下,各地区各部门坚持稳中求进、改革创新、攻坚克难,在稳定增长、深化改革、调整结构、改善民生、防范风险等方面取得了来之不易的成绩。要全面总结评估"十二五"规划前中期实施情况,扎实推进后期工作,确保完成主要目标任务,为未来发展奠定基础。

……

李克强强调,研究编制"十三五"规划,要远近结合,注重以解决长远问题的办法来应对当前挑战。既要以五年为主,又要考虑远景发展。着力用结构性改革破解结构性难题,用简政放权激发市场活力,用科技创新、大众创业增添发展新动能,用提升开放水平拓展发展空间,使经济更有效率、社会更加公平、发展更可持续。

……

李克强说,编制"十三五"规划时间紧、要求高、涉及面广,必须精心组织。要统筹协调,坚持从实际出发,发挥中央和地方两个积极性。要尊重群众首创精神,最大程度地汇聚民智。规划不要挂在墙上,而是要落到地上。要科学论证规划的主要目标任务,使其具有严肃性,重大工程、重大项目必须列入规划将来才能逐步实施。要加强重大问题调查研究,做到尽力而为、量力而行,使规划经得起时间的检验,激发全体人民为实现"两个一百年"奋斗目标和中华民族伟大复兴的中国梦而努力拼搏。

刘延东、汪洋、马凯和杨晶参加会议。

▲日前,民政部搭建的"全国志愿服务信息管理平台"正式投入使用,志愿者的服务不仅将有记录可查,可以存入时间银行,还可以在需要时优先获得他人的志愿服务。

民政部搭建的"全国志愿服务信息管理平台",给全国志愿者与服务项目的对接,提供了一个全国统一的技术平台。在天津市和平区,已有六万名志愿者的服务信息被录入系统,占到常住人口的19%。山东省泰安市按照注册志愿者的特长,推出居民可以按需"点菜"的"菜单式"志愿服务。贵州省贵阳市率先开设爱心银行,将个人志愿服务的时长累计、存入爱心账户,并可以随时查询。

2012年民政部出台《志愿服务记录办法》,对志愿者的服务由谁记、记什么、怎么记、怎么用,都做了详细规定,并随后在全国137个地区开展试点。今年年底,《志愿服务记录办法》将结束试点并在全国扩大实施范围。

▲世界旅游城市联合会5号在京发布的一份报告显示,最近一年有境外旅游行为的

中国游客中,"80后"占比达56.2%,"70后"与"90后"占比分别为26.4%与11.3%。这份报告名为《中国公民出境(城市)旅游消费市场调查报告》,报告显示,中国出境游市场规模持续增长。2013年中国出境旅游规模达9 819万人次,同比增长18%;中国游客出境旅游消费1 287亿美元,同比提升26.8%。

出境旅游成为中国中高端家庭生活的重要组成部分。出境游客个人平均月收入11 512元,是2013年中国主要大中城市个人月收入(3 798元)的3倍。超过70%的游客每年至少安排一次境外游,每年多次出境旅游的游客达到总体游客的37%。87.6%的出境游客是通过旅行社进行旅游安排的。

从消费构成看,购物是中国出境游客消费的主要内容。中国游客人均境外消费19 871元,用于购物的费用占57.8%。境外消费差价的存在,是刺激大部分普通消费者选择境外消费的原因。

从游客来源看,华南、华北和华东地区是出境游客的主要输出地。在旅游目的地方面,日韩城市是中国游客最近一年选择最多的境外城市,包括首尔、釜山、札幌和光州等。在长线旅游中,巴黎、伦敦、罗马、柏林等兼具观光、购物、休闲功能的欧美城市受到中国游客的青睐。

▲记者1号从最高人民法院获悉,最高人民法院微博、微信1号开设"失信被执行人曝光台",将每天曝光一名失信被执行自然人和一名失信被执行法人,以此加大对失信被执行人的惩戒力度。

据介绍,"失信被执行人曝光台"由最高人民法院执行局、新闻局联合推出,通过定期曝光让失信者无处躲藏,使被执行人的信用评价与其个人名誉、生存空间直接联系,迫使他们主动履行生效法律文书确定的义务,从而缓解执行难的问题。

近年来,人民法院不断加大力度,出台各种措施打击规避执行行为。2013年10月,《关于公布失信被执行人名单信息的若干规定》开始实施,"失信被执行人名单库"全国联网上线,凡被纳入其中的失信被执行人从今年6月开始不能购买列车软卧车票,7月起无法购买飞机票。今年7月,"失信被执行人排行榜"登录人民网,公布全国自然人和法人"失信被执行人"的失信排行。

最高人民法院有关负责人表示,"失信被执行人曝光台"将进一步提升公布失信被执行人名单制度的威慑作用,并有助于推进社会信用体系的建设和完善。

▲为庆祝新中国成立65周年,北京市从本月15号开始对天安门广场及长安街沿线进行花卉布置,75万盆、120个品种的鲜花将扮靓京城。据悉,天安门广场中心将设直径50米、顶高15米的巨型花篮造型花坛。

北京市园林绿化局介绍,天安门广场中心将布置"祝福祖国"的巨型花篮造型花坛,花坛以花篮为主景,花坛直径达50米,篮盘直径15米,顶高15米。篮中以牡丹、玉兰、芙蓉、月季等花材,平面部分由如意图案的花卉组成,寓意如意吉祥、平安幸福。花篮篮体表面嵌有中国结图案和中国梦文字,表达中华儿女团结一心、共同实现中华民族伟大复兴中国梦的美好祝愿。此外,纪念碑周边布置绿植及花卉,长安街沿线则以"歌唱祖国""生态文明""友爱和睦""诚信公平""和谐家园""节俭敬业"等为主题设立10处立体花坛,造型工艺丰富。

  国庆期间,包括中国自主培育的五个菊花新品在内的120种花卉将在天安门广场及长安街缤纷绽放,为节日增添喜庆。花坛还广泛采用LED灯具设置夜景照明,以方便市民夜晚赏花游览。据悉,花卉布置预计9月25日完成现场施工,进入养护期。11月初APEC会议期间,除长安街沿线更换两处APEC主题花坛外,其他花坛花卉还将采取强化管护、更换部分花卉等措施,将景观效果延续至APEC会议闭幕后。

  ▲哈尔滨近日向社会公布了保留的市区两级行政审批事项清单,将哈尔滨市自行设定的57项行政审批事项全部取消。行政审批流程中存在的弊端,表现最突出、最复杂的就是建设项目。哈尔滨一家机电企业原来打算在自有土地上,不改变土地性质建设一个储备库。像这样的非政府投资建设项目审批,从立项到开工需要涉及18个部门,各类审批环节42个,所需要件278个。

  针对这种情况,哈尔滨采用信息化手段,智能化地编制审批流程,对企业实行个性化的"量体裁衣",其中最短的流程比原来缩短了将近80%。同时,哈尔滨还建立数据库,这样企业在申报过程中只需将没有信息的审批要件提交一次,就可以实现多个审批部门的信息共享。从今年8月1号起,哈尔滨市新编制的智能化建设项目审批流程正式启用,平均审批环节25.7个,减少38.8%;平均审批时限32.3个工作日,减少47%。

  ▲9月1号起,新的《郑州市物业服务收费管理办法》正式实施,这意味着郑州市在全省率先实施物业收费由业主委员会参与。据介绍,目前郑州市共有4 300家物业小区,物业管理公司900多家。之前收费,是按物业公司的等级,对多层和高层制定收费标准。根据老的办法,物业收费标准高层分为四级,从1.1元到0.64元不等;多层分为五级,从0.38元到0.15元不等;可以上浮20%。

  新规实施后,最大的变化是,除了规定五个等级之外,还划分了五个项目,分别为综合管理、公共区域秩序维护、公共区域清洁、公共区域绿化养护及共用部位、共用设施设备日常运行、养护、维修。对每个等级之下的每个项目价格进行规定,且提出浮动幅度从原来的20%下降到10%。

  新规明确,9月1号之前,实行政府指导价的住宅小区,物业费收取仍按业主和物业的原合同执行。物业如需调整服务收费标准,可按照新办法规定,在新制定的政府指导价标准范围内进行调整,并应征得半数以上业主同意。

  ▲在黄海、渤海海域相继开渔后,为期三个半月的东海伏季休渔期,在16号中午12点正式结束。浙江沿海各地的渔船纷纷驶入东海,期待着大海的馈赠。

据省海洋与渔业局统计,今天开捕的渔船主要作业类型为拖网、帆张网等,数量约为7 000余艘,加之前阶段已经陆续开捕的拖虾、托蟹等作业类型的渔船,目前,全省两万余艘渔船已经全部进入生产期。

近年来,随着捕捞能力的提升和海洋污染的加剧,原本渔业资源丰富的东海鱼仓陷入无鱼可捕的窘境。为了修复振兴浙江渔场,省委省政府于今年启动"一打三整治"专项行动,主要内容包括严厉打击涉渔"三无"船舶及其他各类非法行为、整治"船证不符"捕捞渔船和渔运船、整治禁用渔具、整治海洋环境污染等。眼下是浙江渔场修复振兴暨"一打三整治"专项工作开始以来的第一个捕捞季。沿海渔民在经历了史上最严渔业执法下的休渔期之后,期望能够获得更好的收成。

▲今天是暑运的最后一天,这个暑假,旅客普遍感受到了动车的快速高效,以及舒适的乘车环境,而这都离不开动车段职工对车辆的彻夜维护。

北京南动车所是北京动车段四个动车所中检修量最大的动车所,主要承担着京津城际、京沪高铁、京广高铁动车组的一二级检修工作。动车组每次累计运行4000公里或达到48小时都需要进行一次一级检修。由于动车绝大多数都在白天运行,因此检修工作只能在夜间进行。根据一级检修工作要求,检修工人要在两个小时内,对每组列车16节车厢内的照明设施、空调以及座椅、卫生间等进行检查,每天要检修动车组82列。由于车内没有空调,检修师傅们作业时却要不停地蹲下站起,经常是还没走出一节车厢就已汗流浃背。

每天的回库检修是每一趟动车完成一天运行之后的必修课,动车运行速度快,因此检修的频率和认真度要求更高。每一节车厢每一个角度,哪怕每一个螺丝都要经过认真检查才能出库。虽然检修工作辛苦、单调、重复,但检修工人对每一环节都一丝不苟。除了对车厢内的设施进行检查外,检修工人还需要对动车组车顶、两侧、车下走行部进行全面检查,对限磨耗件进行及时更换。而对动车底部的制动、转向等这些重要功能部件的检修最为辛苦,检修工人要弯着腰进行检修,同时还要克服光线暗、环境闷热等困难。由于暑运期间车多,检修工人每天晚上六七点开始上班,有时候工作要持续到第二天上午10点。

▲9月17号,一渔船在汕头市达濠港出口海域的礁石中搁浅并发生侧翻,船上15名船员遇险。记者从汕头海事局采访了解到,经全力救援,遇险人员目前全部被救上岸。

当天12时40分,汕头海事局指挥中心接报称:"'粤阳西渔96413'在达濠港出口海域搁浅,船上有15名船员,请求救助!"汕头海事局立即启动应急预案,派出执法人员赶赴现场开展救助,并协调汕头渔政支队派出救助力量前往施救。

由于受今年第15号台风"海鸥"后续风力的影响,事发海域刮起5到6级大风,海浪较大,遇险渔船船身摇摆不定,情况十分危急!14时10分,海事执法人员到达事故现场,发现事故渔船在礁石中搁浅,通过海事部门的专业研判,风浪较大,礁石中水深不够,不能采取拖带救助。随后立即组织船上全部人员穿着救生衣等待救援,15时50分,海面风力减弱,海事人员采用吊机将遇险人员转移上岸;16时09分,15名船员全部被安全救起。目前,事故原因正在调查之中。

▲9月17号上午,30只经过野化训练的朱鹮在陕西省宝鸡市千阳县成功放飞。这是陕西省第二次在秦岭北麓开展朱鹮放归自然活动,旨在恢复朱鹮的历史分布区,促其种群复壮。

自1981年陕西洋县发现7只野生朱鹮后,中国成为世界上唯一有野生朱鹮分布的国家。有关方面先后在洋县建立朱鹮保护观察站和自然保护区。按照濒危物种保护的国际惯例,在加强野生种群保护的同时,采取建立人工种群的方式迅速增加物种数量。经过33年的抢救保护,在国内外建立起朱鹮人工种群14处,在中国建立了8处人工饲养繁殖基地和3处野化放飞基地,朱鹮种群数量增至2 000多只,陕西野生种群数量超过1 000只。

据了解,由于全世界朱鹮均由陕西洋县发现的7只朱鹮繁育而来,这一物种近亲繁殖严重,朱鹮已成为世界濒危鸟类中遗传多样性最低的物种,这将导致种群的抗病率低及患病致死率上升。对此,中国国家林业局将朱鹮列为"全国野生动植物保护及自然保护区建设工程"优先保护物种,先后实施了人工繁育朱鹮种群放归自然等措施加强拯救,促进种群复壮。

▲"求扩散!在仓山区江南水都小学附近有一迷路小女孩,现孩子已在派出所,请知情者速与金山派出所联系。"12号20时许,金山派出所微博的一条寻人启事引起网友关注,迅速被转发200多次。

事情发生在当天19时许,仓山公安分局金山派出所接到群众报警后,在江南水都小学后面接回一名年龄约七八岁的迷路小女孩,小女孩异常"淡定",没有一丝不安表情。民警试着和她对话,小女孩只会说"妈妈"两个字。民警灵机一动:微博、微信上经常有为走失小孩寻亲的信息,不如也发一条寻人启事,看看网友能不能帮上忙。

微博发出后,引起很大反响,不到一小时就被转发200多次,甚至公安部打拐办也加入到找人的行列中。21时30分许,得到消息的女孩父母急匆匆带着身份证、户口簿来到派出所,紧紧抱住女儿,对民警连声道谢。据女孩父母介绍,小女孩目前就读于培智小学,系天生智障。父母都是外来务工人员,育有一儿一女,因平时比较忙,都将小女儿交给儿子照顾。当晚因疏于看管,小女儿出来玩时不慎走丢了。

▲虽然炎热的8月接近尾声,仍有不少市民和游客来到海水浴场游泳,或在沙滩上享受凉爽的海风。不过,8月30号开始,烟台大学海水浴场附近突然开始出现大量水母,严重时游客甚至无处下脚。

31号上午,记者赶到烟台大学海水浴场,此时刚好是退潮后,沙滩上密密麻麻到处都是搁浅的水母,近海海水中也有大量水母漂浮着,这些水母的个头都不是很大,大部分直径在15厘米左右,最大的直径大约有20厘米。搁浅在沙滩上的水母由于长时间离开水,很多已经"融化"消失,在沙滩上留下一个个白色的圆形,部分水母还留有薄薄的一层,踩上去非常滑,一不小心就容易摔倒。

记者沿着沙滩查看,发现整个烟大海水浴场近600米的沙滩沿线几乎都有水母的踪迹。附近一位正在整理渔网的渔民说,这种情况并不是第一次出现,但也不是每年都有,经常出现在入秋前后,每次的数量也不一样。

对于这次突然占领烟大海水浴场的水母,烟台大学海洋学院的邱教授向记者介绍,这种水母应该是沙海蜇,在整个山东半岛分布都比较广。而每年8月份正是沙海蜇数量最多的时候,也正好是沙海蜇的捕捞期。往年也出现过大量水母被冲上岸的情况,只不过今年的水母繁殖数量较多。

▲北京市人力社保局10号宣布,明年起上调全市城镇居民基本医疗保险筹资标准,从当前的人均每人每年1 000元上调至1 200元。北京市人力社保局、北京市财政局联合发布的《关于调整城镇居民基本医疗保险筹资标准有关问题的通知》中明确,自2015年度起,调整全市城镇居民基本医疗保险筹资标准。其中,政府补助标准由每人每年860元调整为每人每年1 000元,增加140元。

个人缴费部分,学生儿童由每人每年100元调整为每人每年160元;城镇老年人由每人每年300元调整为每人每年360元;无业居民由每人每年600元调整为每人每年660元,无业居民中残疾人、七至十级残疾军人由每人每年300元调整为每人每年360元。

据了解,调整城镇居民基本医疗保险筹资标准所需政府补助增量资金由市、区(县)财政各负担50%。预计本次调整后,财政资金将每年多支出2.3亿元,惠及170万参保人员。北京市城镇老人、学生儿童、无业居民需要于今年9月至11月底及时参保缴费。

▲深圳市公安局日前出台新规,菜刀等生活生产工具以及摩丝等易燃生活用品,不再"一刀切"式禁带上地铁。符合条件的菜刀、水果刀若包装完好或采取包缠措施,可以进站。深圳公安机关和地铁公司针对市民普遍关心的地铁限带物品的处理标准和执行规范进行专项研究,于9月初制定出台了《深圳市地铁对限带物品安全检查操作规范》(试行)。

其中,在对民用生活生产工具的规定上,强调物品造成危害的可能性,在限带刀具的种类、规格、数量上都有规定,如菜刀、水果刀、餐刀、剪刀、工艺刀、工具刀等刀具的刀刃部分在10厘米以上的认定为限带刀具,并要求进站物品必须包装完好或采取包缠措施。

在对易燃生活物品限带规定上,50度以上包装完好的白酒,不得超过2公斤;摩丝、发胶、染发剂等,单品不得超过700毫升,累计携带不得超过1 000毫升或1公斤。

▲继去年福州月饼销售遭遇近十年来最差后,今年的月饼销售境况仍然不佳。记者

昨天走访市场发现，随着中秋节的临近，作为节日主角的月饼销售已进入倒计时，但行情仍不见往年风光。为加速出货，厂商纷纷开始打折促销，一些盒装月饼的折扣甚至低至3折。

在新华都、永辉、家乐福等各大超市，记者看到，盒装月饼堆积如山，月饼价格战已经打响，"买一送一""特价"等促销标语比比皆是。在永辉超市金祥店，盒装月饼也多开始"买一送一"，此外还有不少特价商品。"这款原价298元，现在特价98元，非常划算。"促销人员告诉记者，如果买得多，还可以用"内部价"再优惠18元。

记者采访中还发现，各超市散装月饼促销活动也拉开了序幕，推出"买一送一"、价格直降的品牌也不少。此外，除了月饼厂商推出的活动外，不少超市还推出购买盒装月饼满额即送超市购物券活动，有满200元送50元的，也有满200元送40元的，且购物券的消费门槛并不高。

不过，即便月饼价格开始"大跳水"，但购买的人很少，一些消费者到月饼销售区只会挑选一些散装的月饼。采访中，多家超市相关负责人称，受节俭风影响，去年福州月饼销售遭遇近十年来最差。今年部分厂商拉长了销售期，同时月饼无论是价格还是口味都更加亲民，以适应市场需求。不过即便如此，市场表现仍不理想。眼下月饼销售已经进入高峰期，但是，不少厂家却只敢奢望"不赔就行"。

▲俄罗斯总统普京3号在蒙古国访问时，提出解决乌克兰危机的七点建议。普京当天还确认，与乌克兰总统波罗申科通了电话，并表示双方关于如何结束乌克兰冲突的观点"非常接近"。

普京提出的解决乌克兰危机七点建议，包括乌政府军和东部民间武装都应停止进攻性军事行动；乌政府军应撤退至一定的安全距离，以避免政府军炮火对乌东部居民点造成破坏；乌冲突双方应创造条件保证国际社会全面和客观监控乌停火局势；禁止空袭冲突区域内的平民和居民点；冲突双方不预设任何条件地交换全部被扣押人员；以及开辟人道主义救援通道等内容。

对于普京的表态，乌克兰总统波罗申科当天在基辅予以积极回应，称他希望即将举行的明斯克会谈能够顺利开启和平进程。不过，乌克兰总理亚采纽克对普京的建议予以拒绝，称这只是俄罗斯试图在北约峰会前欺骗西方，以避免新的制裁。同时，亚采纽克称乌克兰寻求加入北约。针对普京的七点建议和乌方有关停火的声明，乌克兰东部民间武装3号强调，达成实现停火的前提条件是乌克兰政府军撤出当前作战区域。

▲非洲中部国家刚果（金）24号宣布，该国两名病人已确诊感染埃博拉病毒，但这与西非四国肆虐的埃博拉疫情无关。刚果（金）公共卫生部部长卡邦格当天宣布，在西北部赤道省的杰拉地区，出现发烧症状的8名病人在接受埃博拉病毒检测后，有两人结果呈阳性。经检测，其中一人同时感染了"扎伊尔埃博拉"和"苏丹埃博拉"，另一人只感染了"苏丹埃博拉"。

"扎伊尔埃博拉"和"苏丹埃博拉"同属埃博拉病毒的亚型。"扎伊尔埃博拉"平均致死率最高,是导致西非四国埃博拉疫情的罪魁祸首;而"苏丹埃博拉"平均致死率为54%,位居第二。

卡邦格特别指出,当地的疫情与西非的埃博拉疫情并没有任何关联。这已是该国赤道省自1976年以来第七次爆发埃博拉疫情。

近几周来,刚果(金)赤道省已有至少70人死亡,这些人出现了不明原因的发烧症状。世界卫生组织此前曾表示,这种发烧与埃博拉病毒无关。不过,世卫组织发言人哈特尔24号通过电子邮件表示,刚果(金)已经检测出埃博拉病毒,但这一结果还需进一步核实。

▲美国弗格森镇的黑人青年布朗遭白人警察枪杀事件引发的骚乱还未平息,在临近弗格森的圣路易斯市,另一起黑人青年遭警察枪杀的事件也在持续发酵。

圣路易斯市警方曾在19号通报称,当天黑人青年鲍威尔曾在警察面前挥舞着一把刀,警察向他开枪,鲍威尔当场死亡。

然而,在20号最新公布的一段现场手机视频中,鲍威尔与警方的距离超过1米,手也一直放在身体两侧,并没有拿刀向警察挥舞。此外,两名警察在抵达现场15秒后就向鲍威尔开火,并且连开了十几枪。

而在弗格森镇,警察枪杀黑人青年布朗引发的骚乱已经持续十多天,警方多次发射催泪瓦斯、橡皮子弹和闪光弹,还有十多名记者曾遭警方扣押。其中既有美国记者,也有外国记者,引发外界对美国警方干涉新闻自由的批评。

而在美国国务院20号的发布会上,有记者质问发言人玛丽·哈夫为什么此前一直批评其他国家逮捕记者,却对美国警察向记者使用暴力保持沉默?哈夫则以弗格森骚乱事件是美国国内事务,国务院主要处理外交事务,不方便评论为由搪塞过去。

(三)电视新闻播音综合练习

北京电视台《都市晚高峰》

(节选)

【正文】昨天,《中央管理企业负责人薪酬制度改革方案》通过审批,央企、国有金融企业主要负责人的薪酬将削减到现有薪酬的30%左右,削减后年薪不能超过60万元。

【正文】29号,"上海福喜食品有限公司涉嫌使用过期原料生产加工食品事件"涉案公司高管胡骏等6人,因涉嫌生产、销售伪劣产品罪被依法批捕。该公司曾为麦当劳、肯德基等"洋快餐"供应商。

【正文】昨天,工信部和国家税务总局正式发布第一批免征车辆购置税的新能源汽车车型目录,共有25家车企的113款新能源车入围,特斯拉等进口电动车无一入选。

【正文】塞内加尔卫生部长29号证实,该国发现一例埃博拉病毒感染病例,这是自2月份西非爆发埃博拉疫情以来,塞内加尔发现的首例确诊病例。

【正文】美国路易斯安那州新奥尔良市官员28号说,当地一个社区的自来水供给系统中检测出俗称"食脑虫"的福氏耐格里阿米巴原虫。如果水不慎进入人的鼻孔,食脑虫就可能侵入大脑,引发可怕的阿米巴脑膜脑炎。

更多新闻,请收看正在直播的《都市晚高峰》!

【导语】穿越晚高峰,一起看新闻。今天是8月30号,星期六,大家晚上好。这里是正在直播的《都市晚高峰》。我是孙扬。近日,国家食药监总局发布最新药品质量公告,抽检药品中99批次不合格,包括多家制药公司生产的龙胆泻肝丸、小儿化痰止咳颗粒、感冒灵冲剂等常用药,大家可以登录国家食药监总局网站查询不合格药品的名单。

【新闻标题】一大货车今晨坠落苏州桥

【导语】今天早上,在西三环北路,一辆货车突然冲出了主路护栏,掉落在辅路地下通道口,并造成这一路段拥堵。所幸没有造成人员伤亡。来看一组比较受关注的民生新闻。

【正文】早上9点,记者在苏州桥事发地点看到,撞坏的护栏堆放在过街道旁,过街道的护墙也被损坏。几十位工人正在忙碌着。据了解,事故发生在今天凌晨5点,一辆满载渣土的大货车在苏州桥上由北向南行驶时,突然冲出主路立交桥护栏,坠落在三环外环辅路上,货车车头完全砸毁变形,车辆报废。事故还造成地下通道部分受损。目前司机已被送往水利医院救治。伤情没有大碍。事故发生时间较早,路面车辆很少,事故仅造成一辆小面包车轻微损坏。

【新闻标题】集中整治非法摩托车、三轮车净化行动宣传先行

【导语】从8月25号开始,全市对燃油两轮摩托车、电动(燃油)三轮车交通违法行为进行集中整治,在起初的两周之内,主要是对有违法行为的司机进行宣传教育;8月29号,交管部门全警上路开展集中宣传行动。

【正文】集中宣传行动晚上6点开始,记者跟随民警来到了崇文门路口,没多久,一个骑着三轮车的司机就引起了民警的注意。民警对这位司机及车辆进行暂扣,这边还没忙完,又一位违法司机进入了民警的视线。

【正文】不一会,一辆骑着摩托车的司机在这个路口停了车。民警发现,这个司机驾驶的摩托车是京B牌照。按照规定,四环路(含)以内道路禁止京B号牌摩托车行驶,不仅如此,这名司机还没有驾驶证。但面对民警的教育,这名司机还振振有词。

【正文】根据道路交通安全法律法规和相关国家标准,燃油两轮摩托车、电动(燃油)三轮车均属于机动车,应当注册登记并取得号牌后方可上路行驶,驾驶人应当取得摩托车驾驶证。北京市也明确规定,城六区不予办理摩托车、电动(燃油)三轮车注册登记手续,六环路(含)以内道路禁止正三轮摩托车行驶;四环路(含)以内道路禁止京B号牌摩托车行驶,二、三、四五环路主路禁止摩托车通行。但目前我市路面上行驶的燃油两轮摩托车、电动(燃油)三轮车普遍存在未注册登记、悬挂号牌,车辆驾驶人员未取得驾驶资格,以及违反禁限行规定、追逐竞驶等违法行为。特别是部分人员使用电动(燃油)三轮

车从事非法运营,在旅游景点、交通枢纽、农贸批发市场等繁华区域周边聚集揽客,不但扰乱了治安、交通秩序,而且严重影响首都城市形象。

都市晚高峰,直播继续。

【导语】国际方面,先来关注乌克兰局势。联合国方面29号发表报告说,乌克兰东部的武装冲突已经造成了至少2 593名平民死亡。当天,乌克兰政府军与民间武装在东部地区的战斗仍在继续。民间武装在占领了战略重镇新亚速斯克之后,仍在继续向前推进。

【新闻标题】英国提高国际恐怖主义威胁等级

【导语】再来看国际方面的其他消息。英国内政部当地时间8月29号宣布,将本国面临的国际恐怖主义威胁等级从"较严重"提高到"严重"。

【正文】英国内政部当天表示,尽管目前没有确凿情报表明英国面临非常迫切的恐怖威胁,但英国出现恐怖袭击的可能性加大。英国内政大臣特雷莎·梅说,恐怖威胁等级的提高与叙利亚、伊拉克近期局势有关,这两国境内的恐怖组织正策划针对西方的恐怖袭击,有些恐怖袭击活动很可能会招募来自英国及欧洲其他国家的外籍"战士"参与实施。英国首相卡梅伦当天发表声明说,英国不能纵容"伊斯兰国"的意识形态,必须在国内外与之正面斗争。

【新闻标题】尼加拉瓜金矿坍塌 被困矿工至少20人仍存活

【正文】尼加拉瓜政府当地时间8月29号证实,在28号尼加拉瓜博南萨金矿坍塌事故被困矿工中至少有20人还活着。尼加拉瓜政府说,联合救援队正在挖掘一条通道,并与被困在甬道深处的存活矿工取得联系。他们聚集在一处,并且非常接近营救位置。由于救援技术和设备落后,尼加拉瓜总统奥尔特加已请求墨西哥、委内瑞拉、智利等拉美国家为博南萨矿难营救提供帮助。尼加拉瓜博南萨地区28号发生的金矿坍塌事故导致至少25名正在作业的矿工被埋。

【新闻标题】美国援助武器运抵黎巴嫩

【正文】美国政府向黎巴嫩军队提供的一批武器弹药和装备当地时间8月29号运抵贝鲁特,以增强黎巴嫩军队反恐能力。当天上午,一架装载武器弹药和装备的美国飞机抵达贝鲁特国际机场。这批武器装备包括不同规格的迫击炮弹、肩扛式火箭筒、新式机枪等。美国驻黎巴嫩大使戴维·黑尔在机场举行的武器交接仪式上对媒体说,这些武器无论从数量还是质量上都符合黎巴嫩军队的反恐需要。

【新闻标题】俄罗斯对俄防长座机被拒飞越波领空作出反应

【正文】俄罗斯国防部长绍伊古当地时间8月29号在斯洛伐克出席相关活动后返回莫斯科途中,其乘坐的飞机因未得到波兰方面飞越波领空的许可而被迫返回斯洛伐克首都布拉迪斯拉发。俄罗斯外交部当天发表声明说,波兰对俄罗斯国防部长绍伊古乘坐飞机所采取的行动"粗暴违反了国家间交往准则",俄方不能不对此作出反应。在俄方采取密集外交措施后,波兰方面同意,此前发放的飞机飞越波兰领空的许可有效。俄罗斯驻波兰大使馆当天晚些时候证实,绍伊古乘坐的飞机已经获准飞越波兰领空。波兰外交部对此则表示,围绕绍伊古乘坐飞机飞越波兰领空所发生的问题不具有任何政治色彩,完全属于程序性范畴。

【导语】下面进入今天的媒体速览。

【新闻标题】摆红辣椒求婚

【正文】8月29号,河北省邯郸市鸡泽县小伙儿豆子旺在一辣椒加工企业上演浪漫一幕,在地上用九万九千九百九十九只红辣椒耗时近三个小时摆放成一个巨大的心形图案。向心仪已久的女友表白求婚,让在场的人们见证这一浪漫温馨时刻。

【新闻标题】井盖变身"兵马俑"

【正文】近日,陕西西安西北政法大学校园内,法学专业和新闻传播专业的学生用彩笔在井盖上作画,井盖变身为"兵马俑"卡通人物。

【新闻标题】鄄城县"遮羞墙"

【正文】近日,鲁西南国家贫困县鄄城县为了迎接领导视察,紧急建起了围墙,多个乡村临街的房屋,都统一刷上了颜色,红黄白灰煞是整齐。陈王街道的一些临街的院子,都有整齐划一的崭新门楼。在一些墙壁上,还写上"乡村文明"的标语,画上传统道德故事的图画。然而,在一些统一着装的墙后面,却是破旧不堪、狭窄逼仄的民居,农田荒地,甚至垃圾场。

【新闻标题】导盲犬忍痛尽职

【正文】近日,日本一位双目失明的男子牵着他9岁的雄性拉布拉多导盲犬奥斯卡上班,到达工作地点后,同事发现奥斯卡受了伤,其腰部附近两三处被尖锐物体刺伤流血。导盲犬只有在主人有危险时才会叫,因此它被刺时也忍痛没有发出声音。目前,警方已展开调查,推断凶器极可能是叉子,从奥斯卡背后刺入。

【新闻标题】万人海滩挖金

【正文】当地时间8月28号,英国福克斯通,之前德国艺术家米歇尔·赛尔斯托夫在海滩上埋藏了1万英镑的金块,现在海滩上充斥着数百位淘金者,摆弄着金属探测仪或者其他仪器找寻隐藏的金块。

【导语】这里是正在直播的《都市晚高峰》,来关注其他方面的新闻。

【新闻标题】三部门联合重拳出击 严打农村问题食品

【导语】近年来,食品安全问题多发,虽然食品市场专项整治力度不断加大,但在地域广大、人口众多的农村地区,食品安全问题仍未得到有效遏制。国务院食品安全办、国家食药监总局、国家工商行政管理总局决定自今年9月1号起,在全国范围内集中开展为期3个月的农村食品市场"四打击四规范"专项整治行动。

【正文】农村地区食品问题主要表现为制售假冒伪劣食品行为和"五无"食品在农村食品市场屡打不绝,非法添加非食用物质、经营过期变质食品、经营条件不符合要求、食品及原料来源不合法、消费者食品安全意识淡薄等问题依然存在。

【正文】为解决农村食品市场存在的问题,专项整治行动内容包括严厉打击无证无照、销售使用无合法来源食品和原料、生产经营侵权仿冒和"五无"食品的违法行为。专项整治将突出对月饼、膨化食品等重点品种的生产加工,以及对问题多发的经营者开展全覆盖的监督检查。

【正文】通过"四打击四规范"专项整治行动,严打重惩,形成震慑,有效提升整个农村地区的食品安全意识、法律责任意识、诚信自律意识和理性维权意识。

【新闻标题】环保夜查进京大货车　超标车当场被劝返

【导语】夏季是工程运输的高峰期,柴油货运车辆使用强度也有所增大。近日,北京市机动车排放管理中心以夜查大货车和渣土车为重点,在进京口开展"夜查'柴油货运车排放'执法行动",对于尾气检查不合格的外地进京大货车,一律劝返,不得进京。

【正文】凌晨1点,一辆挂着河北牌照的大货车晃晃悠悠驶入了康庄进京检查站。环保执法人员上前对其进行检查。一名队员将滤纸式烟度计伸进该车的尾气排气管,另一名执法人员爬上了驾驶室,连踩三脚油门。顿时,一阵黑烟从排气管中喷出,发出刺鼻的味道。经过测量,这辆大货车尾气排放的烟度测量值为3.1,已经超出了北京市规定的环保标准。

【正文】记者了解到,目前保有量仅占全市机动车总数5%的柴油车所排放的氮氧化物占本市机动车排放总量的52%,而直接排放到本市大气中的颗粒物更是全部来自柴油车。

【正文】据现场执法人员介绍,夜间10点到次日凌晨6点,北京市区的空气污染要比白天更重,一个重要原因就是许多夜间进京的大货车尾气排放超标。尤其是来往于内蒙古、山西、河北三地的大货车都会路过北京,而这些大货车超标更加严重。为此,环保部门在进京入口设立第一道防线,在高速路口设立第二道防线,市区环路设立第三道防线。

【正文】在本次零点夜查行动中,记者发现,随着"夜查'柴油货运车排放'执法行动"力度的加大,不少外地进京大货车尾气严重超标的现象在减少。下一步,市环保局将联合交管、市政市容、城管执法部门加强对施工工地使用的渣土、货运和非道路机械等车辆排放的执法监管,对超标排放严重的单位在严格执法的同时,还将通报行业主管部门,并予以曝光。

【新闻标题】海关拍卖罚没成交263.97万　宾利106万被拍走

【导语】近日,北京海关今年的第九场罚没物品拍卖会,在和平东街的中都国际拍卖公司举行。此次拍卖成交总额263.97万元,成交率88%,溢价率55%。其中,一辆海关没收的无合法进口证明宾利汽车拍卖所得共计106万元。

【正文】苹果手机、索尼笔记本、移动硬盘、思柏眼镜……很多大家耳熟能详的品牌商品摆满了展厅的两层橱柜。据了解,此次拍卖物品主要分为:汽车配件、电子产品、风向标、风速计、眼镜架、汽车等几大类。

【正文】北京海关介绍,此次拍卖的物品都是北京海关2010年以来查获的走私案件中所查获的物品。这些物品共涉及6起案件,其中4起刑事案件2起行政案件。而最受大家关注的黑色宾利汽车就是其中的一起行政案件。该车是2013年5月由北京市局车管所向北京海关移交的。由于该车属于无进口证明的车辆,根据相关的法律法规,海关予以没收。而另外一起走私风向标、风速仪的案件,是当事人钟某,伙同他人,采取伪造发票、低报价格等手段走私该设备,共偷逃税款1700余万元。钟某因此案被判处10年以上有期徒刑。

【正文】目前,海关选定了9家有资质的拍卖公司,主要通过摇号随机产生拍卖公司。据了解,参加拍卖会的范围包括公民、法人或者其他社会组织,普通市民交上两万元保证金,领个拍卖号牌,办理好竞买手续,就可以进场参加竞拍。

【新闻标题】福建邵武八一大桥发生坍塌　造成人员受伤

【导语】今天下午两点左右,福建省邵武市八一大桥发生坍塌,造成人员受伤,当地公安、消防、120均已到达事发地,正在展开紧张有序救援,目前仅发现一名老人被埋,已经救出。八一大桥由上、中、下三座桥组成,中间桥建于上世纪60年代,经检测为四类危桥,事发时正在施工。

都市晚高峰,直播继续。

【导语】来看一组体育方面的消息。美国网球公开赛29号进入第五天争夺,单打赛场上唯一留下的中国选手彭帅再有精彩发挥,她淘汰了28号种子文奇之后进入16强。

【新闻标题】彭帅杀入美网女单16强

【正文】纽约当地时间29号,在美网女单的一场较量中,彭帅迎战意大利名将文奇。这场比赛,彭帅凭借高出一筹的发球和调动能力,最终以6:4和6:3直落两盘取胜,晋级16强。

【正文】女单其他比赛,赛会9号种子、塞尔维亚名将扬科维奇赢得相当轻松,她直落两盘,以6:1和6:0的比分击败了瑞典的拉尔森,挺进第四轮。而赛会10号种子、丹麦的沃兹尼亚奇同样直落两盘,以6:3和6:2的比分击败了德国的佩特科维奇,进入下一轮。

【新闻标题】德甲第二轮:多特蒙德3:2奥格斯堡

【正文】北京时间30号凌晨,在2014~2015赛季德甲第二轮的一场比赛中,上赛季联赛亚军多特蒙德队客场挑战奥格斯堡队。开赛后,多特蒙德反客为主,第11分钟,罗伊斯破门,帮助多特蒙德在客场率先打破僵局。仅仅3分钟之后,多特蒙德再进一球,罗伊斯开出角球,帕帕斯塔索普洛斯头球破门,让客队带着2:0的领先进入中场休息。易地再战,多特蒙德依然控制着场面。第78分钟,替补出场的拉莫斯补射破门,多特蒙德已经3:0领先。但奥格斯堡没有气馁,顽强地连追两球。全场比赛结束,多特蒙德客场3:2险胜奥格斯堡,迎来了新赛季联赛的首场胜利。

【新闻标题】羽毛球世锦赛：王适娴出局　李宗伟晋级

【正文】在丹麦当地时间29号进行的2014年羽毛球世锦赛四分之一决赛中，赛会2号种子王适娴对阵印度选手辛德胡。结果，王适娴鏖战三局，以21：19、19：21和15：21被辛德胡逆转，遗憾无缘半决赛。而中国混双则在四强中占据三席。其中，张楠和赵芸蕾只用了32分钟就连胜两局，进入半决赛。男双比赛，刘小龙和邱子瀚在与丹麦名将鲍伊和摩根森的交锋中处于劣势，无缘半决赛。这样，中国男双已全部出局。男单比赛，赛会头号种子李宗伟以21：8和21：11连赢两局，击败了中国的王睁茗，进入半决赛。男单四强中只剩下谌龙一位中国选手。

【新闻标题】巴萨签约圣保罗队边后卫道格拉斯

【正文】29号，西甲巴塞罗那队同来自巴甲圣保罗队的边后卫道格拉斯签约，合同为期5年。当天，道格拉斯还顺利通过了巴萨的体检。巴萨表示将为道格拉斯的转会支付给圣保罗队400万欧元。24岁的道格拉斯曾是巴西U20国青队的一员，为圣保罗队出场131次。在巴萨阵中，身为右后卫的他将同巴西老大哥阿尔维斯的位置重叠。

都市晚高峰，新闻继续。

【新闻标题】融贯中西　古董乐器展亮相农展馆

【导语】2014百分百乐器展从29号起到31号在全国农业展览馆举办。将中高端乐器展示、文艺演出、教育论坛、古董乐器拍卖会相结合，让喜爱乐器的发烧友大饱眼福。

【正文】2014百分百乐器展开幕仪式采用了别出心裁的方式，两家乐团的133名老人带来了盛大的"夕阳音乐会"。演出曲目除了中国传统的《金蛇狂舞》《步步高》以外，还有一些国外名曲。随着夕阳音乐会的演出，百年的古董乐器也亮相展馆。在展区内，上百年的古董钢琴和欧洲复古提琴都尽收眼底，件件魅力独具，让乐器发烧友们大饱眼福。

【正文】此外，部分世界顶级古董钢琴还将参加史无前例地0元无底价抢拍。

【正文】有着"无影手"之称的世界吉他大师迈克·安格鲁，在百分百乐器展期间，这位令人疯狂和着迷的吉他巨擘也将莅临现场。

【正文】为弘扬中国民族乐器，百分百乐器展现场特设了扬州琴筝文化长廊，让观众近距离体会七弦琴的独特艺术魅力。

【正文】百分百乐器展将在全国农业展览馆举办至8月31号。这个周末，乐器发烧友们不如来亲身感受一下别样的乐器展，感受文化的气息、艺术的传承。

【新闻标题】男子打牌一夜未睡　车祸后竟要求睡觉

【导语】近日的一天清晨，江苏张家港长江路和香山路路口发生了一起摩托车撞汽车的交通事故，事故发生后摩托车驾驶员却一直嚷嚷着要睡觉，这到底是什么情况呢？

【正文】当时，摩托车闯红灯经过这个路口，结果撞上了对面正常左转弯的汽车，摩托车驾驶员当场撞翻在地。交警接到报警后立即赶到现场，但在询问的过程中，交警发现，摩托车驾驶员一直紧闭着双眼，而且一直吵着要到路边上去躺会。

【正文】早上上班时间,按理说应该是人最清醒的时候,难道这位摩托车驾驶员是醉酒驾驶吗?

【正文】原来是疲劳驾驶。还没等交警勘察完现场,这位摩托车驾驶员竟然真的躺到路边睡着了,最后摩托车驾驶员的家人把他接回了家。依据《道路交通安全法》,这位肇事者因为闯红灯被罚款200元,扣6分,并且承担被撞汽车的维修费用。

【新闻标题】开学日忙接待家长　老师电脑被顺走

【导语】最近,中小学都将陆续开学。28号,是武汉的一所小学开学报到的日子,由于忙着接待新生家长,一位老师的笔记本电脑竟然给人顺走了。

【正文】当天是新生家长接待日,该校的周老师忙着接受新生家长咨询。等家长们散去之后,她回到办公室,却发现自己放在桌上的笔记本电脑不见了。

【正文】周老师立即报了警。警方调出学校的监控视频发现:当天下午两点钟左右,一名中年妇女挎着一个挎包,出现在学校教学楼三楼的楼道上,当时,几名老师正在楼道里和学生家长聊天。这名妇女径直走到一间办公室门口,见没人注意自己,便闪身进入了办公室内。一两分钟后,这名妇女神情自若地从办公室出来时,除了挎包,她手上还多了一个黑色的手提袋,然后很淡定地下了楼。此人并不是学生家长,老师们也都不认识。

【正文】周老师发现:这个形迹可疑的女人前往办公室时,曾与自己擦身而过,出来时,又再次从自己身边路过,但她当时正全神贯注在跟家长交流,竟毫无觉察。电脑丢失后,周老师非常着急,她说:电脑只值三千元,但里面有很多重要的资料。

思考题

1. 新闻主播拿到稿件以后,首先要做的是什么?
2. 请思考应急预案在新闻直播中的意义。
3. 出现突发情况时,新闻主播怎样做才能处乱不惊?

第三章　电视新闻节目主持

■ **本章要点**
1. 电视新闻采访。
2. 电视新闻现场报道。
3. 电视新闻评论。
4. 电视新闻直播。

第一节　电视新闻采访

采访是新闻人的立命之本,也是新闻人的基本功。从整个新闻工作程序看,采访是关键性的第一步,是其他各种新闻活动的基础。同时,采访的质量也对后续工作产生连锁反应,直接关系新闻工作的成效。重视采访是时代的需求,没有采访的新闻播音主持不甚完整,所以对于播音主持专业而言,采访能力的培养亟须得到重视。采访犹如传媒行当的射击训练——既是形式,也是内容;既是基础,也是能力;既是手段,也是桥梁。采访既然是新闻的基本功,也理应是新闻播音主持的基本功。

一、电视新闻采访概述

(一) 定义

在新闻学中,采访是记者认识客观事物,寻找与挖掘新闻事实或新闻的调查研究活动。采访是一种调查研究,是认识采访对象这个客观事物的过程;又是一种独特的调查研究,是按照新闻的特点和规律进行的,是获取新闻事实的过程。

由于电视媒介的基本特点,电视新闻播音主持中的采访,更接近于"人与人之间沟通的公开传播",归根到底,采访是人与人之间的沟通。广义上来说,人人都可以做采访,甚至陌生人坐车聊天的过程如果信息充沛、语言生动也有可能是不错的采访。

无论是纸媒还是广播电视,采访都是新闻活动的开始。虽然不同媒介载体中采访的本质和目的不会改变,但是形式和操作却各有特点。在西方传媒行业,采访过程常被比作采矿的过程,纸媒为了开采出一盎司的"黄金",要准备数吨的对话材料;而电视新闻采访则倾向于淘出"发光"的东西,发光意味着简短而充满刺激。① 纸媒的采访往往是报道结果的呈现,这也意味着采访者有充分的时间和精力去获取充足的材料,最后筛选整合成一篇报道;但是电视新闻采访却更加重视对采访过程的呈现,需要采访者在简短的采访过程中最大限度地呈现有传播效力的信息。在直播的电视新闻采访中,更是要求采访者必须一击命中采访目的。

(二)常见类型

在新闻实践中,采访无处不在。无论常规新闻节目中的采访,还是与演播室嘉宾的对话,无论新闻主播与现场记者的连线,还是综艺娱乐节目中仿佛不经意的插科打诨,都是广义上的采访,是人与人沟通的公开传播。这里主要介绍电视新闻采访中最常见的两种类型。

1. 电视新闻现场采访

关键术语

电视新闻现场采访是电视记者在新闻事件现场,对事件当事人和有关人士进行访问。是电视新闻现场报道的形式之一。②

电视新闻现场采访要求采访者迅速融入现场、驾驭现场。包括前期的新闻策划、采访准备和到达事件现场前的调查;达到现场后,尽快访问有关知情人,观察分析现场,根据新情况核对采前材料,确定采访流程;构思报道框架,确定采访对象和场景,并与摄像师沟通调度,确保不遗漏珍贵画面。

2. 演播室采访

关键术语

演播室采访就是在电视节目演播室中所进行的新闻采访活动,其呈现方式多种多样,包括对专家、评论员的访问,与现场记者的连线,以及现场多视窗的连线对话等。

演播室的采访是信息汇集、观点碰撞的枢纽,流程也相对烦琐。主持人不仅要与嘉宾交流、提问,还要留意工作人员的各种提示,配合现场机位,精准控制时间流程。在多视窗连线中主持人有时还需要同时面对几位甚至不在同一时空中的观点截然不同的嘉宾。这些都需要主持人具有扎实的新闻功底、敏锐的反应能力和对演播室内谈话场的建构及驾驭能力。

二、电视新闻采访的特点

(一)双向交流的感染力

采访是人际传播与大众传播相结合的产物,因此具有人际传播亲切可感、双向沟通、

---

① 〔美〕肯·梅茨勒:《创造性的采访》,李丽颖译,中国人民大学出版社2010年版,第115页。
② 赵玉明、王福顺主编:《广播电视词典》,北京广播学院出版社1999年版。

直接反馈的优势。采访的过程是典型的人际传播，其中的信息并不局限于语言内容，甚至包含采访者和受访者的人格信息，电视画面还能细腻真实地反应对话双方的表情神态、不经意的细微动作。所以，在电视采访中，"人"不仅是采访的直接手段，也构成采访的内容。采访者应尽量利用生活中人与人之间面对面交流的形式，凸显人际交流的特性，发挥双向交流的感染力，让观众感到他们是在现场环境里获取信息。

（二）过程与结果的同步呈现

由于电视的直观性，很多在纸媒采访或者广播采访中只是作为采访过程和手段存在的部分，会在电视采访中作为结果和内容呈现出来，例如提问时采访者的声音、动作、表情。电视新闻采访的过程没有经过文字符号的转化加工，在直播中更是"过程"即"结果"的同步呈现。这要求采访者在采访中有清晰的编辑思想，能有效地控制采访的主题、结构、节奏、气氛和时间。

（三）采访手段的多元化

电视新闻采访的手段能融合文字、声音、静态和动态画面等多种信息形态进行传播。因此，电视新闻采访绝不仅仅是画面的采访，它还包括文字采访和声音采访的全部内容及要求。表现出来的外在报道形态除了现场声画外，还有电话采访，飞机航摄，卫星异地传输，文字、图表插入等等，正是因为电视新闻采访中可以利用多种信息载体，它的信息才得以立体、全方位的传播。

三、如何做好电视新闻采访

（一）采访始于准备

采访准备可分为广义和狭义两种。广义采访指记者围绕本职工作，不断进行的学习积累活动，是打造新闻功底的工作；狭义采访指记者确定了采访的选题后，所进行的一系列"备料"性的工作。因此，采访准备是记者为完成一定的采访任务，事先进行的从思想状态到物质条件等多方面的谋划筹备。

1. 资料准备

要对一个人或事进行调查、发问不能凭空想象，需要大量的资料准备——查阅各种相关资料，对采访对象和新闻事件的来龙去脉进行深入的了解。就在准备资料的过程中，一些问题会浮出水面，使接下来的采访有的放矢。资料准备也传达了采访者对受访者的重视，在面对做了大量功课的采访者时，受访者往往更愿意配合。

2. 采访前的选择

记者在采访前往往会面临许多选择，这些选择与采访的成败息息相关，有时甚至具有决定性作用。

采访对象的选择——最合适的人，如当事人、直接参加者、目击者或是最了解某个方面情况的人。当事人找不到时,则从其亲人、周围人物甚至遗物中发掘线索人物。对于情况复杂、重大典型事件要多采访一些人,力求多角度反映事实的全貌。有时采访还要考虑受访者的口头表达能力和形象。

采访场所的选择——最有表现力的地方。最好是新闻第一现场,或者是最能让观众有身临其境之感的场所;现场环境能传递有效信息的场所;利于交谈,保证谈话顺利进行的场所,或是能使受访者触景生情、打开心扉的场所。

采访时机的选择——最有效的时机。既要争取时效,考虑事物发展和新闻事件的进展程度,又要考虑受访者的身心状况、思想情绪、身体条件等。

3. 采访前的预估

采访仿佛是"采购",需要"采"来对方精彩的回答。要获取精彩的回答,明知故问是采访常用的方法之一。有经验的记者几乎知道对方的答案,因为一个人的核心观点不会轻易改变,就像是一瓶酒放在那里,提问只是开瓶器而已,所以在采访前不妨对受访者的回答进行预估,甚至对回应策略和追问也要有所准备。不过,在采访经验积累还不充分的情况下,往往预估与现实情况会出现偏差,这时应尊重事实,随机应变。

4. 心理调适

采访以人与人之间的沟通交流为基础,因此首先要完成对于自己和对于对方的心理调试。这样的心理调试极为重要,应该用最敏感的心去体会即将接受采访的人此时此刻的心情——过分紧张的人,其表现是每个回答都很简短,这样采访就枯燥了;过分松弛的人,其表现是一个问题谈了挺长时间,仿佛在回答却又不切入主题,或者心不在焉。所以,紧张的人,让他适度松弛;松弛的人,让他适度紧张。心理调适工作是沟通的重要组成部分,甚至比提问本身还重要。

5. 氛围营造

采访是人与人之间的沟通,除了信息交流,还有情绪、情感的相互影响和感染。和受访者首次见面,采访者如果能让对方迅速对自己产生信赖感并产生和自己交流的愿望,采访基本上就算成功了一半。以自然而又有效的方式传达出采访者对受访者的熟悉、重视和认同,往往能营造出"熟人"般的氛围,这就是采访的开始,在采访之中起着非常重要的作用。

(二)采访重在倾听

在采访中,最重要的不是问而是听,因为最重要的信息往往是通过受访者的谈话展现出来的。也只有听,才会使采访形成回合和场,使之成为真正的沟通交流,提升采访质量。而善于聆听并在聆听之中捕捉到向下一层次推进的内容并非易事。

1. 保持专注

倾听不仅仅是态度,更是一个记者的功力。有很多人没有耐心,总是迫不及待地想抛出自己精心准备的问题。但是好的问题,应该成为采访向上攀登的梯子,得到好回答才是我们的追求。很多受访者在第一段回答往往言不由衷或尚未进入状态,第二段才渐入佳境。这时需要保持专注,陪伴和促进受访者自然打开话匣子。

2. 积极倾听

倾听绝不应该是被动的。积极的倾听是指：在倾听中努力抓住受访者谈话的要点,一方面以自己的语言、肢体动作、表情等去回应、鼓励受访者,另一方面思考自己听到的内容,权衡受访者的见解,为进一步提问和追问蓄势。

3. 关注副语言

人在进行人际交流的时候,有声语言只是其中的一部分,还有一部分是表情、手势等副语言。有些信息,只有在倾听谈话内容的同时注意受访者的副语言才能正确解读。感悟力强的采访者能从受访者的语气词、表情、动作甚至是双方的空间关系上解读出有用的信息,并准确地用自己的副语言与被采访者进行有效交流。

人和人之间交流的介质不仅仅是语言,情绪、身体、表情……都可以传达信息和情绪。采访者认真聆听的时候会给出真实自然的反馈,这种反馈鼓励着受访者更有说下去的欲望。

(三) 采访成于提问

采访和提问密切相关,提问往往是开启受访者谈话的钥匙,所以采访成于提问。

1. 有效率的提问

成功的采访中,"问"所占的比例并不大,在笔者的采访经验中,问常常只占 20% 左右。所以,好的采访者应该做减法,因为做减法可使眉目清晰,效率提高。一个 20 分钟的节目采访 4 个小时,往往不如一个 20 分钟的节目采访 1 个小时。在规定的时间内把最需要的、对方最好的状态调动出来完成一个最精彩的采访才是媒体最需要的。

提问要有效率,要具体准确、简明易懂。一是让受访者明白。访谈的提问最忌"大而无当",空泛的问题会让对方摸不着头脑,不知从何说起或者不得要领;与此同时,也切忌只需对方回答"是"或"不是"的封闭式问题。二是让受众明白。要考虑广大受众的接受能力和习惯,尤其面对专家学者时,采访者如果密集地使用专业术语,只能拒受众于千里之外。

2. 有节奏的提问

提问也往往决定了采访的节奏,对提问节奏的控制主要体现在两个方面：

一是提问的逻辑节奏。不可"东一榔头西一棒子",提问要有一定的逻辑顺序、相对的连贯性和层层推进的递进性,这样才有利于采访的深入,有利于信息的传递,有利于受众的思考和接受。

二是提问的心理的节奏。一般来说,质疑性提问会给受访者造成一定的压力,带来较为紧张刺激的节奏,在实践中,应尽力避免连续提三四个质疑性的问题。在对方感到紧张时,可以提问一个舒缓的问题,隔一会儿,再提质疑性的问题,形成张弛有度的节奏,这样有利于控制双方的情绪张弛,也符合受众的心理节律,更有助于营造积极和谐的采访氛围。

3. 有温度的提问

采访是人与人之间的沟通,这表明采访不仅包括信息交换,更包括情感交换。有情感,就有温度。我们不需要把采访看成是专业、刻板的行为,它就在日常生活中随时存在。因此只有回到采访的本质——沟通上,才可能把采访做好。日常生活交流中的逻辑和规律在电视采访中也都是有效的,要将对人的尊重、关切、关怀、好奇自然融入采访,如果在采访中启动另一套自认为专业的刻板系统,则有可能适得其反。

4. 有价值的追问

追问是指记者在采访的过程中,根据采访对象的现场回答作出即兴提问的采访方式。既然是"追"问,则要求追问与受访者之前的回答紧密相关,而且与前一个问题逻辑上有递进关系,环环相扣,步步为营。这就要求采访者在采访过程中保持高度的专注,时刻注意受访者话中的细节和疑点,迅速捕捉到值得进一步挖掘的信息,否则便不会有深入的追问。

> **案例精选**

白岩松在《新闻1+1》中曾以"故宫安全和开放"为主题采访故宫博物院院长单霁翔。

白岩松:"平安故宫"整个大的计划里有七个项目,"开放"是否会是"平安故宫"的第八个项目?

单霁翔:(展示园区图纸)是的,因为我们有一个初步的方案,我们在海淀有一个园区……将来是一个大型博物馆,其中最重要的是文物修复的部分,我们有100多万件的文物需要修复。在故宫里有6 200多件明清家具,几十个库房,很难修复。

白岩松:但是普通的观众现在最关注的是园区是不是也承担展览的工作?

单霁翔:是。在修复区域的两万平方米里有5 000平方米是游客可以看的,专家的修复过程可以参观……

白岩松:有一句话您说得非常含蓄:"我们那些可爱又可怕的游客啊!"其实可爱我相信大家都可以理解,那么可怕在哪?怎么改变?

单霁翔:我说的可怕不是个体,是迅速增长的量,故宫十年游客增长了一倍,从700万人增长到1 500万,成为世界上唯一一个游客数超过1 000万的博物馆……

> **案例分析**

在短短的几轮对谈中我们可以看到提问的效度和追问的功能。第一个提问将"开放与安全"有效纳入,而在单霁翔院长畅谈如何在海淀园区修复文物等专业问题时,白岩松意识到观众们更关心的点可能并不是园区的具体功能,而是园区能够提供给大众什么样的服务，于是追问园区是否承担展览工作。在单院长提起游客时，用了"可爱又可怕"，这是一个有趣而有深意的表述，背后可能蕴含着一些有价值的信息，于是记者抓住这个关键词进行了追问。追问不仅具有深入挖掘信息的功能，而且还能控制采访走向，丰富采访内容。

第二节　电视新闻现场报道

电视新闻现场报道是电视新闻纪实魅力的集中体现。电视新闻现场报道提供了更加丰富多元、更加集约化的信息结构，也提供了更加人性化、个性化的报道方式，因此受到观众的广泛欢迎。与此同时，电视观众也乐于看到他们熟悉的新闻主播、新闻主持人走出演播室亲临新闻现场报道新闻带给他们的亲切感和参与感。可以说，电视新闻现场报道已经成为电视新闻不可或缺的组成部分；进行电视新闻现场报道也是新闻主播和新闻主持人非常重要的业务能力。

一、电视新闻现场报道概述

（一）定义

电视新闻现场报道是电视报道者置身于新闻现场，面对摄像机镜头，以目击者、参与者、体验者、采访者的身份，向观众描述新闻现场，叙述新闻信息，采访新闻人物，点评新闻事件，并同时伴以图像报道的一种方式。上世纪90年代初开始的央视新闻改革中，增加现场报道是其中一项重要举措。

在现场报道中，报道者的语言传播突破了现场画面不能表现过去事件和抽象概念等时空局限，使得新闻报道既立足于现场，又可能有广泛丰富的延伸。与一般电视新闻相比，由于报道者的介入和新闻现场的展现，电视新闻现场报道更具有参与感和纪实性。

■ **关键术语**

电视新闻现场报道是电视报道者置身于新闻现场，面对摄像机镜头，以目击者、参与者、体验者、采访者的身份，向观众描述新闻现场，叙述新闻信息，采访新闻人物，点评新闻事件，并同时伴以图像报道的一种方式。

（二）类型

1. 按播出时间和传播方式划分

现场报道可分为现场直播和录像播出两种方式。

直播的现场报道的意义在于它的共时性，摄像机代替观众的眼睛目睹正在进行的事件，观众与报道者共同经历正在发生的事件过程，共同面对未知，应对偶发，极大地满足了观众亲眼目睹、共振共感的好奇心和求知欲。现场直播电视新闻报道成本较高,对个人的业务能力和团队协同能力的要求也非常高。

录播的现场报道虽然时效性不如直播,但设备精简,人员精炼,灵活机动,成本低廉,通常仅需一位现场出镜报道者、一位电视摄像就能完成任务。工作中,现场报道如不满意,还有机会再次拍摄,甚至设计多个报道方案逐一拍摄,供后期编辑时选择使用,因此录播的现场报道是电视新闻报道工作中广泛采用的方式。

2. 按新闻事件类型划分

现场报道可分为可预测性现场报道和突发性现场报道。

对可预测性事件进行现场报道是较为常见的报道方式。所谓可预测性事件,即提前知道时间、地点、内容等的事件。对于报道者来说,由于可预测,因此可准备。对现场报道的准备是多方面的,至少包括:背景材料准备、报道流程准备、相关技术设备准备和充分的心理准备。

突发性事件现场报道就是报道者在突发性事件现场,面对摄像机对突然发生的事件作出及时的现场报道。由于事件突发,报道有不可预知性,很难充分作有针对性的准备,这要求报道者有敏锐的新闻感觉、很强的应变能力和语言表达能力。突发性现场往往可遇不可求,在新媒体环境下,对突发性事件现场做出第一反应的,往往不是电视台的专业人士,而是手持智能手机的普通人。UGC 内容(User Generated Content,用户原创内容)与 PGC 内容(Professional Generated Content,专业机构生成内容)的并存、兼容和互动,成为移动互联时代新的媒介景观。

▌背景延伸

UGC 是"User Generated Content(用户原创内容)"的缩写。在一些组织中也将其称作 UCC(User Created Content)。UGC 的概念最早起源于互联网领域,即用户将自己原创的内容通过互联网平台进行展示或者提供给其他用户。UGC 是伴随着以提倡个性化为主要特点的 Web2.0 概念兴起的。UGC 并不是某一种具体的业务,而是一种用户使用互联网的新方式,即由原来的以下载为主变成下载和上传并重。YouTube 网站可以看作是 UGC 的成功案例,社区网络、视频分享、博客和播客(视频分享)等是 UGC 的主要应用形式。

(三)新闻现场中的报道者

电视新闻现场报道中的报道者可以是记者,也可以是新闻播音员、新闻主播、新闻主持人,只要他们具备相关业务能力,能有效完成这一任务的便是合格的报道者。在电视新闻现场报道中,报道者除了结构信息秩序,还需要将新闻事件的现场情况、事态发展、新闻背景交代清楚,不但使受众看得清楚还要听得明白。这就要求报道者不仅要有很强的新闻敏感,还要有很强的语言组织能力和语言表达能力、过硬的心理素质和良好的文化素养。

兼具新闻素质和出色的语言能力的电视新闻主播、主持人往往是电视新闻报道的理想人才。经常在新闻现场报道中锤炼业务的新闻主播和主持人不但能不断优化知识结构和能力结构，建立更有新闻质感的品牌形象，而且新闻主播和主持人所特有的品牌效应更能彰显新闻的重要性和吸引力，优化传播效果。

二、电视新闻现场报道的功能

(一)以现场为依据对新闻事实进行多角度解释、说明

现场报道不但报道鲜活的现场信息，而且能突破现场画面不能表现过去事件和抽象概念等时空局限，使得新闻报道既立足现场，又有所延伸。报道者对相关情况的说明、相关背景的阐释和多角度的信息梳理丰富了新闻内容，使报道更加立体、丰厚。

(二) 以人为本，全息体验、全方位传达新闻现场信息

现场报道的第一要务是报道现场的情况。由于报道者的介入，电视报道不但可视可听，而且更加可感，可以报道者的全息体验为内容，全方位传达新闻现场的信息。善于观察并传达现场信息的报道者会调动多种感官体验现场，触摸、测量、品尝，或者深吸一口气体会空气中的芬芳，或者一边用纸巾遮掩口鼻一边告诉观众这是呛人的硝烟……观众期待报道者以人为本，带来全方位的信息和体验。

(三) 通过现场采访拓展新闻内容，丰富报道形式

现场人物是现场信息的重要组成部分，也是最鲜活的元素，报道者如能选择合适的采访对象进行现场访问，可有效拓展新闻内容，丰富报道形式。

关键术语

电视现场采访是电视现场报道的形式之一。报道者在新闻事件现场，对事件的目击者、当事人或有关人士进行访问，通过与采访对象的现场对话，使电视新闻报道的内容深化。[1]

现场报道中的采访一般比较简短，要求选择具有典型性和代表性的采访对象。

记者的问题具体、针对性强，同时要把聆听、观察、思考和报道结合起来。

(四)通过现场短评表达新闻观点

现场报道以传达事实性信息为主，现场信息、新闻背景、新闻解析等内容在一个有机结构中顺序呈现后，往往水到渠成引向新闻观点的形成或深化。报道者可通过现场短评表达新闻观点。现场短评从现场新闻事实出发，具有主题的延展和深化作用，生动自然，

---

[1] 赵玉明、王福顺主编:《广播电视词典》，北京广播学院出版社1999年版，第105页。

时效性强,往往能形成有效的落点和现场报道的亮点。

(五)组织信息秩序,结构新闻节目

新闻现场是三维空间,诸多信息同时呈现。如何有效选择现场信息,并结合必要的场外信息形成信息的有效集约?如何去粗取精、繁简适宜地进行信息筛选?如何按照电视媒介线性传播特点安排信息呈现的先后顺序,形成一环紧扣一环的流程,更好地适应人们通过视觉、听觉接收和理解新闻事件的习惯?这些组织信息秩序、结构新闻节目的功能传统上是后期电视编辑的工作,但在电视现场报道中,由于报道者强大的能动性,在现场就成为组织信息秩序、结构新闻节目最自然、最灵活、最能动的元素。

观众总是由报道者带领着在现场看这看那,通过报道者的介绍了解到相关背景,并跟随报道者的指引观察更多有意义的细节,也许还通过报道者的采访认识了相关人物,获得新的认识和看法……这一切经过精心选择安排,在有限时空中顺序展开。因此,电视新闻现场报道不但呈现新闻信息,而且组织信息秩序、结构新闻节目,既起到了电视采访的信息收集作用,又具有电视编辑的结构性功能。

■ 案例精选

玉树大救援

演播室导语:震后第六天,医疗救助已经成为最重要的工作。第二炮兵救援部队在格尔萨广场搭建了震区首个帐篷医院,接治了大量伤员。我们来看看本台记者张泉灵刚刚从现场发回的报道。

(现场镜头从格萨尔广场的标志性雕塑摇至报道者。央视记者张泉灵以一个帐篷医院为现场背景开始报道)

张泉灵:我们现在的位置叫格萨尔广场。我们现在来看一看这一片帐篷区,它非常大,大概有80个帐篷左右。它不仅是个医疗的救助点,而且是一个综合救助点,可以有850个受灾群众在这里居住。而且最让人羡慕的是这里能提供一天三餐热饭,在这个广场的周围大概一天可以提供1800人吃饭。到现在为止,二炮的这个医疗救助点从14日开始就已经救治了2100多人,其中有62个是重伤员,而且好消息是到现在为止全部救活了。我想在这样的地震灾区,在这样一个废墟上,"活着"是最具有力度的两个字。

(张泉灵边走边说,镜头跟随她进入一个帐篷医院,一位医护人员正在照看一个襁褓中的婴儿)

张泉灵:说到废墟上的生命,我还想带大家去看一个小生命,非常给人希望的一个小女孩。前两天还没有名字。睡着了吧?宝宝睡得真香啊,还笑呢,睡梦中还笑呢……现在孩子的情况是母亲遇难了,父亲受伤而且是重伤,已经转到西宁市去了。

(张泉灵与医护人员短暂交流并采访医护人员)

医护人员:我们现在就是尽量给她创造良好的条件,一个是空气对流啊,一个是避免交叉感染啊,我们也是想尽快地让这孩子脱离这种环境,不过现在还没有条件。

张泉灵:现在还没有这个条件。希望孩子爸爸的伤赶紧好。前两天孩子还有点黄疱,现在看上去好多了?

医护人员:好多了,我们带来葡萄糖水给她喝。

张泉灵:另外告诉大家一下,现在这个孩子有了一个新的名字。昨天在孩子奶奶强烈的要求下,护士大夫给她起了个名字叫作——

医护人员:金珠拉毛。

张泉灵:金珠是解放,拉毛是仙女,因为这是一个解放军救的小仙女。看,孩子睁开眼了,睁开眼看看……刚才孩子微笑着睁开眼。看到孩子的笑容,让我觉得这是废墟上最温暖的镜头。

案例分析

这是2010年玉树地震大救援期间《新闻直播间》和《中国新闻》中播出的现场报道。短短2分06秒的现场报道紧紧围绕"救助生命"这一主题展开。张泉灵的第一个报道段落介绍了救援中心救治受灾群众的总体情况,突出了"热饭"的细节和"全部救活了"的重点。精心调度转场后的第二个报道段落聚焦救助小婴儿的故事,现场采访、现场交流简短有效。"看到孩子的笑容,让我觉得这是废墟上最温暖的镜头"与上一段落中的短评"在这样一个废墟上,'活着'是最具有力度的两个字"相呼应,使报道主题的表达具体、鲜明。报道信息点面结合、整体结构完整流畅,现场信息充分、生动、鲜活。

要点小结

电视新闻现场报道的功能:

1. 以现场为依据对新闻事实进行多角度解释、说明。
2. 以人为本,全息体验、全方位传达新闻现场信息。
3. 通过现场采访拓展新闻内容,丰富报道形式。
4. 通过现场短评表达新闻观点。
5. 组织信息秩序,结构新闻节目。

三、电视新闻现场报道的准备与呈现

如前所述,电视新闻现场报道是将新闻信息收集、整理、表达并形成节目的集约工作,要完成短则几十秒,长不过几分钟的电视新闻现场报道需要作多方面的准备,而现场报道的准备与呈现往往一气呵成,时效性极强。

(一)明确报道主题,确定报道重点

成熟的新闻报道并非事实和信息的堆砌或随意呈现,而需要有明确的主题,即核心的报道内容。新闻现场可能有丰富的信息,却不一定有明确的报道主题,这就需要报道者在了解新闻事实的基础上,明确报道主题,确定报道重点。

（二）收集现场素材，筛选报道内容

新闻主题是电视新闻现场报道的内在逻辑线索，围绕这一线索，相关内容逐一呈现，形成内容充实的报道。现场是新闻报道的起点和重要内容，报道者需要充分收集现场素材，去粗取精，筛选出适合报道的内容。

（三）体现媒介特点，确定报道方式

报道内容如何呈现才能打动人心？需要观照"电视"的媒介特点和"现场"的时空因素。充分利用画面的直观可视性，充分强调素材的现场鲜活，是确定电视新闻现场报道方式的逻辑起点。对典型场景的选择、对典型实物的介绍、对典型细节的发现，都是最富于媒介特点和现场特点的报道方式。

（四）全面整合信息，组织报道结构

现场信息、背景资料、场外信息、新闻现场拍摄、报道者的口头报道、现场采访……这些都可能成为报道内容的组成部分。它们仿佛是一团麻，需要梳理成线，以符合电视媒介的线性传播特点。报道者在出镜报道之前，需要将信息全面整合，形成清晰的报道思路，甚至完整的报道结构。

▌案例精选

开罗街头动荡　气氛紧张

演播室导语：虽然穆斯林兄弟会和埃及总统穆尔西的支持者取消了27号的声援集会，但反对派还是发起了大规模的示威游行。27号当天许多学校宣布放假，一些工厂和商店也关门歇业。从下午开始，大批示威民众开始在开罗市中心聚集，并与警方发生了冲突。下面来看本台记者从现场发回的报道。

（记者杨春在埃及开罗的西蒙娜广场中心开始报道）

杨春：这里是开罗的西蒙娜广场。自从埃及发生这场危机之后，这里就成了示威者和军警对峙冲突的一个主要场所。

（镜头推上，记者向观众示意自己带着的围巾，继续报道）

杨春：来到这里一个最典型的特征，就是很多人都戴着围巾、戴着口罩，因为空气中弥漫着一种催泪瓦斯的味道。你不得不时刻捂住自己的鼻子，因为眼睛、鼻子、嘴巴里有一种苦涩的味道，甚至感觉有些无法呼吸，严重的时候你的脸都有些麻木。今天，也就是27号，虽然最高司法委员会和埃及总统穆尔西各自做出一些和解的姿态，但是显然，大规模的冲突仍然一触即发。现在双方，这边是示威者，那边是军警，正在对峙。而下一步将会发生什么？

（镜头转场至西蒙娜广场的一侧，以示威民众为背景，记者继续报道）

杨春：仔细看一下这一张张年轻的面孔，他们都是十几、二十岁的年轻人。这一点特别令人忧虑,在这激烈冲突的背景下,很可能会有人受伤、流血,甚至为此付出生命,这是任何一个人都不愿看到的。

(镜头转场至西蒙娜广场旁边,记者穿行在熙熙攘攘的街道。一边走,一边不时与小商贩用阿拉伯语短暂交流)

杨春： 当然也不全是紧张对峙的场面。就在离对峙的中心仅仅20米的地方,这一片区域显得非常平静。可以看到这儿有各种各样卖东西的小贩,最常见的是卖口罩的,这显然是为了防止催泪瓦斯;还有卖国旗的,这当然是为了表明自己的政治立场;卖吃的也少不了,如果你喊累了,扔石头扔累了,可以在这儿买个烧饼尝一尝。

(短暂平静很快就被打破,示威现场冲突才是常态。镜头中,人群开始骚乱,拥挤着跑动开来。记者跟随人群,一边跑一边继续报道)

杨春： 这个时候往往就是你最恐慌的时候,因为军警正在发射催泪瓦斯。所以现在唯一的念头就是：赶紧跑……又来了一枚,这时候我们最好退出这个区域……

(记者来到距西蒙娜广场不远的解放广场,俯拍镜头记录了站在人群中记者的报道)

杨春： 相对于刚才西蒙娜广场的紧张对峙,解放广场就显得平静了许多。反对派的各路人马都将从这里出发,到开罗各处参加示威抗议活动。解放广场上人是越聚越多,大规模的示威游行不可避免。人们唯一希望的是：示威游行不要演变成暴力对抗,流血牺牲越少越好。

案例分析

这是中央电视台新闻频道2012年11月28日播出的《记者观察》,反映了埃及因国内政治动荡,人们街头示威游行的情况。央视驻埃及记者杨春进行了现场报道,播出时长3分30秒。当时,埃及的政治动荡日渐升级,并逐渐演变成大规模示威游行,冲突随时可能发生。记者作好充分的准备,报道了这一具有突发事件动态特色,但实为预料之中的事件。报道主题为埃及的街头动荡,表达了事态发展过程和对事件的关切,也体现了人文关怀。当时开罗街头的新闻线索和新闻素材纷繁复杂,记者选择具有地标特征的西蒙娜广场为报道场景,以对峙、短暂平静、冲突为报道重点,表现了典型的现场细节。对于空气中催泪瓦斯味道等不可视细节的描述令人印象深刻,对冲突现场的报道具有动态性,切合电视媒介特色。报道对各种现场信息做了删繁就简的整合,形成完整利落的报道结构。

要点小结

电视新闻现场报道的准备：

1. 明确报道主题,确定报道重点。
2. 收集现场素材,筛选报道内容。
3. 体现媒介特点,确定报道方式。
4. 全面整合信息,组织报道结构。

四、电视新闻现场报道的有声语言

（一）平易通俗的大众口语

电视新闻现场报道的有声语言是大众口语。在电视传播中，通俗易懂、深入浅出本来就是应当遵循的原则，置身新闻现场，在与现实融为一体的语境当中，更应强调使用平易通俗的大众口语。这既是一种有效的传播方式，也体现了传播者平等沟通、交流的态度。

（二）强调规范的精粹口语

口语的使用随着场合的变化，存在着从"极其严肃"到"十分随便"的渐变。语言学家吕叔湘将这种变化大体归纳成"庄重、正式、通常、脱略"四级。电视新闻现场报道的语言介乎"正式"与"通常"之间，与日常随意脱略的口语相比，仍有较大的加工，以讲究而不露痕迹为特点，既是通俗平易的口语，又是强调规范的精粹口语。其规范主要体现为语言表达准确、明晰、有序、简洁。只有这样方能令人一听了然，入脑入心。

（三）与现场信息紧密结合的即兴口语

多数时候，电视新闻现场报道有准备的时间。但是，有准备并不意味着机械背稿，更不意味着当现场出现与事前预料有所不同的情况时，仍然照搬既定计划、刻舟求剑。新闻现场报道以事实为依据，报道语言贵在灵活、贴切，使用与现场信息紧密结合的即兴口语。事先准备的思路、流程、提纲、稿件可能是报道的重要依据，但最根本的依据仍是新闻现场本身。

（四）体现人际特点的个性口语

电视现场报道不但呈现出新闻现场的丰富信息，而且呈现出报道者组织新闻结构的生动流程。在这一过程中，报道者的言谈举止、表达和交流也已成为新闻内容和形式的组成部分。现场报道者以人际身份走入现场，带来他们的所见所闻、所感所悟，具有鲜明的人本色彩，观众也期待看到报道者鲜活、富于个性的表达。

要点小结

电视新闻现场报道的有声语言：

1. 平易通俗的大众口语。
2. 强调规范的精粹口语。
3. 与现场信息紧密结合的即兴口语。
4. 体现人际特点的个性口语。

五、电视新闻现场报道的其他元素

（一）报道者的形象和仪态

报道者的形象和仪态是整个报道的有机组成部分，要表现出良好的风貌需要注意两个原则：一是切合职业身份，二是切合现场环境。成熟的报道者无论在怎样的环境中都能体现出新闻工作者的职业感，同时也敏于感受现场，进行灵活的调整。庆典现场和灾难现场的语境大相径庭，田间地头和大会堂也完全不同，如何穿梭于不同的现场，既够职业，又灵活得体？比较方便的办法是随时准备色彩简单素净，并能适应多种场合的职业装中的基本款式，如单色的衬衫、T恤，适合外景的夹克、风衣，适合一般内景的单色西服。有了基本款式，再以丝巾、围巾、领带作为配合环境的元素，就从容多了。

职业装的基本款式是相对保守、简洁的，必须有领有袖，鞋袜俱全（不可穿露趾凉鞋），避免短裤短裙。中性单色总比复杂花色的搭配来得容易、利落。

（二）报道场景选择

现场报道宜选择具有标志性的典型场景作为背景。典型环境既是报道的重要依据，也是画面信息不可或缺的组成部分。同时，应注意既收纳现场环境中有信息效度的典型声音，又避免杂音和噪音干扰报道语言。

（三）报道镜头调度

理想的现场报道需要体现时空的完整性，这时，长镜头是最佳选择。这要求镜头调度规划合理，起幅、落幅准确到位。如果时间允许，报道者可和摄像师一起设计镜头调度方案并进行预演，以便在拍摄时一气呵成。

■ **要点小结**

电视新闻现场报道的其他元素：
1. 报道者的形象和仪态。
2. 报道场景选择。
3. 报道镜头调度。

第三节 电视新闻评论

一、电视新闻评论播音主持定义

（一）电视新闻评论

电视新闻评论直接对新闻事实进行评论，反映电视台或记者、主持人的观点、主张，是引导舆论的重要手段。电视新闻评论要求就事论理,逻辑严密,思想深刻。与此同时,还要求充分运用多种电视语言符号和表达方式,增强其可视性。[①] 电视新闻评论是评论者或电视机构对当前具有普遍意义的新闻事件、社会问题、社会现象所持的态度、意见、观点,是电视新闻的旗帜和灵魂。与消息类新闻节目相比,评论类新闻节目的特点在于不仅摆事实,还要发议论、讲道理。

■ 关键术语

电视新闻评论直接对新闻事实进行评论,反映电视台或记者、主持人的观点、主张,是引导舆论的重要手段。电视新闻评论要求就事论理,逻辑严密,思想深刻。与此同时,还要求充分运用多种电视语言符号和表达方式,增强其可视性。

(二)电视新闻评论播音主持

电视新闻评论播音主持,是指在电视媒体中新闻评论节目播音员主持人通过有声语言和副语言来完成的语言符号传播工作,既包括播音员主持人依据稿件的新闻评论播音,也包括播音员主持人依据素材进行的新闻评论主持。

二、电视新闻评论播音主持类型

(一)电视新闻评论播音

电视新闻评论播音,是指电视新闻播音员通过出图像或配合画面的口播形式对社论、评论员文章等评论体文字稿件进行播读的有声语言再创作。在评论播音中要体现出观点鲜明、逻辑严密、以理服人的特点。

1.社论

国内外的报刊历来对社论这一重要体裁都十分重视,新闻学家们认为社论在报刊上具有重要的地位和作用。《韦氏新国际词典》(即俗称的"韦氏大词典")关于什么是社论的解释是:"社论是一个报纸或杂志表明其总主笔或领导人意见之文章。"社论是报刊最重要的论文,是代表编辑部的、具有指导性的论文。20世纪50年代时,我国报纸曾提出"天天有社论,版版有言论",反映新闻与社会的巨大变化。[②]

■ 案例精选

【《人民日报》社论】历史悲剧决不允许重演

本台消息:明天出版的《人民日报》将发表社论,题目是:《历史悲剧决不允许重演》。

文章说,77年前的今天,日本军国主义悍然炮轰宛平城,制造了震惊中外的"七七

---

① 赵玉明、王福顺主编:《广播电视词典》,北京广播学院出版社1999年版,第108页。
② 仲富兰:《广播电视评论教程》,复旦大学出版社2007年版,第23页。

事变"。中华儿女经过8年浴血奋战,赢得了中国人民抗日战争的伟大胜利。这是中华民族在伟大复兴征程上的重大转折,为世界反法西斯战争的胜利作出了不可磨灭的贡献。

文章说,70多年过去,正义与邪恶的较量并未结束。现实警醒我们,日本右翼势力有扩展泛滥的趋势,日本军国主义有死灰复燃的危险。这不仅是对历史真相和公理正义的公然蔑视,更是对战后国际秩序的蓄意破坏。

文章强调,今天,我们纪念全民族抗战爆发77周年,是为了尊重和维护历史的真实性和严肃性,捍卫人类的尊严和良知;是为了从历史中汲取智慧启迪,坚定不移走和平发展道路、坚定不移维护世界和平。中国人民将以最大的决心和努力,坚决捍卫世界反法西斯战争胜利成果,坚决维护国家安全和地区和平稳定。决不允许军国主义卷土重来,决不允许历史悲剧重演。

(中央电视台《新闻联播》2014年7月6日播出)

【新闻背景】首都各界7月7日上午隆重纪念全民族抗战爆发77周年

本台消息:今年7月7日是"七七事变"77周年纪念日。明天上午,党和国家领导人将前往中国人民抗日战争纪念馆,同首都各界代表一起,隆重纪念全民族抗战爆发77周年。届时,我台综合频道、新闻频道、中文国际频道以及英语、西班牙语、法语、阿拉伯语、俄语等外语频道将进行现场直播,敬请收看。

(中央电视台《新闻联播》2014年7月6日播出)

案例分析

以上"案例精选"是中央电视台《新闻联播》播出的一则《人民日报》社论,"新闻背景"是本条社论之前播出的一条口播消息,二者之间的关联能够让受众感知到《人民日报》社论的播发事出有因,如果没有之前报道的《首都各界7月7日上午隆重纪念全民族抗战爆发77周年》作为由头,就不会有之后题为《历史悲剧决不允许重演》的《人民日报》社论。

2. 评论员文章

评论员文章,既非个人署名的一般性文章,又不代表整个编辑部,好像只是编辑部某个评论员的文章,有比较大的灵活性;它既有一定的官方色彩,又不完全代表官方,写作上可以自由一些,文章选择的角度可以小些,论述得可以深入一些。其规格和权威性介乎社论与短评之间。在20世纪五六十年代,这类评论常取"观察家评论"这种形式。①

案例精选

【新华社评论员文章】缅怀不朽的身影　铭记永恒的呼唤

本台消息:新华社今天播发评论员文章《缅怀不朽的身影　铭记永恒的呼唤——写

---

① 仲富兰:《广播电视评论教程》,复旦大学出版社2007年版,第24页。

在焦裕禄同志逝世50周年之际》。

文章说，历史的一幕是这样震撼人心：50年前，兰考百姓洒泪送别他们的好书记，无数人深受心灵上的洗礼。50年后，一股热流再次在中华大地上涌动：努力做焦裕禄式的好党员、好干部，这是习近平总书记发出的有力号召；学习弘扬焦裕禄精神，成为党正在开展的教育实践活动贯穿始终的一条红线。

因为一种精神，人们记住了一个"榜样"：县委书记的榜样——焦裕禄。因为一个榜样，社会多了一份坚定的守望。这就是榜样的无穷力量，也是一个社会最为深切的期待与呼唤。

（中央电视台《新闻联播》2014年5月13日播出）

【新闻背景】缅怀不朽的身影　铭记永恒的呼唤——写在焦裕禄同志逝世50周年之际

50年，一个猝然远去的瘦弱身影，并没有被岁月阻隔，仍一次次向我们走来，激荡起人们情感的波澜。

42岁，一个匆忙短暂的人生书写，蓦然成为一个时代的杰作，在亿万人心中唤起持久的共鸣。

一种生命，可以蕴含怎样的能量；一种精神，能够焕发怎样的光彩——焦裕禄用自己的精彩人生，几代人用不变的坚定追随，给出了一个发人深省的答案。

"把泪焦桐成雨"。历史的一幕是这样震撼人心：50年前，兰考百姓洒泪送别他们的好书记，无数人深受心灵上的洗礼。50年后，一股热流再次在中华大地上涌动：努力做焦裕禄式的好党员、好干部，这是习近平总书记发出的有力号召；学习弘扬焦裕禄精神，成为党正在开展的教育实践活动贯穿始终的一条红线。

几天来，成千上万人在焦裕禄纪念陵园凝神驻足，鞠躬肃穆……不同的时空环境，共同的尊崇敬意，传承了一份深沉的思想情感，更传递着一种强烈的时代呼唤。

岁月如河。50年的时光浪花，足以淘洗去生活中的许多记忆，而沉淀下的必定属于值得珍藏与铭记。"亲民爱民、艰苦奋斗、科学求实、迎难而上、无私奉献"——焦裕禄留给后人的宝贵精神穿越时空，历久弥新。

因为一种精神，人们记住了一个"榜样"：县委书记的榜样——焦裕禄。在他身上，人们看到，一个"心中装着全体人民，唯独没有他自己"的公仆形象，一种"敢教日月换新天"的英雄气概，一种"任何时候都不搞特殊化"的思想境界……归根到底，人们看到，一种叫作"人心"的力量，可以让百姓为之生死相依，让漫漫沙丘变为"千顷澄碧"。

因为一个榜样，社会多了一份坚定的守望。当焦裕禄用那份情怀与高尚升华了自己，也感动了一个时代，照亮了无数人心灵。他让很多人在心中选择了"信念"和"坚守"：在坎坷中依然坚信党的伟大；在艰难中依然看到希望光明；在曲折中依然选择相信未来……这就是榜样的无穷力量，也是一个社会最为深切的期待与呼唤。

星移斗转。50年岁月，多么巨大的时空变化：贫瘠荒凉的沙丘盐碱和不断丰富的物质繁荣，艰辛坎坷的苦苦摸索与活力四射的变革前行……50年后，我们应当从焦裕禄身上找寻怎样的启迪？今天的我们又能给后人留下什么？这些何尝不是摆在我们所有人面前的时代追问!

缅怀中饱含冷静,缅怀才更显价值;纪念中不忘深省,纪念才更加有力!

斯人如磬,当时时叩问为政者心中"民"字的分量。曾经,一幅"莫道百姓可欺,自己也是百姓"的对联,不过是那个时代的"空谷足音"。而一句"我是您的儿子",则践行着一个共产党人全心全意为人民服务的根本宗旨。毋庸回避,半个世纪潮起潮涌,大浪淘沙。当下,一些党员干部与人民群众的距离越来越远。以"老爷"自居视百姓如草芥者有之,以当官发财为追求大肆贪腐者有之,罔顾群众呼声侵犯合法权益者有之……当心中的"人民"二字被一己之私取代,何谈亲民爱民,更奢言忠诚信仰。

斯人如镜,映照出几多时弊歪风。一张破旧藤椅不损公德威信,一幢豪华大楼反倒会疏远公道人心。以焦裕禄为"镜",照出当下多少形式主义、官僚主义、享乐主义、奢靡之风的沉疴痼疾。对作风之弊、行为之垢来一次彻底的大清扫,以焦裕禄精神为标杆,认清"为了谁""依靠谁""我是谁",党员干部才能答好群众路线教育实践活动的考题。

万物速朽,而精神永在。全面深化改革的当代中国,正在开启又一次的出发。此刻,我们比任何时候都更接近中华民族伟大复兴的梦想,我们比任何时候都更需要凝心聚力、激浊扬清的精神力量。当舍己为民的公仆情怀、探求就里的求实作风、迎难而上的奋斗精神和廉洁自律的道德情操成为全党的自觉意识和自觉行动,当核心价值观成为全社会的浩荡主流,谁能说,这不是一个民族最为强大、最可倚靠的前行力量!

"绿我涓滴,会它千顷澄碧"。深深扎根于人民群众的丰厚沃土,一个先进政党的执政之树,必定会屹立挺拔、万古长青!

(文字来源:新华网)

> 案例分析

以上是一个评论员文章的例子。"案例精选"前者是中央电视台《新闻联播》播出的口播稿,后者是口播稿所参照的原稿。由于电视新闻的特性以及新闻篇幅所限,这篇新华社评论员文章进行删改后形成了适合电视新闻口播的稿件。电视口播稿虽然篇幅短小,但是原文所具有的舆论宣传的力量均蕴含其中。

3. 本台评论

"本台评论"是电视台以本台名义撰写、制作和播出的最高规格的新闻评论,相当于报纸的"社论"。这种评论主要用来阐述具有全局意义的重大论题,如党和政府的重大决策、部署和方针政策,社会瞩目的重大新闻事件或社会现象、社会问题。论题的全局意义不等于全国意义,而是相对于本台的覆盖范围而言的。各级电视台都可以从本台覆盖范围的实际出发,恰当其时地撰写、播出自己的本台评论。一般以口播(即将文字转化为声音)的方式播出。[1]

---

[1] 赵玉明、王福顺主编:《广播电视词典》,北京广播学院出版社 1999 年版,第 108 页。

案例精选

【本台评论】整顿作风 从小处抓起

"四风"改头换面转入地下,既证明了反"四风"的威慑力,也说明还有人心存侥幸。这样的小聪明,糊弄不了群众,逃不过越来越严密的全方位监督。整顿作风是艰巨的长期工程,之所以盯住小小一块月饼,就是要从小处抓起,从细节抓起,从习以为常、见惯不怪的人情往来抓起,建立起一种清新健康的新时代君子之交,培育出符合社会主义核心价值观的党风政风和社风民风。坚持一个节点一个节点地抓,扭住不放松,体现的是一种不妥协、不懈怠、不刮一阵风的坚定态度。中秋节皓月当空,一肩明月两袖清风,应当成为我们永恒的节操。

(中央电视台《新闻联播》2014 年 7 月 24 日播出)

【新闻背景】中秋国庆前夕 警惕隐蔽"四风"抬头

随着中秋、国庆两节的临近,一些"四风"问题改头换面,不断翻新花样,日趋隐蔽化。近日记者发现,网络上出现了不少月饼推销的广告,不少销售月饼的网店甚至表示可以开出单位能够报销的发票,对此记者进行了调查。

记者在网上输入"买月饼"等关键词,立即出现了很多团购、批发中秋月饼的信息。记者随机进入了几家网站,发现销售的月饼品牌繁多,价位也从几十到几百不等,除了有实体的月饼礼盒外,不少网站还销售月饼的提货卡和礼品册。记者咨询了网站的商家,购买这些礼品的发票可以随意开具。

此外,不少商家表示,购买的月饼、提货卡、礼品册等都可以快递上门,要是不方便,可以把提货卡的卡号密码发到手机上,凭短信就能到店里领取月饼。

去年中秋前夕,中央纪委下发了关于严禁公款送月饼等节礼的通知。一年来,各级纪检监察机关从具体问题抓起,坚持一个节点一个节点地抓,锲而不舍纠正"四风"。

中央纪委监察部网站公布的信息显示,2014 年 3 月至 5 月三个月,全国查处的违反"八项规定"精神问题分别为 3275 起、3891 起、4979 起,给予党纪政纪处分的人数分别为 1134 人、1652 人、1998 人,均呈递增趋势。

这一方面反映了各地区各部门不断加大执纪监督力度,成效明显。但另一方面也反映了一些党员干部在高压之下仍然心存侥幸、顶风违纪,仍不收敛不收手。

今年中秋、国庆两节将近,如何防止公款送节礼等"四风"问题反弹,正需要各级党委切实履行党风廉政建设主体责任、纪委担负起监督职责。

(中央电视台《新闻联播》2014 年 7 月 24 日播出)

案例分析

以上例子是中央电视台《新闻联播》播出的一条消息以及编后的本台评论,其中"新闻背景"中的《中秋国庆前夕 警惕隐蔽"四风"抬头》播出在前,"案例精选"中的《整顿作风 从小处抓起》播出在后,前者是一篇新闻报道,后者则由此而生发的本台评论;前者通过记者的调查客观地反映了现实问题,后者则是高屋建瓴地加以主流舆论导向的引导,形成了互为补充又有所提升的新闻报道和舆论宣传。

4. 编后话

编后话是附于新闻报道或其他文章之后播出的一种画龙点睛式的评论。属于以本台名义播发的微型评论,兼具类似报纸的"编者按语"和"编后"的表现功能,既可以像"按语"那样只作论断而不具体论述,也可以像"编后"那样有所发挥。二者表现方式有所不同,但都着眼于通过适当提示,引起受众重视,启发他们思考、联想和寻求解决问题的办法。多用于阐述某些一点就明或处于萌芽状态但须提醒人们注意的问题。写作上力求内容精练、语言简洁;即使需要叙事、议论或抒情,也应适可而止、避免繁冗。新闻节目编后话,一般由播音员口播。用于新闻性专题的编后话,有时还可以作为解说词或串联词的一部分播出;这种编后话除表明对于事物的看法和态度以外,实际上还具有承上启下、增强节目整体感的结构功能。①

案例精选

【编后话】

新常态,意味着经济领域的新国情,我们需要辩证看待中国经济所处战略阶段;新征程,意味着经济发展的新标准,我们要靠改革创新提升发展质量。中国经济要靠调整气血、强韧筋骨,换来长远后劲和广阔前景。新常态需要新思维,新征程催生新动力,这一篇大文章,要从观念革新起笔。请继续收看《新常态 新征程》第二集《攻坚克难 打好转方式调结构持久战》。

(中央电视台《新闻联播》2014 年 8 月 13 日播出)

【新闻背景】新常态 新征程——中国经济正在步入新常态

速度换挡,GDP 增速稳定在 7.5% 左右调控区间;动力切换,消费超过投资拉动经济增长;结构升级,服务业增加值占比继续超过第二产业;民生改善,居民收入持续提升。中国经济正在步入新阶段。如何遵循经济规律实现科学发展?如何遵循自然规律实现可持续发展?如何遵循社会规律实现包容性发展?以习近平同志为总书记的党中央带领全党全国人民正在砥砺前行,主动适应新变化,抓住发展平衡点,寻找改革突破口,踏上经济持续健康发展的新征程。《新闻联播》今天起推出系列报道《新常态 新征程》,今天播出第一集《中国经济正在步入新常态》。

7.4%,这是中国经济今年上半年交出的答卷,从 2012 年一季度开始,中国的经济增速已经连续十个季度在 7.5% 的区间波动。常年和经济数据打交道的国家统计局新闻发言人盛来运,至今还记得 2012 年一季度 GDP 增速滑落到 8% 以下时,被媒体追问的情景。

舆论普遍期望着中国经济能够再次回到 10% 以上高增长区域。的确,改革开放 30 多年里,中国经济除了有限的几次 GDP 增长速度短暂低于 8% 以外,几乎都在 10% 的高

---

① 赵玉明、王福顺主编:《广播电视词典》,北京广播学院出版社 1999 年版,第 109 页。

速增长轨道上。但是国务院发展研究中心的一个课题组发现,从2010年开始的经济增速回落,不同以往。

刘培林说,改革开放30多年,中国经济快速增长,地位不断提升,从一个低收入国家,成功走过下中等收入、中等收入的发展阶段,并在2010年跨入上中等收入国家行列。但是近些年来,由于劳动力、土地等供给要素增长速度放缓,以及需求空间明显减少,支撑中国经济高速增长的潜在生产率在下降。根据麦迪森数据库对各国长期经济增长数据的分析发现,通常在人均GDP达到1.1万国际元左右时,经济增长率会从高速增长阶段过渡到中速增长阶段,增长率下降幅度约30%~40%,有的达到50%左右。

不仅如此,经过30多年的高速增长,中国经济的总量已经不能和改革开放初期等量齐观,就拿2013年我国GDP增速来说,虽然只有7.7%,但GDP增量(近5万亿元)已相当于1994年全年的GDP总量,也超过了名列世界第17位国家的GDP总量。这么庞大的经济体量,让它再维持高速增长是根本不可能的。

规律从同伴身上可以借鉴到,与中国一样同属追赶型经济体的韩国,上个世纪90年代中后期,也经历了由高速增长向中高速增长的转换。速度换挡期间,韩国实施了四大方面的改革,金融改革、企业改革、政府改革和劳动力市场改革,从而成功转入中高速阶段。

那么中国经济能否平稳过渡到一个新的平台呢?持续关注中国经济发展的美国著名经济学家尼克拉迪认为,起决定性作用的是中国经济改革的步伐。

尼克拉迪说,跟两年前比较,在经济改革方面,他看到了中国更多的积极进展。的确,以改革为先手,中国正在打响一场新常态下,结构调整、转型升级的攻坚战。十八届三中全会绘制出了全面深化改革的路线图,随后一系列具体改革措施陆续出台。不仅明确了市场在配置资源中的决定性作用这一改革方向,更明确了336项全面深化改革的具体举措。这一切都在释放着新活力,激发着新动力。

摆脱了高速的纠结,党中央国务院以推进改革的方式顺应规律,以创新的宏观调控思维运用规律,着眼长远兼顾当下,科学精准,定向发力。

上半年不仅经济增速保持在合理区间;经济结构进一步优化,消费对经济增长的贡献超过投资,服务业增加值占比继续超过第二产业;民生保障扎实有力,新增就业超过700万人,居民收入在国民收入分配中的比重提升;正在步入新常态的中国经济,更有效益,更可持续,更加惠及民生。

(中央电视台《新闻联播》2014年8月13日播出)

> **案例分析**

以上"案例精选"前者是一则编后话,"新闻背景"《新常态 新征程——中国经济正在步入新常态》是在其之前播出的一则篇幅较长的专题消息。案例中的编后话正是对这则专题消息进行的画龙点睛式的评论。

(二)电视新闻评论主持

电视新闻评论主持,是指电视新闻评论主持人通过恰切的语言并辅以多样化的电视手段对新闻评论节目进程进行把握,既包括了电视新闻消息类节目当中起到串联作用的三言两语的点评,也包括了其他新闻节目形态中具有评论性质的言论。

1. 新闻消息中的串联

在一档电视新闻消息类节目中,或者一组相关联的新闻消息报道中,需要通过两三句简短的过渡性语言将几条消息串联起来,起到组合和结构新闻节目内部或者新闻消息之间关系的作用。这简短的、三言两语式的衔接、过渡的串联性语言,往往具有评论的特点,甚至直接采取评论的方式。

案例精选 1

男: 特别时间,特别事件。

女: 特别视点,特别关注。大家好,您正在收看的是北京卫视与北京电视台新闻频道同步直播的《特别关注》。

男: 在我们的节目当中啊,会报道很多锦上添花的、我们生活当中的各种亮点,而我们说,在咱们的生活当中,方方面面雪中送炭的及时雨,则更是我们要特别关注的。

女: 所以今天的头条,我们首先特别关注将于9月1日起正式施行的《北京市城市特困人员供养办法》。

男: 这个即将在几天之后施行的法律法规呢,当中就规定,政府将会负担解决特困人员的居住、养老、看病、上学等等问题,其中就要求北京市城市特困人员供养的最低标准是,各区县上年度城镇居民人均消费性支出。

女: 按照这一要求,特困人员享受到的政府补助至少是1500元。

(《城市三无人员吃住看病政府全管,每月还有零用钱》配音,略)

案例精选 2

看看日历,这七八月份的大学生毕业季,基本已过。不可回避,还有相当一部分年轻人依然苦苦寻觅着理想的工作岗位。有句话,我们没做到是因为咱们没想到。下面呢,我们就把记者在职场当中对一个全新职业的新发现报道出来,传达一个提醒吧,看看有没有年轻的朋友愿意欣然接受,至少若有所悟。

(《大学生当"管家",家政服务探索高端化》配音,略)

案例精选 3

这里是正在直播的《特别关注》,欢迎您继续收看。这两天第21届北京国际图书博览会正在北京新国展开展。在数字时代,图书出版呢,可以说受到了一定的冲击,那么图书出版需要如何来面对这种冲击,有什么新招,纸质图书是否会被电子书所取代?带着这一系列的疑问,我们记者探访图博会。

(《图博会:数字时代的冲击》配音,略)

案例精选 4

我特赞同前面一位叔叔说的,不读书就落伍了。的确是,不管是纸质图书,还是电子图书,读书的习惯不能丢,爱读书,读好书。好了,我们在来关注楼市。现在房贷利率有几折呢?我们记者调查发现,首套房9折利率重现市场,搭售理财产品已成潜规则。

(《首套放9折利率重现市场,搭售理财产品成潜规则》配音,略)

案例精选 5

前两天看一个电视节目,一对东北夫妇在舞台上模仿秀,模仿得惟妙惟肖,博得了观众的笑声掌声,也令评委大加赞赏。而他们的故事更令人动容,他们有个患自闭症的儿子,一个偶然的机会,他们发现儿子看一部电视剧的时候,似乎笑了一下。为什么说似乎呢?因为这也许是笑,也许只不过是一时的脸部肌肉的抽动。但就是这微小的一个动作,却让他们惊喜不已。于是乎,他们就千百遍地在孩子面前模仿着电视剧里的角色,希望再次收获哪怕一丝一毫的回应。我们今天就特别关注被称为"星星的孩子"的自闭症人群,今天是世界自闭症日,今年的主题:"科学干预、合理治疗、平等发展"。

案例精选 6

昨天晚上我接到了个电话,是居委会打来的,告诉我说:您父亲的老年人优待卡办下来了,明天可以去取。我当时就问了:明天不是元旦吗,你们不休息呀?人家说了:这不,怕耽误老人家的使用嘛!您瞧,说的人心里热乎乎的,在这里也向所有在节日里为了保障大家正常生活而加班加点的朋友致敬!说到这老年人优待卡,去年的时候,北京市老龄办发布了《关于加强老年人优待工作的办法》,有多项针对老年人出行、休闲、医疗等方面的优待措施。从今天开始,北京市65岁以上的老年朋友将可免费乘坐市内公交车、游览公园及风景名胜区。

案例精选 7

我们接到北京市朝阳区双桥路附近的居民打来的电话,让我们去特别关注关注他们那儿的路。什么情况?抬头低头都有情况。怎么讲?低头,这前往双桥农贸市场的人行道上齐刷刷30个铁桩子,就如同30颗大牙一样。附近的居民说呀,这些大牙经常咬人,经常有人被绊倒、被划伤,这是低头的情况。那抬头的情况呢?你说路面情况如此复杂,晚上路灯还不亮,那不是雪上加霜,又平添了几分险恶和不测?!我们这么说,就是希望有关部门赶紧安灯,赶紧拔牙。什么是实事?这就是实事。

▎**案例精选8**

眼科医生在谈到目前学生视力状况时，都不约而同用了一个词："非常糟糕！"近视眼的学生年龄越来越小，度数越来越高。原因是学习压力大，不注意用眼卫生。近来北京一些大医院近视眼手术进入高峰时段，因为这些考生要报考对视力有特殊要求的专业，临时抱佛脚，确实能立竿见影，但是眼科专家也非常中肯地提醒：手术要慎重！手术时间短，但是必须要保证一段时间的调养恢复，这对于考生来说，无疑是很难做到的。眼睛健康是一辈子的事，在治疗近视这个问题上，我们一定要有远视的考虑。

▎**案例精选9**

特别时间，特别事件，特别视点，特别关注。大家好！今天一场大型人才招聘会在老国展举办。此次招聘会由中国国际人才开发中心、北京市外商投资企业服务中心等多家机构共同主办。将有400多家企业拿出7 000多个岗位，而相当长时间内没有在招聘会上露面的三资企业这次也贴出了招贤榜。主办方介绍：此次招聘会上抛绣球的企业层次是中高端，而提供的岗位也多为中高端职位，当然了，也有很多基层岗位适合刚毕业的学生挑选。说到这儿了，有句话虽说老生常谈但绝对是金玉良言——要有远大抱负，也要审时度势，成不了直升机，咱就踏踏实实做747。怎么讲？长长的跑道，然后一飞冲天！

▎**案例精选10**

"瓜熟蒂落"本是一种自然规律，但是反映到生宝宝这个领域，这个自然规律却经常被打破。记者了解到，当前，本市各大医院的剖宫产率居高不下，很多孕妇对剖宫产的认识存在误区。其实，绝大多数产妇完全可以自然分娩。

▎案例分析

以上几则新闻消息的导语都选自北京电视台的《特别关注》。该栏目是一档以民生新闻为定位的新闻栏目，始终坚持"关注社会发展，贴近百姓生活"的宗旨，力求用特快的速度、特别的视角、特色的电视手段，突出平民化、地域性、服务性的特点，致力于真实客观地诠释新闻事件、理性细致地关注点滴生活。所以"案例精选"所选取的新闻消息的导语串联不但承上启下，而且还体现了消息之间的关联，同时还表达出了观点和态度，具有新闻评论的特色和功能。

2. 新闻主持人的评论

电视新闻节目中，尤其是在时间较长的新闻板块栏目中，主持人对某一新闻信息进行的评论，是节目主持人针对客观真实的新闻信息所作的相对个性化的评论。这种评论多以个人身份出现，代表群体意识和主流观点，直接阐明态度并引导舆论。

案例精选：

白岩松： 本周，当我们很多媒体继续关注明星吸毒时，他们当中又有人从看守所出来马上召开道歉会。道歉固然应该，但你也知道这当然也是成熟娱乐圈一个必须进行的危机公关程序。不过这个时候一个数字如果同步公开，您是否还会以娱乐之心看待明星吸毒与例行的道歉？媒体报道，根据中国公安部禁毒局公布的数据，截至今年4月底全国登记在册吸毒人员258万人，其中35岁以下的青少年占登记在册吸毒人员的75%，四分之三，是中国吸毒者当中最大的群体。这个时候你是否觉得道歉这个词听着有些刺耳？而在青年吸食毒品中，合成毒品比如冰毒占的比例相当大，而相当多的人又对此不以为毒反以为玩和时尚。这是一种什么样的危机？《新闻周刊·本周视点》关注年轻的吸毒者。

（短片）

白岩松： 时代早已进入一个偶像消费时代，"拼爹""拼钱"被人唾弃，而"拼脸"却正成为标准的时尚。长得帅或好看，犯了错甚至吸了毒，都容易引人爱怜并被快速宽容；而脸不太过得去，人们的正义感又迅速恢复，对吸毒者一片谴责之声。脸，尤其帅的脸，难道是一部新的国际公认的法律？长得好就判得轻或不判，长得不好就判重点甚至加刑？这说法很可笑，但可并非虚构。比如某帅气明星吸毒，粉丝留言：能戒毒最好，戒不了咱们粉丝帮他戒，实在不行我们供他吸。您这是害他还是爱他啊？更重要的是，在所谓"爱偶像"的时候，是不是也在悄悄地害自己？公众人物的责任和义务是什么？

（短片）

白岩松： 吸毒这种行为在法律上好界定，可吸毒的这个"毒"，却越来越千差万别，也因此容易让人产生错觉。海洛因是毒品，可大麻、冰毒不是吗？于是，近一段时间，有相当多的人跳出来说，大麻应当在中国合法化，因为它比烟和酒危害都小，在很多国家都合法化了。听着，似乎好像有说服力，可仔细一研究，除去荷兰等极个别国家，大麻都不合法，美国除去个别州，也都行不通。看样，在这个问题上，想提前"国际领先"不太靠谱。而冰毒，在一些人眼里，不是毒，而是时尚的标志。其实，从某种角度说，一些毒品的时尚化，比个别人吸毒还令人担心或恐惧，我们应该拒绝。

（中央电视台新闻频道《新闻周刊》2014年8月30日播出）

案例分析

以上案例所截取的是《新闻周刊》中子栏目《本周视点》的主持人评论。主持人的三段评论分别有着不同的作用：或者作为一组报道的开头总起，或者作为深入剖析新闻事件的衔接过渡，或者作为对当前事态的凝练总结。节目对于受众普遍关注的热点事件和人物有较为深入地调查和分析，主持人的评论在节目当中就显得尤为重要，既有形式上的串联作风，又可独立成篇，还具有解明的栏目风格和个人风格。不仅明确表达了态度和观点，而且还强调了舆论导向。

3. 对新闻图片和漫画的评述

对新闻图片和漫画的评述,这种原本属于平面期刊的评论形式,现在越来越多地被电视新闻媒体所采用,并结合电视"声画合一"的特性,赋予了新闻图片和漫画一种全新的评论方式。

新闻图片和漫画的评述可以统称为图片评述。图片评述是指评述的依据没有过多文字素材和说明,只有表现社会问题的漫画或者照片为表现形式的图片,需要评述者洞察图片信息并找到话题切入点进行口头评述。图片评述的依据多是新闻图片。广义的新闻图片主要包括:新闻照片、新闻漫画、新闻图表。而狭义的新闻图片则仅仅是指新闻照片。

新闻照片,是利用摄影技术制作完成的用于报道新近发生的事实的图片。这种最早源自于报业发展并推动报业竞争的新闻报道形式,随着电视和网络的出现和发展,到现在还依然被广泛使用着。电视图片新闻就是其中一种。图片新闻是运用单幅或多幅新闻照片组接并配以画外音解说和评述的电视新闻报道形式。

漫画这种艺术形式,是用简单而夸张的手法来描绘生活百态或时事热点的图画。常采用夸张、比喻、象征等手法,讽刺、批评或歌颂当下的人和事,具有较强的社会性。漫画评述所采用的素材多是以现实社会现象和社会问题为核心的新闻漫画,此类评述一般先要从对图片的描述和解读开始,进而对漫画所揭露和讽刺的社会问题加以评述,让原本重大和严肃的问题在相对轻松幽默的解读中加以深入剖析和舆论引导。①

■ 案例精选

"创意斑马线"

中国四大名园之一的苏州留园门口出现了一条奇特的斑马线——喷绘着沈周、唐伯虎、文徵明、祝枝山等众多江南才子的书法作品和绘画的斑马线,如同一幅精美的画卷展开在路面上。

"整体看上去显得很典雅,体现了苏州古城的文化气息。"有关人士在现场介绍说,斑马线上的5组书法都是名家所作,非同凡响。"仁爱"两字为明代大书法家沈周所写,"意蕴"为江南才子唐伯虎所写,"礼让"为明代书法家祝枝山所写,"智育"为明代大才子文徵明所写,"信悦"为明代才子徐祯卿所写。"每组书法旁的印章都是各个书法家的印章,按照原样刻印的。"

"苏州要打造属于自己的斑马线,不仅要让它成为一条安全线,还要让它成为苏州的风景线、文明线。把古代文化与现代意识相结合,让枯燥的斑马线、停车线也有属于自己城市的文化内涵。"据有关人士透露,接下来,苏州还将在城区陆续推出类似的斑马线。

---

① 仲梓源:《口头评述·模拟主持》,中国传媒大学出版社2011年版,第102页。

评论：创意斑马线其实违法　到底是去还是留？

创意斑马线，究竟合不合法？华东政法大学教授王俊民指出，从目前我国法律法规的规定和国家标准看，创意斑马线确属违法。

我国《道路交通安全法》要求，全国实行统一的道路交通信号。交通信号灯、交通标志、交通标线的设置应当符合道路交通安全、畅通的要求和国家标准，并保持清晰、醒目、准确、完好。增设、调换、更新限制性的道路交通信号，应当提前向社会公告，广泛进行宣传。在我国《道路交通标志和标线》国家标准中，人行横道线（斑马线）的设置也有明确的规定，即人行横道线应为"白色平行粗实线"，长度、宽度、间距等都有统一要求，该标准为强制性标志。显然，各式各样的创意斑马线均与这一国家标准不符。

王俊民教授表示，人们设置创意斑马线的初衷，值得肯定。这些新颖的斑马线，美化了市容市貌，提升了城市形象，增加了人们对于城市公共交通设施的关注和重视，给城市带来了新的文化气息。不过，五花八门的创意斑马线，也确实容易造成辨识困难、埋下安全隐患，进而增加城市交通管理的难度。从法律上讲，创意斑马线还有可能对我国的法制统一性造成负面影响。

统一的法律规范必须尊重，难能可贵的文化创意，也不该轻易否定。创意斑马线是去还是留？这个问题，值得人们认真思考，并找出解决之道。

（图片及文字引自《解放日报》）

新闻背景：众说创意人行横道

苏州的创意斑马线并非特例。事实上，今年以来，国内不少城市都出现了形形色色的个性斑马线：5月18日，杭州首条"爱心斑马线"在莫干山路的密渡桥路口正式启用。爱心斑马线的中间印有大大小小的红色爱心图案，写着"爱心路上，有我有你"的温馨标语。此后，杭州的8条马路上设立了爱心斑马线。6月份，一条彩色的五线谱斑马线现身哈尔滨市百年老街中央大街，线上的旋律来自一首人们熟悉的歌《太阳岛上》。7月初，西安大唐芙蓉园西门口的芙蓉西路上，出现了画有秦腔脸谱和陕西皮影的两条斑马线。而今年2月份出现在成都市的"爱情斑马线"，更以其大红底色、两颗红心、一句"I LOVE YOU"的图案，让每一个过往的行人感受到温馨和浪漫。

这些五花八门的创意斑马线，突破了千篇一律的黑白条纹，给城市道路增添了美感与新意，赢得了不少喝彩声。不过，就在上个月，当工人们按照有关部门的要求清除了西安街头所有的创意斑马线后,一个需要认真思考的问题摆到了人们面前:创意斑马线,合不合法? 交通安全与文化创意,孰轻孰重?

对于各式各样的创意斑马线,人们始终存在着不同的看法。大三学生小刘对创意斑马线持赞成态度。她说:"斑马线时尚一点、浪漫一点,有何不可? 马路上都是千篇一律的'白色杠杠',这样的城市多么单调。"周先生认为,经常在网络上看到很多国外"多姿多彩"的斑马线图片,有的设计成波浪流线,有的变成了一个巨大的遥控器,还有扶梯斑马线、脚印斑马线等等。相比之下,我们的道路斑马线就显得太过僵硬和古板了。现在,创意斑马线的出现恰恰弥补了这个不足,值得肯定。钱女士则提出了一个问题:新颖的斑马线确实很好,设置初衷也不错。问题是,这样的斑马线该怎么教小孩子识别呢? "难道今天告诉他过马路要注意看'脸谱',明天告诉他过马路要注意看'音符',后天再告诉他要看'大字'吗?"

在互联网上,网友们也意见不一。网友"河风"认为,道路交通安全标志有规范、稳定、统一的特点,无论是图形还是色彩,都不能随意更改,否则会给驾驶员、行人的识别造成混乱,酿成交通事故。网友"西门吹雪"说,花样斑马线应纠正,否则你改"斑马线",我改"禁止掉头线",他改"中心双黄线"……那样的话,道路交通规则还如何体现? 我们的交通安全也无法保障了。网友"萌萌"也认为,交通标志是严肃而实用的符号,还是应该还其本来面目。要不然,以后天津画包子、德州画烧鸡、兰州画拉面、重庆画火锅,那还不乱了套? 网友"小美"却不这么看。她说:"在我看来,时尚斑马线的次第出炉,折射出多元的时代价值和尊重人性、以人为本的现代文明精神,这是城市生活的福音。"

其实,西安的创意斑马线仅仅在两个月后就"寿终正寝"了。当西安秦腔脸谱斑马线出现后,陕西臻理律师事务所的赵向阳律师和他的同事查阅了《道路交通安全法》,一致认为,创意斑马线的出现已构成违法。为此,他们写下一份《关于请求纠正"创意斑马线"问题的函》,分别寄至公安部交通管理局、陕西省公安厅交警总队、西安市交警支队等三部门,请求对各地设置创意斑马线的做法予以纠正。

(图片及文字引自《解放日报》)

案例分析

以上例子当中,"案例精选"的图片配以相关新闻消息的报道,成为这则新闻图片评论的由头。结合新闻消息的相关文字报道来简短地描述一下在苏州留园门口所拍的这张创意斑马线的照片,作为后面评论的依据。

接下来的评论部分《创意斑马线其实违法 到底是去还是留?》明确了评论的角度和观点,试图用几百字的篇幅对此做一个凝练的评述。那么这一则评论除了由之前提供的新闻图片和新闻报道作为支撑外,还有哪些相关新闻呢? 在新闻背景《众说创意人行横道》中,就从多个案例和不同人群等角度对此进行更为全面的分析和阐述,这些共同构成了最终评论的观点和依据。

案例精选

人祸?

就在一些地方正积极抗旱之际,湖南湘西却曝出令人痛心的抗灾事:去年湘西土家族苗族自治州泸溪县白羊溪乡部分田地绝收,村民不得不买米维生。然而,120袋救灾大米却在闲置一年后霉变。当被问到为何不及时发放时,当地乡干部竟回答:"分不好,太少了。"

(漫画《人祸?》,作者:徐骏)

评论:媒体评救灾大米发霉:要责任心发霉的干部何用?

一边是受灾村民等米下锅,一边是120袋救灾大米闲置一年后发霉。当地乡干部在解释原因时,竟然振振有词地称:"分不好,太少了。"日前曝光的湖南湘西土家族苗族自治州泸溪县白羊溪乡这起事件让人无语。

白羊溪乡去年因遭遇大旱,村民口粮普遍难以自给,当地红十字会捐赠了一批大米。在湘西州政府网站上,至今仍可看到这样的描述:"面对严重的灾情,白羊溪乡党委、政府为百姓分忧解难,经过多方努力,终于争取到湘西州红十字会的援助。"

然而,就是这批"多方努力"争取援助的120袋大米,却在被闲置整整一年后发霉、生虫,无法食用。当地知情人介绍,要将120袋大米平均分配到3个村,难以保证每家每户分到一袋米。当地干部害怕分配中村民们"不患寡而患不均",因此选择了封存这120袋大米直至其发霉变质。

120袋大米怎么分真有这么难吗?如果觉得袋装米无法平均分配,是不是可以考虑拆散后分配?或者是优先发放给困难群众?再不济也能退回捐赠者,让他们捐给更需要的人。

透过120袋救灾大米发霉事件,人们看到的是某些干部身上的官僚主义、慵懒作风,看到的是他们那颗发了"霉"的责任心。眼看着灾民等米下锅,却让救灾大米闲置发霉,人民群众要这样的干部何用?

(文字来源:正义网,作者:谭畅)

新闻背景:湘西村民等米下锅　120袋救灾大米却闲置一年发霉

新华网长沙8月1日电(记者谭畅)　就在一些地方正积极抗旱之际,湖南湘西却曝出令人痛心的抗灾事:去年湘西土家族苗族自治州泸溪县白羊溪乡部分田地绝收,村民不得不买米维生。然而,120袋救灾大米却在闲置一年后霉变。当被问到为何不及发放时,当地乡干部竟回答:"分不好,太少了。"

今年7月30日,湖南《电视问政》节目组进行录制。一些地方政府主要负责人走进演播大厅,接受社会问政。这一节目由湖南省委党的群众路线教育实践活动办公室主办。湘西州政府负责人了解到上述情况后,承诺整改。

《电视问政》节目组暗访显示,白羊溪乡去年遭受严重旱灾,田地普遍减产甚至绝收,部分村民不得不从外地购买大米维持生计。然而,在乡政府的文体广电站办公室内,却有120袋大米在闲置一年后霉变、生虫,无法食用。

记者看到,这批大米整齐摆放在办公室内,全部没有开包,包装袋上面的日期写着2013年8月15日。据了解,这批大米是红十字会在湘西州去年遭遇特大旱灾之后,捐给白羊溪乡的救灾大米,应发给3个村。

调查显示,去年6月到8月,泸溪县遭遇严重旱灾。截至2013年8月13日,全县因干旱农作物受灾面积26万多亩。经过多方努力,白羊溪乡终于争取到湘西州红十字会的援助。

白羊溪乡白羊溪村村民表示,去年干旱影响了大半年,大部分农田都绝收了。当时正是青黄不接,为了维持生计,只能从市场上买米。

"我们的干部全心全意为人民服务的意识和性质到底有没有'霉变'?这种言行,如何让捐赠者放心?"一名问政代表在看完短片后向湘西州州长郭建群连续发问。

"这是基层干部帮助困难群众意识麻木的问题。"郭建群表示,自己感到痛心、气愤。一些干部不作为,导致老百姓得不到及时救助,也影响了政府在老百姓心目中的形象。

"那么多老百姓急需大米,怎么能让大米发霉了还没发下去?对监管不到位的有关部门,我们也将进行处理。"郭建群说。

郭建群表示,下一步将首先建立救灾物资发放的监督管理办法;其次,要出台问责机制,对关乎民生的救助资金、物资没有发放到位的,要进行问责;最后,要从政府自身找原因,重新思考是为谁服务,为了谁,怎么做。

泸溪县政府负责人在问政节目现场表示,将追究乡里、村里干部不作为的责任。此外,要求涉事干部自己出钱买米,一周内将这一批大米补发到群众手中。

(文字来源:新华网,作者:谭畅)

案例分析

"案例精选"的漫画《人祸?》是作者徐骏根据一则新华社消息所作,漫画当中已将新闻要素突出和鲜明地表现了出来,在具体解读此漫画时可以结合确切新闻消息的细节信息为后面的评论做一个铺垫。

重点落在评论部分《媒体评救灾大米发霉:要责任心发霉的干部何用?》,由于前面已经对漫画有所解读,所以在评论部分可以一针见血地直指问题关键所在,对于这几百字的评论如果时间有限还可以更为凝练。

对于这幅漫画所表现的新闻事实到底是怎样的呢?我们可以通过"新闻背景"的详细而深入的报道寻找到一切答案,所以这则漫画评论是有根有据、证据确凿的。对于形成最终的评论,以及如何让评论有礼有节、以理服人,全靠这些新闻漫画以及新闻由头之外大量而翔实的案头工作。

■ 要点小结

电视新闻评论播音主持可以大致分为电视新闻评论播音和电视新闻评论主持两大类,前者主要有社论、评论员文章、本台评论、编后话等几种基本类型,后者主要有新闻消息中的串联、新闻主持人的评论以及对新闻图片和漫画的评述等几种类型。当然,随着电视新闻事业的不断发展,新闻评论播音主持类型也会发生变化。

三、电视新闻评论播音主持工作所需素养

(一)政治素质

电视新闻播音员主持人是新闻工作者,因此政治素质显得尤为重要。政治素质表现为政治理论、政治立场、政策观念和政治作风。电视新闻评论播音员主持人的政治素质,不但是完成电视新闻评论工作的基本需要,同时也是准确把握和引导新闻评论舆论导向的重要素质。

(二)新闻素质

作为电视新闻播音员主持人,新闻素质无疑是最基本的素质之一。作为电视新闻评论播音员主持人,虽然更多地是用有声语言进行传播工作,但是对新闻的采访、报道、编辑等各个环节的熟练把握,能够让新闻评论与新闻评论播音主持从内容到形式做到和谐统一,体现出电视新闻评论的特点和优势。

(三)文化修养

广博而深厚的科学文化知识是电视新闻评论播音员主持人必备的基本素质。在当前形势下,电视新闻评论播音员主持人不求成为"专家",而应该在精通几门知识的前提下也涉猎其他领域,所以电视新闻播音员主持人也常常被称作是"杂家"。在这种要求下,电视新闻评论播音员主持人的学习能力显得尤为重要。

(四)语言功力

作为新闻工作者的电视新闻评论播音员主持人,同时又有语言艺术工作者的双重身份,所以还必须具有一定的有声语言表达技能,同时兼具较好的形象、形体。语言功力不只是传播信息的语言表达能力,其丰富的内涵更多地是从形成语言的思维开始,直到最终通过具体语音和体态语言共同完成的一系列复杂而精妙的语言综合能力。

要点小结

电视新闻评论播音主持素养集中体现在政治素质、新闻素质、文化修养和语言功力四个方面。

第四节 电视新闻直播

一、电视新闻直播的定义

电视新闻直播是在演播室或现场把新闻事实的图像、声音、主持人或记者的采访活动、播讲、解说转化为电视信号直接发射出去的播出方式。

电视新闻直播节目具有同步感强、可信感强、信息原生态、富有悬念的突出特点。直播提高了新闻的时效性，使观众产生与事件进展的同步感，既能满足人们的好奇心，又能对信息进行整合，以多种方式组成综合报道系统，减少了时空对声像传播的制约，使新闻由TNT模式："今日的新闻今日播报（Today News Today Show）"发展为NNN模式："现在的新闻现在播报（Now News Now Show）"。

关于电视新闻直播的界定，值得注意的是电视新闻直播与新闻现场报道的关系。上一章中所讲的新闻现场报道中的直播现场报道，是很多电视新闻直播中不可或缺的元素，常常以现场连线的形式出现，增强直播的同步感，使观众更有亲身经历、亲眼目睹之感。

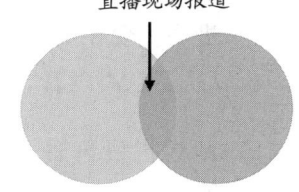

关键术语

电视新闻直播是在演播室或现场把新闻事实的图像、声音、主持人或记者的采访活动、播讲、解说转化为电视信号直接发射出去的播出方式。

二、电视新闻直播的基本样态

学界对于电视新闻直播的基本样态说法不一，有泛而言之把实况直播的体育赛事和文艺晚会也包含其中的，也有将常态化的新闻直播如《新闻联播》等拒之门外的。笔者认为，电视新闻直播应是以新闻报道为主要内容，以直播为主要手段的播出形式，二者缺一不可。所以电视新闻直播的基本样态主要有以下几种：

（一）新闻专题直播

新闻专题直播是指围绕某一个新闻事件专门展开的新闻直播。由于采用新闻专题直播的新闻事件往往具有重要的意义和较大影响力，新闻专题直播往往需要调集多方资源,甚至举全台之力,打破节目播出常规,所以又被称作大型新闻事件直播。

根据新闻事件的可预测性,新闻专题直播又分为:可预测事件的新闻直播和突发事件的新闻直播。

1. 可预测事件的新闻直播

可预测事件主要包括定期举行的大型活动、仪式、会议等等。这类题材通常既符合新闻价值规律,又具有重大的宣传价值,譬如奥运会开闭幕式、"两会"开闭幕式等。由于这些活动通常在固定时间和固定地点举行,所以在对其进行直播报道的过程中有很多内容是可预测、可控制的,这类电视新闻直播都是建立在预知新闻报道对象、时间、规模甚至场面构成的基础上的。这种直播形态着重于大视角、全方位、深层次报道事件的全过程,以期获得巨大的社会效果。

2. 突发事件的新闻直播

突发事件包括自然、人为灾害,或者突发的政治、经济事件等一系列由不可控因素导致的新闻事件。由于这类题材固有的刺激性、突然性和悬疑感,使之非常容易产生巨大的报道冲击力,譬如"9·11"事件、伊拉克战争、汶川地震等。这些事件具有不可预测、不可控制的特性,电视直播的困难相对可预测事件较大。但是突发事件的直播将新闻事件的每一步进展呈现在观众眼前,极大地满足了人们亲眼目睹、亲身经历、共感共振的心理需求,所以从受众心理看,突发事件的直播报道往往更能引起受众的关注。

(二)新闻栏目直播

新闻栏目直播是指新闻主播在新闻栏目中播报新闻,并以直播的形式传播出去的新闻直播样态。这种直播样态的主要代表栏目如中央电视台新闻频道的《新闻联播》《朝闻天下》《新闻直播间》等。

三、电视新闻直播发展历程

电视新闻直播一直被认为是最具电视特性和魅力,最能展现、发挥电视优势的一种迅速的、直接的新闻报道与播出方式。从世界范围内来看,直播的数量和质量,是各电视台不懈追求的目标,也是衡量一家电视台专业素养的标尺。凡是一流的世界级电视台无不具有强大的直播能力。

背景延伸

开播于1980年的美国CNN是全世界第一座24小时传播新闻的有线电缆电视新闻网,也是世界上第一个把新闻的现场化、直播化作为第一追求的媒介。它向观众承诺只要世界发生重大事件,CNN都现场直播。

我国的电视新闻直播起步较晚,一直到20世纪80年代,我国的电视直播还主要集中在体育赛事的直播上。上文中提到的电视新闻直播的两种不同样态:新闻专题直播和新闻栏目直播,在我国有着不同的发展轨迹。

(一)新闻专题直播的发展历程

1. 萌芽阶段

我国早期的电视直播起于1958年,当时电视节目受录像技术的制约,除新闻片、纪录片、故事片外,大部分是直播节目。新闻专题直播在20世纪70年代就已经盛行,主要包括1976年尼克松访华、1984年新中国成立35周年庆典直播、1988年第七届人大和政协会议期间的中外记者招待会直播等。但是,这个阶段的直播事件时空比较单一,每年直播的次数较少,覆盖面积也有限,所以有些学者认为这一阶段并不是真正的直播。

2. 发展阶段

1997年是我国电视新闻的"直播年",直播了香港回归等六件大事。

> **背景延伸**
>
> **"直播年"大事记**
>
> 1997年2月6日　中央电视台海外中心的《中国新闻》进行了1小时的直播节目《跨入'97》,标志着中国电视新闻跨入直播形态时代。
>
> 1997年3月9日　中央电视台《日全食——海尔波谱彗星天象奇观》多点现场直播,历时两小时,检阅了中央电视台的直播能力,为香港回归现场直播打下基础。
>
> 1997年4月24日　对"五国边境裁军协定签字仪式"进行直播,首次直播了国际重大政治活动。
>
> 1997年6月31日至7月1日　中央电视台香港回归72小时特别报道,报道包含现场直播、人物访谈、历史资料回顾等多种形式,报道点遍布全球20多个城市,其全方位、多角度、立体式的报道阵势,标志着我国电视新闻语言走入现代化。
>
> 1997年10月28日　中央电视台黄河小浪底截流直播。
>
> 1997年11月8日　中央电视台长江三峡截流直播,首次使用航拍的直播。

自1997年起,我国的电视新闻开始正式向直播进军,进入发展阶段。这个阶段开始了多时空移动直播,直播频率有所提高。但是这个阶段的直播排练痕迹依然浓重,主持人的播报往往必须依照事先准备好的文案,但求不"错",难以应对直播中的突发事件,也缺乏机动性。

3. 成熟阶段

这个阶段从2003年开始一直到现在。2003年3月,中央电视台对伊拉克战争进行了全方位直播,展现了我国突发事件新闻直播的实力。2003年5月,中央电视台新闻频道正式开播,我国电视新闻直播第一次有了自己的专业频道。此后,对"神五""神六"的直播受到了广泛的赞誉。随着直播经验的积累,近些年,无论是可预测事件的新闻直播,如 2008 年奥运会直播、2009 年新中国成立 60 周年直播、2010 年世博会直播,还是突发事件的新闻直播,如汶川地震直播、玉树地震直播,我国电视媒体都在第一时间对新闻事件作出了反应,并且作出了完成度相当高的直播报道。这一切都表明我国新闻专题直播步入了一个成熟的阶段。

(二)新闻栏目直播的发展历程

新闻栏目直播比新闻专题直播出现得更晚。

1993 年中央电视台的早间、午间和晚间新闻栏目除《新闻联播》外全部实现演播室直播;1996 年《新闻联播》实现演播室直播;在这个过程中,《东方时空》栏目一直在探索电视新闻现场直播报道。

2009 年中央电视台新闻频道再次改版后,所有栏目都实行了演播室直播。与以前不同的是,频道实现了大时段电视栏目直播,其中《新闻直播间》最长,一天两档,上午 3 小时下午 5 小时。这种编排更具有机动性,为突发事件的直播留下了充足的时段。另外,《东方时空》和《环球视线》等栏目实行了电视新闻现场直播报道。

值得关注的还有地方电视台对新闻栏目直播的探索。2002 年以江苏电视台的《南京零距离》为代表,涌现了一大批电视民生新闻栏目,这些栏目基本实现了电视新闻现场直播报道。地方电视台新闻直播虽然起步晚,重大政治事件的直播基本采用中央电视台的信号,但是近些年在民生新闻的直播上却大有可施展拳脚之地。

四、电视新闻直播的构成元素

相较于采集、加工、播出处于不同时空之中的新闻录播,电视新闻直播将新闻的采集和加工合而为一,呈现出了一个新闻采、编、审、录等各个制作过程的共时态同步状态,从而大大节约了时间。但是在大幅提高时效性的同时,电视新闻直播需要多种媒体平台、多种信息技术的有机结合,需要电视台具有足够的技术支撑能力(设备、技术人员)保障电视新闻直播的信息畅通、运转正常。

(一)电视新闻直播的技术构成

电视新闻直播的技术包括卫星信息传播技术、多媒体影像技术、监控平台即时传播技术等,涉及的工种包括主持人、出镜记者、导播、评论嘉宾、摄像师、灯光师、字幕、音频、视频、微波、动力等十几种。这些技术设备和工作人员精密配合形成一个完整的动态的即时播报平台。依托这个平台的良性运转,就能够多镜头、全方位地展现第一现场的动态,但同时任何一个环节出现问题,都可能导致报道事故的发生。业界称电视新闻直播为最具电视特征的传播方式。

(二)电视新闻直播的结构模式

电视新闻直播节目的结构模式主要有以下三种：

演播室主导模式：演播室（主持人串联播报＋专家访谈＋专题短片）＋现场报道（现场连线）。

演播室与现场平衡模式：新闻现场＋出镜记者采访＋专家评论＋主持人串联播报。

新闻现场主导模式：新闻现场多点报道＋演播室串联。

这三种模式在现今世界各电视台的新闻直播中均有出现，上文中所提到的新闻栏目直播一般是演播室主导模式，新闻专题直播则主要是演播室与现场平衡模式。也有观点认为，这三种模式是一个不断进步的递进关系，认为中央电视台目前基本处在由模式一向模式二过渡阶段；凤凰卫视目前基本处在模式二阶段；美欧日电视台已经处在模式三阶段。

(三)电视新闻直播的构成元素

一次电视新闻直播主要由以下元素中的一个或几个构成：

1.新闻实况直播

新闻实况直播是对重大新闻事件的客观记录。记者和主持人一般不进行现场报道，有时辅以主持人的画外音解说。这是对新闻事件原始状态的客观记录，时间和空间与新闻事件始终保持一致。

2.演播室直播

演播室直播是指节目在演播室边播边传送的一种播出方式。在新闻专题直播中，演播室直播往往有嘉宾（或评论员）的参与。主持人和嘉宾在演播室中，与观众共时共感地经历新闻事件的全过程。

3.直播现场报道

直播现场报道是电视记者出现在新闻现场，一边采访一边作现场报道，不经过后期剪辑，报道过程就是播出过程，报道和播出同步的播出形式。在节目中通常以现场连线的方式呈现。

五、电视新闻直播中的主持人

在直播节目中，演播室内主持人的角色举足轻重，对主持人的要求也远远高于其他新闻类节目。直播要求现场主持人具有观察、判断、解说、提问、评述、控制、应变等诸多综合能力，英文中的"Anchor"一词很好地诠释了电视新闻直播中主持人的角色。

■ 背景延伸

"Anchor"是由美国转口香港、台湾舶来的，在亚太华人区被译作"主播"。在美国，能够被称作"Anchor"的人不多，他们在社会上享有很高的社会知名度和威望；在媒体内担任一定的行政职务(如栏目主编),他们有丰富的新闻从业经验,职业背景大多是资深的著名记者。他们可以将基于新闻报道成就的个人魅力融入节目,重要事件发生时他们常亲临现场采访报道,在新闻选择、编排及传播中有时加入自己对新闻的解释或议论,以增加有效信息量和权威性。在美国,与"Anchor"相关的另一个职业称谓是"Newscaster",或"Announcer",意即"新闻播报人"。"Newscaster"的工作职责相当于我们的"新闻播音员"。

(一)主持人的角色定位

1. 最后一棒

从节目传播的角度来说,主持人处于传播者的终端位置。即在节目中,主持人和信息同时到达观众,是"最后一棒"。这里的"最后一棒"不仅仅是指主持人对节目的展示和代表作用,更是表明他们处于传播原点和传播终端之间,需要对节目中的信息进行筛选、整合和串联。

主持人的整合、串联角色在新闻事件的直播报道中更是起到了中心调度的作用。例如 2005 年沙特阿拉伯发生爆炸,在 CNN 的直播中,主持人不仅整合、筛选手中的各种信息,还要联系现场记者、专家学者和美国的五角大楼,把与事件相关的各个环节联系起来,给观众一种整体感。

2. 把关人

主持人作为把关人的作用主要体现在其对新闻报道时效性和安全性的终端把握上。

在直播中,尤其是突发事件直播中,新闻报道与新闻事件同时进行,不论是观众还是媒体人对于即将发生什么都不得而知。所以直播中很多情况下需要演播室中的主持人迅速从变动的、纷乱的信息中判断出应该传播出去什么样的内容,与此同时还要保证信息的安全和准确。甚至在某一时刻,主持人需要集采、编、播甚至终审权于一身,成为最后的"把关人"。

(二)主持人的工作内容

主持人在电视新闻直播中的工作内容主要体现为播报、采访、述评。

1. 播报

新闻栏目直播中对播报的要求与一般新闻播报类似,不再展开赘述。值得注意的是,新闻栏目直播中时常会有临时突发新闻插入,要做好临场应变准备。新闻专题直播中单一的播报形式较为少见,多为夹叙夹议的述评。

2. 采访

电视新闻直播中的采访主要包括对现场嘉宾的访谈和对演播室外嘉宾、记者的连线。

在对现场嘉宾的采访中,主持人的主要作用是以提问的方式"发言表态",从而达成观众与嘉宾之间的沟通,使嘉宾的评论沿着节目要求的方向进行。同时,主持人要时刻站在观众的角度去思考问题,提出问题,帮助观众解疑释惑。

在连线中,主持人应用提问引导前方记者或者场外嘉宾向观众传递更为丰富有效的信息;在连线结束后,迅速提炼出最有价值的信息,让观众详细了解事件发展的情况和意义。与此同时,还要观照整个节目进程的连续性,不至于前后脱节。

3. 述评

述评是介于消息和新闻评论之间的新闻体裁,它的特点是客观、真实地叙述新闻事实及其背景;对新闻事实进行简明、扼要的分析和评价。电视新闻直播中的述评主要包括对新闻事件夹叙夹议的描述,以及新闻实况直播中的画外解说。有时直播中也会出现主持人的评论,但是主持人评论往往只有百十来个字,甚至是十几个字,对整个节目起着或补充、或提示、或概括、或深化的作用,以一种灵活、亲切、平等的方式发挥评论的作用。

(三)主持人的素质要求

1. 扎实全面的基本功

直播过程中,主持人的任务不仅仅是传播现场内容,而且还要准确地表达相关信息,所以主持人要有良好的语言功底和新闻素养。这些不仅仅包括一口标准流利的普通话和良好的口语表达能力,熟练掌握播报、采访、述评等专业技能,还包括良好的新闻素养与政治素养。

2. 丰富的知识储备

电视新闻直播的主持人要具备良好的知识储备,因为每次现场直播的新闻事件都不一样,所涉及的知识极为广泛,或经济领域,或科技知识,或生活常识等。尤其在突发事件直播中,没有事先准备,如何就突发事件、突发状况进行快速解说和评论,并且还要保证恰当、准确、适宜,就要看主持人的知识储备了。所以主持人要不断充实自己,把握时代主题,紧扣时代脉搏。

3. 及时选取处理信息

电视新闻直播节目中主持人接触到的报道形式是多样的,它包括口播新闻、图片新闻、动态影像新闻、演播室访谈、与前方记者对话等等,为了及时有效地报道新闻事件,主持人必须具备及时选取处理信息的能力。在直播过程中随时准备以不同形式处理刚刚收到的消息,从而保证新闻消息传播的及时性、内容安排的机动性、形式运用的灵活性、节目传播的整体性以及消息来源的真实性和权威性。

4. 敏捷的应急反应

在电视新闻直播节目中,难免会遇到一些不可预料的场面。尤其是突发事件的新闻直播,频繁的访谈、连线过程中,需要主播有敏捷的应急反应能力。比如在台风、泥石流等重大灾害直播中,不可避免地出现连线前方记者时画面中断、信号中断等现象,这就要求主持人利用敏捷的反应和机智的处理,从容应对,恰当处理,转危为安,否则节目将无法正常继续。

5. 灵活机动的时间掌控

主持人灵活机动的时间掌控能力,是确保电视新闻直播得以圆满完成的基础。主持人在整个直播过程中都要根据新闻事件的进展,积极、主动地与导播沟通,合理安排与嘉宾的访谈以及前方记者的连线对话时间,恰当地运用大小块时间,对正在进行的新闻事件进展作出预估,对必须向观众交代的话题选择最佳时间段向观众作详细交代。

训练材料

(一)电视新闻评论播音

1. 社论

【《人民日报》社论】荡涤污泥浊水　还网络清朗空间

本台消息:明天出版的《人民日报》将发表评论《荡涤污泥浊水　还网络清朗空间》。评论指出,网络淫秽色情信息严重毒害社会风气、严重危害青少年身心健康,人民群众意见很大、反映强烈。网络不是法外之地,互联网企业必须树立正确的经营理念,遵守国家法律法规,干干净净办网、依法合规赚钱。绝不能利欲熏心而放任淫秽色情信息泛滥,决不能为博人眼球、赚取点击率而大打色情擦边球。为一己之私而牺牲社会公众的福祉,为眼前小利而损害国家民族长远利益,这样的企业必将受到舆论的谴责,也为法律所不容。

打击网络传播淫秽色情信息事关青少年身心健康,事关社会主义核心价值观培育弘扬,是一件顺民意、得民心的好事。我们相信,在广大人民群众的支持下,"扫黄打非　净网2014"专项行动一定会取得突出战果,使网络空间真正清朗起来。

(中央电视台《新闻联播》2014年4月13日播出)

【《人民日报》社论】为全面深化改革凝聚强大正能量

明天出版的《人民日报》将刊发社论《为全面深化改革凝聚强大正能量》。

文章说:全国政协十二届二次会议3月3号开幕。2000多名政协委员聚首北京,共商改革发展大计。我们向大会的召开表示热烈祝贺!

文章指出:面对深刻调整的利益格局、纷繁复杂的权利诉求,心往一处想,劲儿才会往一处使。为全面深化改革寻求最大公约数、增进最大共识度、形成最大凝聚力,人民政协责无旁贷、重任在肩。

文章强调:继续发挥人民政协作为协商民主重要渠道作用,围绕推进改革的难点问题、国计民生的实际问题广泛协商,人民政协必将在推动经济社会发展、深化改革开放的道路上再立新功。

(中央电视台《新闻联播》2014年3月2日播出)

2. 评论员文章

【《人民日报》评论员文章】坚决遏制形式主义苗头

明天出版的《人民日报》将刊发评论员文章《坚决遏制形式主义苗头》。

文章指出,第二批党的教育实践活动已经进入关键阶段,但有些单位和领导干部表面上轰轰烈烈,实际上走形变味,用形式主义来反对形式主义。这种苗头,必须高度警惕、坚决遏制。

文章强调,求真务实是形式主义的克星,从实处着眼、用实干考量、靠实绩说话,才能铲除形式主义生根接枝的土壤。只有在每一个环节都警惕形式主义,切实筑牢遏制形式主义的"防火墙",才能教育引导党员干部把工夫用到察实情、出实招、办实事、求实效上,以清风正气赢得民心。

(中央电视台《新闻联播》2014年5月5日播出)

【《人民日报》评论员文章】作风建设是永恒课题

明天出版的《人民日报》将发表评论员文章,题目是《作风建设是永恒课题——一论不断巩固扩大教育实践活动成果》。

文章指出,"作风建设是一个永恒课题"。习近平总书记在指导兰考县委常委班子教育实践活动专题民主生活会时的重要讲话,充分肯定了兰考教育实践活动的阶段成效,深刻剖析了改进作风的形势任务,明确指出了作风建设的方向路径。

文章强调,作风问题具有顽固性、反复性,抓一抓就会好转,松一松就会反弹,有的还会变本加厉。不断巩固扩大教育实践活动成果,就要认真领会总书记讲话精神,坚持标本兼治、立破并举、扶正祛邪,在抓常、抓细、抓长上下功夫,把活动推向深入,将作风改在深处。

文章最后指出,作风问题关系人心向背,关系党的执政基础。实践在发展,形势在变化,党的作风建设也需要与时俱进、不断被赋予新的内涵。只有长期坚持、真正落实,才能把好作风内化为信念、外化为习惯、固化为制度,以优良的党风政风带动全社会风气根本好转,汇聚起推动改革发展的强大正能量。

(中央电视台《新闻联播》2014年5月10日播出)

3. 本台评论

【本台短评】转方式 调结构 就是中国经济新常态

转方式、调结构是当今中国经济发展的核心任务,也是未来中国保持全球竞争力的不变主题。它既不可能一蹴而就,也不会有收兵之日。换句话说,转方式、调结构本身就是中国经济的新常态。攀登世界技术新高地,占据全球产业链上游,夯实社会发展和民生福祉的财富基础……中国经济肩负的这些历史使命,决定了我们必须摆脱落后发展模式的思维束缚,以壮士断腕的智慧和勇气,用科学的发展观铺开长治久安的前进道路,用正确的政绩观培育以人为本的思想土壤,把创新作为动力之源,把全面深化改革作为活力之源,在打造现代国家治理体系中,获得持久的繁荣。明天请继续收看《新常态 新征程》,梳理新常态下中国发展的战略新机遇。

(中央电视台《新闻联播》2014年8月14日播出)

训练提示 请参照央视网2014年8月14日播出的《新常态 新征程·攻坚克难打好转方式、调结构持久战》。

【本台短评】靠改革保障社会活力奔涌

中国经济的一江春水,既需要安全的堤防,也需要自由的奔涌,要同时满足经济发展的这种内在需求,只有靠改革的顶层设计和实践进步,靠矢志不移地建立现代国家治理体系。铸造国家发展的经济牵引力,厘清政府和市场的边界,夯实依法治国的制度地基,改革不能一日停步,改革也不能偏师深入。法律无授权政府不可为,法律不禁止市场大可为;社会讲公平,保障全覆盖。这样一个法治、包容、自由的发展空间,更能释放社会的充沛活力;这样一种崇尚奋斗、褒扬进取、呵护梦想的国家理念,更能激发每个中国人的创造力。明天请继续收看《新常态 新征程》,看经济发展和民生福祉的精准契合。

(中央电视台《新闻联播》2014年8月15日播出)

训练提示 请参照央视网2014年8月15日播出的《新常态 新征程·全面深化改革 打造现代国家治理体系》。

4. 编后话

【编后话】

中国经济犹如一枚温度计,测出了国际机构的微妙心态。从原来看低、唱空,到现在竞相调高中国经济增速预期,国际机构由冷变热的背后,恰恰体现了一种理性。在稳增长、调结构、促改革、惠民生的政策作用下,中国经济发展已迈上提质增效的新台阶,不仅将续写更多精彩,也必将带给世界经济更多信心。

(中央电视台《新闻联播》2014年7月24日播出)

训练提示 请参照央视网2014年7月24日播出的《中国经济新亮点·国际机构纷纷调高中国经济增速预期》。

【编后话】

从市场吸引投资,到投资海外市场,中国经济在全球产业链条中的攀升,内功是改革开放,机遇在转型升级。善于学习,就能化解阻力;利己利人,就能赢得认同。中国积极参与全球经济合作和规则制定,既能给新老经济体带来共赢红利,也能为国民福祉开辟源头活水。

(中央电视台《新闻联播》2014年7月30日播出)

训练提示 请参照央视网2014年7月30日播出的《中国经济新亮点·中国海外投资:逆势上扬 步伐更稳健》。

(二)电视新闻评论主持

1.新闻消息中的串联

根据近期主流媒体对同一话题或者相关话题的多则新闻消息,自行编排一组相关报道或深入报道,要求消息之间有"三言两语"评论式串联。

2.新闻主持人的评论

根据近期广受关注的新闻事件或者新闻人物,搜集来源确凿的主流媒体的相关报道,结合当前积极正确的舆论导向,进行二三百字的电视新闻主持人评论。

3.新闻图片和漫画的评述

分别搜集当前广受关注的新闻事件或者新闻人物的新闻图片和漫画,结合媒体报道的相关具体信息,首先进行图片和漫画的凝练解读,然后进行深入浅出的剖析,最后做出言简意赅的电视新闻评论。

思考题

1. 电视新闻采访中提问与倾听的关系?
2. 电视新闻现场报道如何体现新闻的客观性与报道者的主观能动性?
3. 如何理解电视新闻评论的分寸与个人风格?
4. 在突发事件电视新闻直播中,对新闻主播有哪些素质要求?

延伸阅读

① 孙玉胜:《十年:从改变电视的形态开始》,人民文学出版社 2012 年版。
② 白岩松、邹煜整理:《一个人与这个时代》,上海交通大学出版社 2013 年版。
③〔美〕肯·梅茨勒:《创造性的采访》(第三版),李丽颖译,中国人民大学出版社 2010 年版。

第四章 电视社会生活节目主持

■ **本章要点**

1. 电视社会生活节目的服务意识。
2. 电视社会生活节目及其主持的发展演变。
3. 电视社会生活节目的界定、分类及特点。
4. 电视社会生活节目主持人的媒介角色定位。
5. 电视社会生活节目的主持方式。
6. 电视社会生活节目主持的语言特点。
7. 电视社会生活节目主持人的能力诉求。

第一节 电视社会生活节目的服务意识

电视社会生活节目是我们在收看电视节目时最常遇见的一类节目形态,它内容丰富、形态多元、数量庞大,专业性突出、对象性鲜明。电视社会生活节目在我国电视事业的发展史上具有举足轻重的地位。从中国电视节目诞生到今天,它的节目特点、主持特点都有着非常强的延续性,但同时,处于新语境下的电视社会生活节目其内容与形式都发生了非常大的变化,从单纯的科学知识教学型普及到将科学实验与真人秀相结合揭示科学现象,从简单教人做家常菜到美食养生旅游全方位打造,各种交叉形态日渐增多,从而使这一类节目的主持在内涵及外延上都获得了长足的发展。

■ **背景延伸**

沈力,1933年生人,祖籍江苏。中国第一位电视播音员,又是第一位电视节目主持人,被称为"中国荧屏第一人",也被誉为"电视播音主持的'第一滴水'"。她是电视社会生活节目主持第一人,也是电视节目栏目化、设置固定节目主持人的先行者。其代表节目有《为您服务》《夕阳红》等。尽管荣誉等身,沈力老师却一贯低调、谦和,在我们和她的多次接触中,她说得最多的一个词就是"感谢"——感谢大家对她的肯定。

本节特别邀请耄耋之年的沈力老师执笔,将她几十年积累的主持社会生活节目的宝贵经验,针对本科生、针对我们的教材特点整理出来。这也践行了我们学科发展的理念:在继承的基础上创新。在此,感谢沈力老师!

一、服务意识是核心指导思想

对于电视社会生活节目主持来说,服务意识是一个核心的指导思想,同时也是一个需要外化彰显的实践思路。电视社会生活节目主持的服务意识应遵循以下三个方面。

(一)重视舆论导向的作用

舆论导向关乎主持人的立场问题。无论做什么样的节目,无论是播音员还是主持人,其一言一行、一举一动,都是在传递信息,都是在做传播工作。电视社会生活节目因其贴近性更容易影响观众的思想、言行,所以,主持人一定保证在如同"涓涓细流"般的节目中将正面的、积极的意义传递给观众。这是服务意识的方向保证,也可以看作是底线。

■ **背景延伸**

《为您服务》为广大观众所熟知和热爱,不过那只是我的工作生涯中的一个阶段,而我做传播工作一开始形成的理念是从广播电台开始的。那时,齐越老师是我的老师,"齐越精神"始终是我的精神指引,他为我树立了"新闻工作者"的正确创作观念。

——沈力采访录音

(二)明确身份,摆正位置

无论是播音员还是主持人,都要对自身的职业定位有清醒的认识。电视社会生活节目主持人是节目和观众之间的桥梁。主持人和观众是相互平等、相互尊重的关系,主持人不会因为"占有"内容而居高临下,也不会降低自己作为传播者的人格去唯命是从。

(三)从观众角度出发

观众在电视从业者心中应是"至高无上"的,在做节目时、说话时应将之贯穿始终。观众希望了解什么?观众正在关注什么?观众可能询问什么?观众期盼解决什么?主持人是为观众服务的,是为人民服务的,做节目要对得起观众,要对得起自己的良心。

总之,对于"新闻工作者"身份的认知是播音员主持人的一个基本理念,也是重要理念,而做社会生活服务节目可以理解为是对此的一个持续性发展、延伸。

■ **要点小结**

服务意识是社会生活节目主持的核心指导思想:
1. 重视舆论导向的作用。
2. 明确身份,摆正位置。
3. 从观众角度出发。

二、以观众的需要为服务的基本点

"观众的需要"是一切问题的基本点,当然同时亦要注意导向,这是前提。

电视社会生活节目的出发点始终应围绕"观众需要看什么、喜欢看什么"和"观众需要怎么看、喜欢怎么看"展开,即内容的务虚求实和形式的喜闻乐见。同时也要注意导向的问题把握,不去做偏离正确方向的、猎奇的内容。这种意识应当融进主持人自身的血液里,无论遇见怎样的阻力或迷惑都不能偏离,要有清晰的识别能力。

■ 背景延伸

1974 年到 1982 年,沈力在社教部《文化生活》节目做编辑,自编自播独立制作节目,曾在全国优秀电视专题节目评选中获奖。1976 年,人们的文化生活开始"解冻",之前的十年对年轻人来说,其文化生活是被禁锢的、是空白的。沈力及其同事在选题时特别观照了当时观众的心理需要,力求弘扬民族文化、普及文化知识、提高观众的欣赏水平,给人以健康向上的精神力量。他们在节目中介绍了很多优秀的文艺作品,比如,千年唐乐,敦煌曲谱破译,民族器乐作品《春江花月夜》《二泉映月》;比如,给歌唱家李谷一、克里木等做专辑;比如,做《相声大师哪去了?》专题,关注侯宝林在那个时期不说相声而去大学教书的现实……70 年代末 80 年代初,他们还给大家介绍国外的很多优秀作品,比如列宁喜爱的歌曲,比如介绍钢鼓(当时刚进入中国),这些都是当时观众渴望知道、喜闻乐见的。坚持满足观众的需要,坚持老百姓喜欢的内容,沈力将这个观念作为行动原则一直贯穿到《为您服务》乃至以后的工作中。

三、服务意识与节目创作

电视社会生活节目以观众为本位,以服务为己任。进行节目创作时,尽力满足观众的心理需求,同时巧妙地完成引导任务。

■ 背景延伸

沈力在《为您服务》既做组长(制片人),又做主持人,还兼顾其他方方面面的工作,所以她对节目有一个整体的把握,既掌握着"话语权",又掌握着"决定权"。她在《为您服务》有着很大的创作空间,领导、同事对她的信任,使她能够将自己的开拓精神实践到节目中去。

(一)提高服务品质,提升节目品位

电视社会生活节目主持人应当意识到,这一类节目不是只教给人们养花、做菜这些"琐碎"的事情,它还应有更深刻的文化内涵。主持人应当不满足于将节目做成"婆婆妈妈"、就事论事的节目,而是力争提高它的品位,把它做得雅俗共赏。关于品位的打造,应当从提高节目的知识含量入手。比如,在我们的生活当中,吃有吃的文化——烹饪文化、饮食文化、营养学等等,将这些文化内容渗透到节目当中,从"吃"入手谈文化或者从文化入手谈"吃",都会使节目更为丰富、富有内涵。

> **案例精选**
>
> 有观众问"小孩能不能喝茶",有的问"隔夜茶能不能喝",有的问"红茶怎么喝""绿茶怎么喝"等等,这一类内容积累多了以后,我们把它集中起来,做了一个系列节目,叫"喝茶的学问"。我们从中国的茶圣陆羽开始讲起,这是文化——茶文化,以此为切入点,进而再谈科学方面的内容,什么是红茶、什么是绿茶、什么是乌龙茶等,然后再回答观众提出的具体生活层面的各种问题。这样,既为观众服务了,又提高了他们的文化认知。
>
> ——沈力采访录音

(二)从观众中来,到观众中去

我们从观众中获得节目资源、创意灵感,然后再反馈给观众,让他们有所得。电视社会生活节目主持人不可以三心二意地做节目,而要一心一意,或者说要全心全意地去做。比如,《为您服务》栏目的宗旨就体现了这个思路,那就是:想观众所想,急观众所急,为观众当好参谋,为观众排忧解难。

> **背景延伸**
>
> 我们当时了解观众需求的渠道只有唯一的"观众来信"。观众关注我们的节目,把我们当作他们的朋友,来信热情非常高,我们当时每月平均收到3000多封信,高峰时达到5000余封,而我是每封信必看的。我们的选题60%～70%来自观众的信。我们的节目真的是"从观众中来,到观众中去",这才使它能够立于不败之地。
>
> ——沈力采访录音

电视社会生活节目的主持,应当不怕琐碎、不怕麻烦,主持人要真诚地做到细心、耐心、真心,要把节目办到观众的心坎儿里,真心实意地为他们服务,让他们感到很温暖、很亲切。那怎么做呢?开始阶段,想必很多人会比较茫然,不知道观众想看什么。其实,最好的方法就是"深入群众"进行调查研究,然后通过不断地做节目,逐渐了解观众的进一步需求。真正做到"知己知彼",社会生活服务节目才能扎下根来,也才能有持久的生命力。

电视社会生活节目应当具备这样的指导思想:只要是观众的需要,我们就尽可能地满足。比如,《为您服务》表面上看似是一个具体的生活服务节目,实际上从观众的需求来讲,远远超过"日常生活"的范围,它涉及日常生活、文化生活、社会生活、经济生活等方方面面。有了观众基础,节目的服务范围也扩大了,需要关注很多精神生活方面的内容。从观众反馈中挑选题有个原则,即"抓两头":一是根据多数观众的要求,抓带有普遍性的问题,这样,一个节目就可以服务于、涵盖到大部分人;另一是需求虽属少数甚至是个别观众提出的,但却是具有一定代表性的知识性问题或实用性问题,回答了这个,其他观众也可以从中有不小收益。

案例精选

1982年冬天,我们收到一位中学生的来信,信里诉说了冬天戴眼镜给工作、生活带来的诸多不便,希望我们能为她解决这一烦恼。这是具有普遍意义的一个话题,我们把它列入选题范围。遗憾的是,当编导找到解决办法时,已春暖花开。这件事我一直记在心上,待到第二年冬天来临之时,我们播出了这个节目,受到许多戴眼镜观众朋友的欢迎。另一件,有观众来信问"一问三不知"是哪"三不知",于是,我们录制了一个小节目《小辞典——一问三不知》。节目播出后,又有观众问"五音不全是哪五音"等等。后来,我们就把"小辞典"固定为一个子栏目,在传播文化知识方面起到点点滴滴的作用。

——沈力采访录音

(三)认真研究对象,服务到位入心

做好信息反馈是保持节目生命力的重要一环。服务于观众,就要了解观众,改变以往的供求关系,变"我播你看"为"你要我播"。

电视社会生活节目应当通过各种渠道深入社会、深入观众进行调查研究,了解动态、发现问题,制作一些具有知识性、趣味性、实用性,又兼有引导性的节目。要潜下心来研究对象,付出时间、付出精力,真心实意地去了解对象。只有注重调查研究,有的放矢地把握节目主动权,才能达到寓知识、教育于服务之中的目的。

背景延伸

1993年,沈力在离休之后重新主持固定栏目——老年节目《夕阳红》。沈力的主持使该栏目获得骄人的收视率,成为中央电视台十大优秀栏目之一。沈力在节目策划阶段深度投入,对老年人及其生活、心理状况进行了特别的关注。采访时她提到:我们国家的老年节目一直发展得比较艰难。其实,到2013年年底中国已有2亿老年人。老年人生活那么丰富,题材多么广泛,有太多值得关注的内容。老年人究竟需要什么?需要我们花费心思去研究。当然,这里有一些客观现实因素的影响,但创作者自身的创作热情、创作理念要向积极的方面调整,力求在自己能力范围内做到问心无愧。

要点小结

服务意识与节目创作:
1. 提高服务品质,提升节目品位。
2. 从观众中来,到观众中去。
3. 认真研究对象,服务到位入心。

四、服务意识与节目主持创作实践

节目和主持人之间,不仅仅是互为依存、相辅相成的关系,从某种意义上说,主持人的意志、品格、愿望、风格以及审美取向等,都在自觉不自觉地影响和左右着节目。好的节目"托"主持人,好的主持人会为节目增光添彩,这是相得益彰的。

(一)体现节目宗旨,传达准确贴切

节目之所以设定主持人,是为了改变过去"见物不见人"的形式。主持人和观众的"直接"交流,既拉近了传受之间的距离,更好地实现服务目的,又能够通过主持人的"人格化"形象更为具体、贴切地传递节目的创作精神,从而也使节目本身更加人文化。

■ **案例精选**

我在串联稿的修改中,通常会强调节目的服务性,注意多增加与观众交流的成分。如《月季欣赏》节目,编辑撰写的开头语是:"在这百花争艳的季节里,我们来到天坛公园的月季园。今天,我们还特意邀请几位朋友来陪同您一起赏花。"作为主持人,我感到这几句话还不足以表达我们为观众服务的心情,缺乏与观众在思想感情上的沟通与交流。于是做了这样的补充:"在这百花竞相开放的时节,如果您能走出家门去欣赏一下盛开的鲜花,一定会感到心旷神怡。可是据我们了解,很多同志由于忙于工作,忙于学习,忙于家务,难得出来走走。今天,我们特意来到天坛公园的月季园,还邀请了几位朋友陪您一起赏花。"改动以后试图表明:我们之所以要录这个节目,就是为了给忙于工作、学习的同志提供更好的服务,以此来突出栏目的服务性和关心、体谅观众的一番心意。这不是取悦,而是让他们感到亲切和温暖。

——沈力采访录音

(二)摆正自身位置,服务引导兼行

电视社会生活节目主持人一定要知道"主持人"在节目中的作用和意义是什么。这就是说,如果主持人仅将注意力放在具体主持方式、具体节目环节上,比如只备好自己串联的那部分词,就会影响自身与节目的贴合度,对节目也就失去了"掌控力"和"驾驭力"。电视社会生活节目主持人对自身的定位应该是:自己是为人民服务的,把姿态放下,把心态放下,自己是观众家里的一员,是一个家庭成员。

电视社会生活节目主持人与观众是一起参与、共同面对生活的朋友关系,有真挚的情感,能够相互尊重、互相信任、平等相待,要感到自己和观众之间似乎有一种无形的情感纽带联结着。"观众"二字在主持人心里不是一个空泛的词,而应是像越烧越旺的一团火。

这里有三点需要关注:

第一,置身群众,平等相待。

第二,尊重对方,以礼相待。

第三,真心实意,以诚相待。

> **案例精选**
>
> 主持人在任何时候都要记着自己是普通群众中的一员,任何时候都要把自己摆在群众之中,与他们平等相处,不能用指令性的言辞和观众交谈。比如,在《膳食与营养》节目里,当主持人讲完膳食平衡的道理之后,稿中写道:"您懂得了膳食平衡的道理,就应该举一反三。"其中"应该"二字是命令式的。后来我把它改成:"您懂得了膳食平衡的道理还可以举一反三",避免了命令式的口气。同一个节目,在谈到炒豆腐如果加上些肉或鸡蛋就可以使豆腐中的营养得到充分发挥之后,稿件中写道:"请您以后记住,再吃豆腐的时候最好用肉炒。"这里虽然用了"请"字,但依然是命令式的,是客气的命令。当时我就想,如果有朋友在我家做客,我向他介绍这一生活知识,会使用这样的言辞吗?我想,我会这样说:"您以后再做豆腐的时候,千万别忘了放点肉或鸡蛋。"完全是一种友好的提醒或嘱咐,是平等的。这些点虽小,改动并不大,但是凡事积少成多,时间长了,次数多了,你作为主持人的形象就丰满了,就立体了。
>
> ——沈力采访录音

主持人在镜头前要做到态度诚恳,感情真切,话语由衷。要笑,就要发自内心,不要为了表示亲切而笑,使人感到虚伪;要看,就要看到,不要视而不见,使人感到装模作样;要动,就要有目的性;要说,"话"就要由衷。总之,要有一种真诚的、积极的愿望,用心去和观众交流。

另外,电视社会生活节目的主持人在造型方面要融入生活、融入观众,要大方得体。所谓得体,就是要符合栏目、符合场合、符合年龄、符合性格。

(三)生活化的口语

主持人一定要用生活化的口语。生活化的口语与随意性的语言是有区别的,它应当是生活语言的提炼,取其规范,去其杂质。电视社会生活节目的主持语言是精练的口语。

电视社会生活节目主持人往往需要在书面语和口语之间做转化。在修辞等方面,需要注意以下问题:

1. 注意单音词、双音词和同音词的读法

例如,将"凡"改成"凡是","与"改成"和","相关"改成"有关","均"改成"都","本次"改成"这次"等等。这样改,既便于观众听明意思又利于主持人口语表达。

2. 注意标点符号的交代

文字稿件中的有些标点符号是有声语言表达不出的,比如破折号、引号等,这时宜用其他表达方式替换。

3. 注意句式结构

文稿中如果出现倒装句等不利于口语表达的句式结构时,需要进行调整,以符合日常听觉习惯。

4. 尽量用短句

一般来说，口语多为短句。如果句子过长，会使人听后忘前，所以，一定要考虑人们的听觉习惯。

(四) 个性化的表达

主持人是以真实的个人身份出现在观众面前，并与之进行直接的、面对面的交流的，而这种交流更多地是通过主持人的意向、认识、感受和语言来完成的。鲜明的个性色彩是主持人魅力的先决条件，有个性才有活力，才能产生魅力。主持人在节目中呈现出来的个性是由他的工作特性所决定的。主持人的个性色彩应该和他所主持的栏目风格相一致，这样才能起到相辅相成的作用，才能融为一体。

主持人的个性色彩总体上有两大方面：一是观其人，二是听其言。观其人，指的是主持人的仪态，包括形象、着装、风度、气质等这些外在形态。听其言，主要指语言。这两方面都是主持人的思想观点、知识水平、文化修养、审美情趣等各方面综合素质的反映，也是主持人个性色彩的直接体现。

个性化的语言包括诸多因素，像先天的嗓音条件、音色、音质、发声的部位、气息的控制、语调的掌握、技巧的运用，以及语速、语言表述能力等等，都是形成个性化语言的因素。除此之外，还有一个重要因素，就是由于对客观事物的认识、感受不同，每个人的阅历、修养不同，所以有时对一些问题的见解与考虑问题的角度也不尽相同。

电视社会生活节目主持的表达应当真实、朴素、有情，追求"准确、简练、朴实、口语"的表达。对于编辑提供的稿件，如果觉得适合自己，就把它变成自己的思想，用自己的语言转述出来；如果觉得不适合，就根据情况动手改写或重写。因为，主持人要与观众进行面对面的交流，而怎样去拨动观众的心弦，与之进行思想感情上的沟通、交流，这是他人无法替代的。

概括地说：主持人要用自己的眼睛去观察，用自己的头脑去思考，用自己的心灵去感受，用自己的语言去表达。

(五) 加大前期投入，主动深入一线

电视社会生活节目主持人一定要有主动性，尽可能参与前期是一门必修的功课。要肯下功夫，要花时间琢磨节目。只要有条件，就要多融入节目，多在"一线"跑一跑，接触社会，了解观众，不怕苦、不怕累。心里有数，才可能驾驭节目，主持时说话才会不一样，才会成为立体的人。

■ **背景延伸**

从播音员到编辑再到主持人，沈力的工作轨迹中不断面对新的课题，不断迎接新的挑战。特别是在《为您服务》栏目，她从前期策划、制定方针、探索形式，到平时和大家一起商定选题、审定稿件、参与采访、撰写串词，直到版面编排，后期合成，可以说她参与了栏目的整个过程。因此,什么地方该说,说什么,怎么说,她都能驾驭自如。

驾驭节目,要做到四会:会编、会采、会写、会说。要求"四会",并非指每个节目、每个环节,主持人都要事必躬亲。事实上,也不可能一手包办。但是,要懂。懂和不懂、会和不会,对于驾驭节目、展示主持人个性无疑是有影响的,其主持效果是截然不同的。

▍要点小结

服务意识与节目主持创作实践:
1. 体现节目宗旨,传达准确贴切。
2. 摆正自身位置,服务引导兼行。
3. 生活化的口语。
4. 个性化的表达。
5. 加大前期投入,主动深入一线。

第二节 电视社会生活节目及其主持的发展演变

我国电视事业发展初期,为适应国情民情,电视上播出了专门以"社会教育"为宗旨的节目,包括服务性节目、教育性节目、教学节目等。这些节目的制作形式主要是电视专题片,虽然有的节目会有类似"栏目"的名称,但并不是我们今天意义上的"栏目",而且也没有设置固定的"栏目主持人"。

▍背景延伸

我国电视荧屏上较早期的社教节目有《医学顾问》《卫生与健康》《祖国各地》《文化生活》等,还有为少年儿童制作的节目,同时也包括理工、农村、科技、外语、音乐、书法、美术、摄影、烹调等各种专门的知识讲座。

改革开放后,电视社会生活节目从栏目化到频道化,从全面普罗大众到关注分众小众,从注重宣传宣讲到更多服务分享,从严谨正统到轻松娱乐,从缺乏时效性到"第一时间"的恰切应对,从"我"播"你"看、"我"教"你"学到观众全方位参与传播……电视社会生活节目的创作思路、传播理念、对象设定、内容选择、结构样态、主持方式等等,都随着时间的推移产生了鲜明而富有特质的变化。

▍一、20世纪80年代初至90年代初

20世纪80年代,电视社会生活节目逐步"栏目化",这使得节目的主题更有统一性,而固定的播出时间和固定的主持人又为节目稳固了收视群体,同时也为日后其他类型节目的栏目化发展奠定了基础。

背景延伸

中央电视台于 1983 年元旦在全国率先设立了一个固定的栏目,并为其设置了固定的栏目主持人,这就是《为您服务》栏目及其主持人——沈力。

从过去注重高调"宣传"到更多地反映现实实际,在节目中"说话"的人从课堂讲座般严谨的"老师"换成了可以亲切自然交流的"主持人",电视社会生活节目渐渐被观众认可并开始多加关注。

以沈力为代表的主持人在电视节目中用生活态的口语、以第一人称和观众交谈,沉稳、和蔼、亲切,这是中国电视传播和主持人事业发展史上具有突破性的一步。在 20 世纪 80 年代末到 90 年代初的岁月里,沈力、张悦等人不仅成为当时社教服务节目主持人的典范,更被观众当作良师益友甚或亲人。

二、20 世纪 90 年代初至本世纪初

20 世纪 90 年代,伴随着国家社会与经济的转型,电视业也在进行着变革。电视社会生活节目在变化中寻求着能和时代发展同步的节奏,逐渐显现出其在专业化、对象性、服务性方面的推进。

背景延伸

1996 年 7 月 1 日,中央电视台推出《生活》栏目,无论是在时效性、信息量方面,还是在新鲜的"杂志化"的节目形态方面,以及经典的主持人"七步半"入画的形式感,都让观众眼前一亮,使看《生活》成为一种时尚。《生活》对服务节目的改造为同类节目日后的发展提供了新思路。

从 20 世纪 90 年代开始,由于社会文化生活的丰富发展,电视节目尤其是电视社会生活节目凭借其自身的优势,产生了一大批优秀的主持人。这一时期,电视社会生活节目主持人的个性特点逐渐鲜明起来,他们在适应百花齐放的节目的同时,也带给节目多元多样的气质。平民的姿态、口语的表达,让主持人与观众的距离越来越近,观众们甚至会因为喜爱某个节目主持人而固定收看某个栏目。

三、本世纪初至现在

新世纪之初,基于国家的发展和社会的转变,电视媒体、电视节目都产生了重大的变化。

背景延伸

2002 年 1 月 28 日,海南卫视改为旅游频道并正式开播,成为第一家改为专业性频道的省级卫星频道。2003 年,中央电视台进行大刀阔斧的频道改革,对原有频道进行整合,推出多个新频道。

数量庞大的电视社会生活节目经过"专业统筹"被划分入相应的频道中,这样做不仅可以使电视社会生活节目更加有针对性地进行创作,也可以满足不同观众更为个性化的需求。由于社会、媒介、节目的发展,主持方式更加多样化,语言样态也增多了。

今天,传播技术与手段迅猛发展,电视专业频道愈来愈丰富、愈来愈细化,使电视社会生活节目具有更强的专业性和针对性,服务也能够更微观、更具体。同时,电视观众个性化、个体化需求愈来愈彰显,电视社会生活节目对观众的设定也逐渐从大众化向分众化转变,传播内容与形式也逐渐多样化。

现阶段,电视社会生活节目主持人数量可观但质量良莠不齐。节目内容的专业化、形式的多样化、对象的分众化等都对主持人提出了更高的要求,这包括具备相应领域的知识,能够胜任各种节目设计的形式,能够符合目标收视群体的情感及理性需求,具有独特个性的主持风格。

第三节 电视社会生活节目的界定、分类及特点

一、电视社会生活节目的界定

"电视社会生活节目"这个概念是从"电视社教节目"发展而来的,它体现了我们对既往研究与实践的继承,也体现了我们对现实新语境的尽力观照,它反映了这一类节目发展到目前阶段的主要诉求。

■ **关键术语**

电视社会生活节目是以提高科学科技素养水平,深化社会道德与法制认知程度,全方位提供生活信息与服务,提高人文修养与审美水平为宗旨的电视节目。

电视社会生活节目囊括极其丰富的内容,诸如:科学科技、生活时尚、健康养生、婚恋交友、职场财经、道德法制、文化历史、教育教学,也包括气象、交通、购物、金融、导视等具体的信息服务。这些内容构成数量庞大的电视社会生活节目群和相应频道,如现在已有的科教频道、生活频道、社会与法频道、少儿频道、旅游频道等等。类型及频道的细分,使得电视社会生活节目涉及的领域越来越广,专业性也越来越突出。

电视社会生活节目的传播对象覆盖面一直很广。如今,电视社会生活节目的目标对象逐渐多元化,由以往主要按性别年龄、职业身份等为划分条件,发展为将兴趣爱好、生活方式等因素考虑在内的各类人群,这样更促进了节目类型和数量的增长。目标对象的细分使电视社会生活节目具有更强的专业性和针对性,服务也能够更微观、更具体。

二、电视社会生活节目的分类

当今电视荧屏上,电视社会生活节目纷繁复杂,每一种分类在内容或形态上或多或少都会有一定程度的类型交叉,所以,我们很难保证每一项"分类"的纯粹性。电视节目

的分类方式有很多,我们选取通常采用的几种方式,将电视社会生活节目中主流的、典型的、鲜明的样态予以归类。

(一)以节目内容分类

由于当前电视社会生活节目极为丰富,所以人们研究电视社会生活节目时经常对其子类型节目进行探讨,这也促生了新的分类结果:科学科技类节目、生活时尚类节目、信息服务类节目、道德法制类节目、健康养生类节目、文化历史类节目、婚恋交友类节目、情感故事类节目、职场财经类节目、益智竞赛类节目等等。

(二)以社会功能分类

教育性节目:提供文化历史、科学科技、道德法制等方面知识普及的节目,即具有文化知识科普性的节目。如中央电视台的《人与自然》,为观众展示并分析"自然界的危险与奇异""生命的差异与共同""人类社会的压力与恐惧",[①]从而拓展观众对世界及人类自身的认知,引发观众对生存道理的思考。

服务性节目:提供生活方方面面直接而具体服务信息的节目。如中央电视台的《天天饮食》"手把手"介绍烹调料理,北京电视台的《生活+》分享装修的理念与攻略,旅游卫视的《美丽俏佳人》传递美容美妆的概念和方法。

教学性节目:提供较为系统的专业知识,如语言学习、厨艺学习等。上个世纪的教学性节目类似于课堂教学,如中央电视台的《玛泽的故事》(许戈辉主持教学)。如今的此类节目强调"寓教于乐"地学习,将"课堂"搬到真实的生活场景中,将文化传播意义纳入节目中,让观众在游览世界、了解风土人情的同时进行学习,如中央电视台的《希望英语》《快乐汉语》等。

复合功能型节目:将以上多种功能综合发挥的节目。

(三)以节目构成分类

专题型节目:内容集中、主题统一、结构相对紧凑的节目。如中央电视台的《今日说法》,专注于法律话题,每期就热点、焦点法律事件进行解析,进而关注中国的法制化进程。

杂志型节目:将不同内容、形式的节目单元(亦称子栏目、板块)组合成一个有机整体的节目。如中央电视台的《健康早班车》栏目由三个主要板块组成:"名医讲堂"——邀请权威专家进行现场讲解、交流;"养生食谱"——介绍适合观众在家操作的养生食谱并现场制作;"清晨节拍"——健身教练设计简单易学的系列健身运动,现场亲自带操示范动作。

---

① 央视网。

(四) 以观众设定分类

电视社会生活节目的对象性非常强,它会依据观众群体的不同特点、不同需求而制作面向特定观众的节目。如中央电视台的少年儿童节目,会详细分出孩子们的年龄段,有针对性地制作不同的具体节目,像幼儿节目(针对0～3岁)《小小智慧树》、儿童节目(针对4～6岁)《智慧树》、少年节目(针对7～12岁)《大仓库》等等。

(五) 以节目形态分类

专题片+主持人串联:在专题片的节点或板块之间用主持人串联的方式整合起来的节目形态。如中央电视台的科学节目《走近科学》、道德法制节目《道德观察》、健康养生节目《中华医药》等。

访谈:以主持人与节目嘉宾的访谈过程为内容主体的节目形态。如中央电视台的心理情感节目《夜线》、健康养生节目《健康之路》、文化节目《读书》等。

竞赛:以竞赛方式呈现节目主题、为内容主体的节目形态。如北京电视台的中学生知识竞赛节目《SK状元榜》。

真人秀:以真人秀的方式呈现节目主题、内容的节目形态。如中央电视台的真人换装节目《购时尚》、中国教育电视台的职场财经节目《职来职往》、江苏卫视的婚恋交友节目《非诚勿扰》等。

综合形态:综合运用多种形态,需要主持人采用多种主持方式完成的节目形态。

> **要点小结**
>
> 电视社会生活节目的分类:
> 1. 以节目内容分类。
> 2. 以社会功能分类。
> 3. 以节目构成分类。
> 4. 以观众设定分类。
> 5. 以节目形态分类。

三、电视社会生活节目的特点

电视社会生活节目普及科学科技知识、提供生活服务信息、提升全民文化水平,为继承弘扬优秀民族传统、促进社会精神文明发展起到了积极的作用。电视社会生活节目能够更为贴近并且更为真实地反映社会生活,更易于被观众理解、接受,其社会教育影响力和渗透力非常强。

在分众化传播、频道化发展的新语境下,电视社会生活节目的传播功能及特色顺应时代要求,兼具服务性、对象性、专业性、教育性等传统特点和时效性、娱乐性等新特点。

(一)服务性

电视社会生活节目的核心宗旨是落实对观众的服务,这也是它最为突出的特点。这服务既是具体微观的也是抽象宏观的,要对观众一边满足一边引导。

(二)对象性

电视社会生活节目一直努力充分考虑观众群体的差异性,依据目标对象的心理期待、知识水平和接收习惯来进行节目创作。

(三)专业性

电视社会生活节目的专业性是非常突出的。它涉及的领域非常广泛,将这些领域相关的内容介绍给观众,需要一定的专业保证,尤其是科学科技、健康养生、农业军事等为主题的节目,对其专业性的要求更高。

(四)教育性

教育性是电视社会生活节目的应有之义,而且从这类节目诞生以来就一直彰显。不过,随着人们受教育程度的普遍提高和接受教育渠道的日趋丰富,电视社会生活节目逐渐淡化教育的色彩,力求寓教于乐的引导。

(五)时效性

以往的电视社会生活节目在时间上没有特别高的要求,节目内容在一段时期内播都是可以的,有的反复重播也不会过时,不过,主要的节假日、纪念日等经常会有与时间合拍的节目创作。如今,随着传播技术的发展和人们收视期待的转变,电视社会生活节目已经能够尽可能地增强自身的时效性,将新近发生的事件、产生的话题融合到节目中,从而提升收视的紧迫性。

(六)娱乐性

电视社会生活节目的内容丰富而有专业性,需要完成教育功能,还要完成服务功能,所以,这类节目依据具体情况渗透有大量的娱乐元素,让观众喜闻乐见,同时"寓教于乐",乐为"标",教为"本"。

■ 要点小结

电视社会生活节目的特点:

1. 服务性。
2. 对象性。
3. 专业性。
4. 教育性。

5. 时效性。

6. 娱乐性。

第四节　电视社会生活节目主持人的媒介角色定位

主持人的媒介角色是一种特殊的社会角色，受媒体、节目、观众等多方面因素的制约。电视社会生活节目主持人承担着和其他类型节目主持人相同的媒介角色，同时又有着自身独特的职责要求。

一、热忱服务者

电视社会生活节目具有鲜明的服务性，这是它的标志，也是它的落脚点。传播知识是服务，分享经验是服务，调解矛盾也是服务，这些"服务"都是实实在在、细致入微的。所以，电视社会生活节目主持人应当具备强烈的服务意识，不仅要将之外化于主持语言，而且还要落实到自己的一举一动中。

电视社会生活节目主持人是观众的代言人，是人民群众热忱的服务者，无论是寻找话题还是遣词造句，无论是聊天评点还是演示操作，都应时刻把观众放在心中，关注大多数人所关注的，明晰观众想知道什么、急于了解什么、有什么样的呼声，用观众喜闻乐见的方式表达出来、表现出来。

二、知识分享者

电视社会生活节目中不可或缺地要提供知识，无论是专业性要求高的科学、法制、医学等领域，还是以经验体会为主的生活窍门、美食、旅游等主题，这些知识既包含理论也包含实践。这是电视社会生活节目的传统优势，观众对之一直是有心理期待的。

电视社会生活节目主持人的任务就是将知识传播出去，"分享"给观众，而非"教育"观众。主持人要对所传播的知识拥有一定的预知量，掌握的资料也要充裕些，自身或许还略多懂一些，这都是主持人能够更加准确详尽地与观众分享知识的良好基础，而不应成为主持人可以居高临下做"老师"的资本。

三、生活体验者

电视社会生活节目真实记录生活、反映生活，主持人的生活积淀越丰厚，与观众拥有的共同话题越多，其传播作用就越强，产生的文化影响力也就越大。

电视社会生活节目主持人应具有热爱生活、热爱生命的博大胸襟，有对人生细腻深刻的感悟和思索。这一方面取决于主持人较为丰富的人生阅历，另一方面又取决于主持人积极向上、坚韧宽厚、善于思索、勤于学习的人生态度。电视社会生活节目主持人应始终融入真实的社会生活当中，亲身体验生活的点点滴滴，敏锐地体察其中的道理和乐趣，发掘其中的生命意义和人性光辉，将所见、所闻、所感、所思传递给观众。

四、倾心聆听者

电视社会生活节目主持人在节目中往往需要扮演倾听者的角色,而且这"听"经常占有相当大的比重:听专家学者的真知灼见,听当事双方的喜怒哀乐,听互动嘉宾的来言去语,听现场观众的及时反馈,等等。节目参与元素越丰富,主持人要"听"的也越复杂。

与新闻节目中记者或主播的"听"有所不同,电视社会生活节目主持人的"听"要给对话者营造一种氛围,要让对方把主持人当作可以被倾诉的对象,当作可以一起聊天的朋友,而不是面对一个"采访者"。主持人应用心聆听,因为"听"是为了能够更恰切地"说";听进去才能继续引导对话,听明白才能继续问清楚。

五、群言主导者

邀请嘉宾参与节目是电视社会生活节目的一个重要环节。新语境下,嘉宾多方位、深层次的参与增强了节目的专业性、权威性、吸引力,同时他们也与主持人"分享"着话语权力。

电视社会生活节目主持人作为传播者、把关人拥有主导力量的话语权,在节目的群言场中应是话语的核心主导者。他不仅担当嘉宾与观众之间的桥梁工作,通过访谈满足观众的应知与欲知,还承担大量的嘉宾与嘉宾、嘉宾与观众之间的沟通工作,通过采访、谈话、引导等方式来搭建对话桥梁、营造和谐氛围、维护主流导向。

六、文化传播者

知识传播中的科学精神、人文精神,服务中的道德评价、理想导向都蕴含着人类普遍的生存价值和精神理念,往往能引起观众的情感体验和审美感受。无论是弘扬传统文化还是反映当代先进文化,无论是传播本国文化还是其他地域的文化,都是电视社会生活节目主持人最深层次的追求。

观众对电视社会生活节目的文化含量有非常高的需求,所以,节目的人文化倾向也相对明显。节目主持人是最为直接完成这个文化传播任务的人,他应当拥有丰富的人文涵养和文化积淀,以满足观众不断增长的文化期待,在"涓涓细流"中将文化的力量传递出去。

要点小结

电视社会生活节目主持人的媒介角色定位:
1. 热忱服务者。
2. 知识分享者。
3. 生活体验者。
4. 倾心聆听者。
5. 群言主导者。
6. 文化传播者。

第五节　电视社会生活节目的主持方式

电视社会生活节目有着丰富的主持方式，包括串联，演示讲解，访谈，规则执行、环节推进，体验式报道、外景报道等，需要主持人尽可能多地掌握各种方式。

一、串联

串联加专题小片是电视社会生活节目最常见的主持方式。主持人作为节目内容和观众之间、媒体和观众之间的桥梁，可依据文字稿件播读或依据腹稿讲述。比如，中央电视台的《今日说法》《中华医药》《走近科学》等栏目，都是由主持人在开篇、小片的起承转合处及结尾串联。

案例精选

中央电视台《黑灯看手机会失明吗？》

主持人（开场）：那接下来咱们要关注眼睛。现如今人们玩手机的时间是越来越长，这睡觉前，灯已经关了还在看手机，第二天醒来，第一眼也要看手机，于是就有人发出警告了，说黑灯瞎火看手机没准儿会失明，那这个说法吓着你了吗？

（播放小片，采访中国人民解放军总医院眼科副主任医师王丽强……）

主持人（结束）：好了，您现在不用太紧张了。这黑着灯看手机并不意味着您就会失明，但是这并不意味着咱们的眼睛可以毫无节制地想怎么用就怎么用，无论是白天还是黑夜，无论是手机光还是别的什么光，即使医学上认为它不是危害性的，但是如果长时间接触还是会导致咱们的视力下降。

二、演示讲解

生活服务类、科学科技类等节目经常会运用到这种方式。主持人需要同时进行道具操作和语言表达去展示某个过程，这样的呈现会更为直观、更为可信、更为生动。比如中央电视台的《是真的吗？》、北京电视台的《您吃对了吗？》等栏目，都会要求主持人现场边操作道具做实验或演示步骤，边进行有声语言表达。

案例精选

中央电视台《是真的吗？》

我相信大家肯定都遇到过这样的问题。比如说你拍到一些小东西，想近距离拍的时候，手机会怎么样？（观众：虚焦。）对，就会虚。因为手机里的确是没有微距功能拍摄的。怎么办呢？网上有传言说一滴水就可以让手机进行微距拍摄。到底是真的还是假的呢？

首先我们看一下没有用网友的方法直接拍花蕊，看能不能拍到。好，这个时候我能拍到一朵花。(继续推近)这个时候就已经虚了。它无法聚焦了,别说花蕊了,我就是近距离拍这朵小花,拍出来也是虚的。手机拍摄的都是这个效果,靠近一个小物件的时候,你就很难把它拍到。这是我们平常的方法。

现在我们用网友的方法,来做这个实验,看一下到底他说的是真的还是假的。网友说在家里滴管儿也可以,有这样的圆珠笔芯也可以,只要能够让他蘸到水,能拿起来就可以。首先蘸一滴水,把这滴水滴在摄像头上,让它倒置在摄像头上不掉下来。打开拍摄功能,拍这朵花。接下来欣赏一下我拍的。越来越清晰你发现没有?

三、访谈

访谈嘉宾是电视社会生活节目非常重要的一个环节。嘉宾可以来自各个领域,他们与主持人共同完成节目。访谈方式可以是一个环节,也可以贯穿整个节目。比如中央电视台的《夜线》《心理访谈》《首席夜话》等栏目,主持人对嘉宾的访谈都是其核心构成部分。

■ **案例精选**

中央电视台《夜线》

主持人:我们在聊一个女大学生做整容把自己变漂亮然后又后悔了的事儿。到场嘉宾……女孩漂亮不高兴,不漂亮也不高兴。她到底出什么问题了?你觉得?
……

主持人:如果她觉得那个女孩儿(其漂亮室友)仅仅是漂亮,其他所有方面都不好她还能成功,那我想告诉佳佳,如果她真的能成功的话,她就绝不仅仅是漂亮,她一定还有别的事儿你没有看到。而佳佳自己也是这样。就是,我曾经听到一位心理学专家也说到过,就说整容这事儿不是不可以,前提是什么啊?比如说,我特喜欢双眼皮儿,但我是一个单眼皮儿,OK,你去整容整一双眼皮儿,高高兴兴地,没有任何问题。但是如果你说,我现在是单眼皮儿,不够漂亮,导致了我工作不够成功,异性不够喜欢我,所以我要整成双眼皮儿,那样我什么都成功了,大家都喜欢我了。千万不要去整!你对自己的怀疑和自卑是综合性的,跟眼皮儿没有关系!你整完了眼皮儿依然无法得到大家的喜爱,因为你有别的问题没有解决。然后你就认为是鼻子的问题,你再去修鼻子,然后你再去做脸型。你一次一次地做,但是你所有的情商不高和不可爱的那部分并没有改变过,所以大家依然不喜欢你。

嘉宾 B:就是把医生的手当成"上帝之手",当成操纵她人生的一部修改器。

嘉宾 A:改变自己的容貌,还要改变自己的命运。

主持人:命运不归那个改。如果您面对的是这个女孩儿,您会怎么对她说?

嘉宾 A:我觉得这个女孩儿首先她没有想清楚自己想要什么。她整容之前的期待,如果她有的话,是非常多的,这也是造成她现在非常迷茫的一个问题,不知道自己想要什么,所以真的不知道到底该怎么办了。第一呢,就是说需要她仔细去思考,尝试学会爱自己,就是首先要接受自己。那么爱自己可以有几种方法:比如说我能看到的,这个女孩儿整容的费用,我相信她自己没有能力支付,应该是家人帮她支付的,那说明还有非常爱她的家人能够支持她的决定,那么她的家庭还是不错的;第二呢,她在整容之前有一个不因为容貌就愿意跟她在一起(的男朋友),而且刚才小片里说跟她一起去整容,这个男朋友其实对她很不错,所以就是说她不漂亮的时候,她身上依然有许多值得人爱的点,她应更多地去了解这个,学会把这些方面放大,从而产生自信,在这个自信的基础上她就会慢慢地把自己容貌上的不满意、一些缺陷呀,看得更淡一些,这样她就会变成一个更加自信的人。

主持人:而至于说,要不要再整回去,我不是医生,我是一个个人,作为个人,我真的不建议频繁动刀,挺危险的,而且不一定就能整成以前的样子。而且,就算整成以前的样子,你跟你的男朋友互相发生了那么多沧海桑田的变化之后,也未必回得了以前的状态。如果我觉得是男朋友介意你用这种方法改变人生,那么你已经伤害他了,他已经介意你了;如果他仅仅因为你长得漂亮了,挣钱比他多了,于是他就不乐意了,就觉得拿不住你了,这么自卑的男性,我看就算了吧,不要再找回来了,否则以后也会有很多矛盾。

嘉宾 B:找一个能拿得住你的。

嘉宾 A:更多地去接受现在的自己。

四、规则执行、环节推进

规则执行、环节推进是既具有传承又体现发展的一种主持方式,常常运用在竞赛、真人秀等节目形式中。比如中国教育电视台的《职来职往》、北京电视台的《妈妈,请听我说》等栏目,主持人都是节目所设环节的推进者和具体规则的执行者。

案例精选

中国教育电视台《职来职往》

职来职往,前途宽广。欢迎来到中国教育电视台一频道,您现在看到的是《职来职往》。我是主持人李响。今天我们在这个舞台上又会来四位求职者,希望他们都可以带着自己满意的结果离开这个舞台。如果最后没有拿到推荐信,也希望他们在这个舞台上,可以留下不一样的经历。首先还是欢迎18位达人,有请——

(介绍嘉宾)

好的,接下来请一起了解《职来职往》的晋级规则。

(介绍规则)

好的,就是这样,当然所有的推荐信已经准备好了,希望每一位求职者,可以把它带回自己的家中。那今天第一位推荐人会是谁呢?

有请一号选手。

（一号选手登台。访谈）

现在还亮着灯的 16 位达人老师，你们共同来决定，在今天这个场合下，自己来选择要开始职场的起步。如果觉得她有资格就留着灯，如果觉得她没有资格，那就灭掉你们面前的灯。最后给你们 5 秒钟的思考时间，想一想，请。

××同学涉险过关。随便讲出任何一个企业的名字，除了你的推荐人××老师的企业之外，另外 17 家企业，不管亮灯还是灭灯的请说出。

有请××送上推荐信。好，谢谢，再次恭喜。

五、体验式报道、外景报道

旅游、购物、美食、户外活动等内容的节目往往需要主持人走出演播室，到真实的外景地去具体体验，同时在现场进行描述、评点、采访等，以增强节目的现实感、感染力、趣味性。比如中央电视台的《原来如此》《远方的家》，北京电视台的《生活大调查》等，都是通过主持人的亲身体验去验证事实或原理，整个过程构成节目的主题内容或通过验证推进节目的走向。

案例精选

中央电视台《远方的家》

一路沿着怒江，我们前面就要进入福贡县境内了，而我现在所在的位置，叫作碧福桥，它连接的就是泸水县和福贡县的匹河乡。这一路走来我们发现，这个日晒呀非常厉害，可能和这里海拔大概一千多米有关系，以至于现在我眼睛都已经睁不开了。由于日晒强烈，也使得这个路面的温度相当得高，所以说来往的车辆在这里要特别注意安全。比如说，前面的这个沥青，温度高的时候只要用手轻轻地这样一扒，沥青甚至可以化掉，可见这个路面的温度，至少应该有四五十度了吧。虽然天气非常热，哇，脚都已经沾上了！虽然天气非常热，不过我们《远方的家》，还将从这里继续我们的边疆之旅，正式进入福贡县境内。

六、多种方式综合运用（含参与方式）

电视社会生活节目多种多样的主持方式要求主持人能够掌握相应的主持方式。当下，很多节目常会运用两种或两种以上的节目形态和主持方式，如演播室串联加外景体验，外景体验加访谈，访谈加环节推进等等，这就需要主持人通识各种主持方式的理论及技能，游刃有余地在不同形态之间做转换。比如，北京电视台的《我是大医生》栏目中，主持人悦悦周旋于三位医生嘉宾主持、当期特邀医学专家和现场观众之间，访谈、谈话，推进节目进程，有时还得做医学实验、操作演示道具等等，称得上是"以一当十"。再如，很多旅游节目的主持人除了需要以体验者的身份完成外景的部分外，还有可能需要承担当期节目的串联、配音等任务，甚至有的人还是这期节目的编导，可以说是"一专多能"。

另外，电视社会生活节目主持人会大量地参与前期策划与后期配音、编辑等工作。

如任志宏在《国宝档案》中、阿龙在《这里是北京》中身兼串联和解说的双重职责;浙江卫视的何亚妮、北京电视台的徐滔更是在自己的节目中同时担当主持、记者、制片人、主编等重任。

案例精选

中央电视台《开讲啦》

主持人： 准备椅子是因为姚明脚上的伤。可能不需要外力的冲撞，就靠你自身的体重，就有可能导致他受伤吗？

姚　明： 听上去有点儿像豆腐渣工程。实际上通俗地讲，它就是一个疲劳性骨折。所以说，人体的（包括物质的）一些极限是有的，但是我们更要探索的是，我们精神的极限在哪里。

主持人： 现场的观众用纸条写了一些问题，我挑其中一些来问你。江湖上一直传言，关于大明跟小明的故事。这个事儿你也听说过吧？大明是你，小明是郭敬明。在网上流传着一些照片，是你自己一个人，然后他们在底下说，这是姚明和郭敬明的合影。你的一个大概到这个位置的半身像。

姚　明： 其实反过来拍也是一样的效果。

主持人： 他可以说，"我是在人民大会堂门口拍的"，会有两根强壮的柱子。你们俩照过相吗？你跟郭敬明照过相吗？

姚　明： 没有吧。你照过了。

主持人： 完了，从明天起网上所有的照片，直接把旁边名字改成我啦。什么型号的手机，才能适应你的手指头，以至于不会按错了键？

姚　明： 拿一个平板电脑可以当手机用。

主持人： 你平时玩 NBA 的电脑游戏吗？你玩游戏的时候会使用自己吗？会不会把自己的属性值都调到最高呢？

姚　明： 要回答？我不玩 NBA 的游戏。怎么说呢，NBA 对我来说太真实了。另外，我非常反对的是，又当运动员又当裁判员。

主持人： 我没太玩儿过，属性值是什么？就是速度、体能、命中率、力量？如果这几个属性值你上场以前自己能调，你最希望把哪一个属性值调到最高？

姚　明： 我很难取舍。有时候，这些东西可以作为你的能力、速度、力量、命中率等等，但是如果你没有足够的意识、足够的知识去驾驭它的话，那只会是一个浪费，极大的浪费。

要点小结

电视社会生活节目的主持方式：

1. 串联。
2. 演示讲解。

3. 访谈。
4. 规则执行、环节推进。
5. 体验式报道、外景报道。
6. 多种方式综合运用。

第六节　电视社会生活节目的主持语言特点

电视社会生活节目主持的有声语言主要采用讲解式与谈话式的话语样式，讲求内容通俗易懂、简洁明晰，态度真诚恳切、谦和亲切，表达平实质朴、生动灵活。

一、内容通俗易懂、简洁明晰

电视社会生活节目的内容包罗万象，涉及文化历史、科学技术、道德法制、经济金融等等。节目无论是以教育性为主还是突出服务性，都需要以"通俗易懂"为内容创作的基础。电视文化是大众文化，需要让大多数人看明白、听明白。要想提升人民群众的文化水平与人文修养，须先从"明白"做起。

电视社会生活节目主持语言的创作应符合电视传播规律，契合目标观众的接受水平，适宜选择三言两语、短小精悍的段落式表达，"简洁明晰"地讲解知识、说明道理，不要长篇大论、零碎烦琐，即用精练的生活口语，简明、清晰地进行内容传播。

案例精选

中央电视台《今日说法·"半瓶汽油"》

（小片＋导视）

主持人：驾驶人是谁？没有人知道。在这种情况下，三原警方决定"以车寻人"。他们希望通过排查这辆车的活动轨迹来找到相关线索，进而锁定犯罪嫌疑人。就在这时，50公里之外，一个农民在放羊的时候意外发现了一个重要的线索。

（小片）

主持人：所有人能想到的地方、能排查到的环节，三原警方都派人去查了，结果收效甚微，这让他们心有不甘。回过头想想，他们觉得调查的路径没有错，那问题出在哪呢？细节决定成败。三原警方决定对此前掌握的所有信息进行重新梳理，希望找到此前被忽略的线索。

（小片）

主持人："你让我先说哪一个？"这是犯罪嫌疑人王辉交代的第一句话。听到这，办案警察意识到，事态严重了，王辉身上背负的案件很可能不止这一起。

（小片）

主持人：案子破了，但是还是有很多谜团没有解开，犯罪嫌疑人为什么会盯上王强和另外两名受害者,他们之间有什么深仇大恨吗?如果没有,那他们为什么会在十天之内连害三命呢?

主持人: 今天我们演播室请到的嘉宾是中国政法大学的马皑教授。欢迎马老师!这起案件的三名犯罪嫌疑人他们杀人的目的是为了"练胆"?

嘉　宾: 这三个犯罪嫌疑人你能够发现,在他们少年时期处于一种被边缘化的境遇,学业上、能力上可能都与同龄人有着很大差距,这种被边缘化就容易出现他们对其他同学的戒备和敌意。正是他们的这种性格、价值观、成长经历,才决定了他们会出现这种异常的甚至变态的想法。

(小片)

主持人: 马老师您再看看我们本案当中三个犯罪嫌疑人的年龄,两个是90后,一个是1988年的,是什么样的教育经历能导致他们反差极大的一种行为?

嘉　宾: 就本起案子而言,一个是家庭功能的缺失,可能表现在行为教导上的缺失,就是父母没有能力或没有时间,不能够对孩子的错误给予及时纠正;第二就是情感交流上的缺失,这对人性格的影响是最大的,它容易让人冷酷、极端、不在乎别人的感受。

主持人: 本案让我们看到了一种教育缺失,别等他到了成年之后犯下大错我们才后悔不已。青少年时代我们在教育子女上应该注意哪些问题?

嘉　宾: 我们要让孩子达到三个最起码的条件:一个是要有自理能力,第二个是要自信,第三个是要自律。那么如何实现这些呢?实际上全靠家长的投入和帮助。第一个方面就是要及时纠正孩子在日常生活当中所表现出的小错误,让孩子建立一个对与错的界限。第二个就是多让孩子从小有一个自理能力的培养。儿童自理能力是他成人之后自信能力的基础,越有自理能力的孩子,他的自信心就越强。自信心强了,即便今天学业落后了,他也有那种我能够赶上去的信心,这样能够使他们和同龄人交往时有一个良好的情感和性格。

主持人: 一个生命的离去,不只是他本人的不幸,是所有活着的亲人的不幸。孟子说,"人之所以异于禽兽者几希",意思是人和禽兽相差就那么一点点。哪一点点呢?是恻隐之心、羞恶之心、辞让之心、是非之心。通过学习,我们懂了这么多道理,也就不会鲁莽行事,不会走上犯罪的道路了。

案例分析

《今日说法》是中央电视台1999年推出的一档知名法制栏目,多年来一直保有较高的影响力和关注度。节目以"以案说法、大众参与和专家点评"的方式,通过真实案件解读法律条款,普及法律知识。本期主持人路一鸣多年主持《今日说法》,其成熟沉稳的外形气质与节目的理性色彩相得益彰,他简洁明了的语言风格亦受到观众的喜爱和欢迎。本期节目我们可以看到,在介绍案件的过程中,主持人开门见山,将事件有力推进,语言干净利落,易于听懂,使得事件发展更加扣人心弦。在与专家访谈的过程中,主持人以案件嫌疑人年轻化的特点引出青少年教育这个社会大众广为关注的话题。当专家谈到教育缺失时,主持人用一句话及时总结:"本案让我们看到了一种教育缺失,别等他到了成年之后犯下大错我们才后悔不已",继而提出"青少年时代我们在教育子女上应该注意哪些问题",将问题引向深入。通过这个案例我们可以看到,简练、精当、准确、通俗的语言不仅是主持人自身的风格特征,更是这类节目向大众有效普及和阐释法律常识的必要保障。

二、态度真诚恳切、谦和亲切

这是电视社会生活节目主持语言标志性的态度呈现。"真"来源于生活的本真自然,来源于对观众的真心实意,来源于传播的认真准确;"亲"指向传受双方的关系,似亲人如挚友,既有软语温言又有诤语良言。

电视社会生活节目通过具体的服务使人们得到帮助,这包括生活实践的路径方法,也包括精神层面的教育启迪。主持语言只有情真意切、平等亲和,才会使观众愿意接受这种传播,才能使节目内容深入人心。

■ 案例精选

北京电视台《养生堂》

(专家教授了膝关节保健操)

悦悦:这是站着的时候还有活动的时候怎么保护好膝关节。其实现在久坐——就是老坐着的人,还是比较多的,我们平时录节目就是坐着,观众看节目也是坐着。坐一天或者是伏案工作一天之后,膝关节倒不是最大的问题,最大的问题是脖子疼的问题,就是一抬头就酸得不得了。很多观众也会有这种感觉,就觉得脖子、肩膀都特别紧,这怎么办呢?

专家:这个问题实际上比膝关节的问题有过之而无不及,更多。……

悦悦:我们来看一下,这是我们的脖子,老说脖子疼是哪疼啊?哪出问题啊?(大屏幕显示颈椎示意图)

专家:(讲解颈椎病的原理)你有没有这个问题啊?

悦悦:我太有了,我两三个月之前去照片子就是生理曲线消失,就是直的。

专家:现在就这么坐着,咱们能不能现场练一练?

悦悦:可以,大家一块儿练练。

专家:你感觉一下,三天之后有什么结果你告诉我。

……

专家:还有一节,就是自我牵引。咱们两只手就这么重叠,用小鱼际抵住咱们枕骨外面这个风池穴,低头做捏挤拿,把后面颈椎两旁的肌肉拿起来,捏挤拿,托的时候往后仰,你看,低头捏挤拿,拿起来了,然后不松手,托,感觉怎么样?

悦悦:我感觉我穿衣服穿得太紧了。

专家:有没有脖子往上抻拉的感觉?

悦悦:大家有吗?有啊,叔叔阿姨点头就行,舒服就行了。

......

专家：做完了以后，不仅对颈椎，对于后背疼痛，对于肩凝症，肩的酸痛都有明显的防治作用。

悦悦：大家活动活动，感觉怎么样？不错吧？而且我发现大家练这套动作练得特别开心，那我们就感谢一下刘老师。谢谢刘老师！

案例分析

《养生堂》是北京电视台科教中心于2009年推出的一档日播养生栏目，受到很多观众的关注和喜爱。栏目对于一些常见的健康问题通过养生专家的专业解读，为广大观众提供知识和帮助。本期内容是解读日常膝盖和颈椎病的问题并学习相关的保健操。主持人悦悦在节目中是清新善良的邻家女孩形象，语言通俗、平易、谦和、体贴。由于自己颈椎不好，与专家、嘉宾一起交流时更是将自己定位在一个年轻患者的角色上，一方面向专家虚心求教，随时请教细节、做法和原理；另一方面，也真心替观众着想，比如时常问问"大家会了吗？""大家觉得舒服吗？"等等。当自己衣服紧动作没做到位时，还关心观众的情况，当看到现场观众都会做了，便放心地说"叔叔阿姨点头就行"。这不仅是与现场观众的互动，更是主持人真诚服务意识的自然体现。

三、表达平实质朴、生动灵活

电视社会生活节目的主持语言，其内容来自人们的物质、精神生活，贴近性与实用性都很强，于是本身就会带着生活的平实质朴和趣味鲜活。

那么主持语言的创作就应当做到：一方面，保留生活的实实在在，无须不必要的华丽辞藻的堆积，无须不恰当的矫揉造作的姿态；另一方面，还原表达的生动灵活，富于变化，趣味十足，充满吸引力与感染力。

案例精选

北京电视台《这里是北京·"戏说"从大栅栏开始》

主持人：大家好，欢迎收看本期的《这里是北京》，我是阿龙。以往咱们节目讲过很多传奇的历史故事，不明真相的观众总称之为"戏说"，其实这个"传说"和"戏说"是两回事，而且很多历史真相确实是众说纷纭，我只是一一地转述给大家当一个参考。然而今天呢，我们要堂而皇之地"戏说"一回，因为今天要说的这个地方，如果没有"戏"那就真没戏了。

解说：这是一张清末民初北京城的街巷地图，这片红色几乎占据了整个北京市西城区的南半部分，也就是原来宣南地区。放大了看看，这其实是近300个红点连成的片儿，每一个点都能跟国粹京剧扯上关系。

解说：这里是北京名家存档，姓名刘嵩崑，自幼酷爱京剧与历史，业余从事写作20余年，主要著作《京师梨园轶事》《京师梨园世家》《京剧梨园故居》三部曲等。刘先生口中所说百顺、韩家潭就是大栅栏附近的两条胡同。早在清朝您要是想追星要签名,在这个地方蹲一天准有收获。根据西城区档案馆的调查,这里边有112家京剧戏家,100多处京剧名角的故居,还有大大小小60多处戏楼戏园子。唱戏的离不开百顺韩家潭。就跟唱歌剧的离不开百老汇,演电影的离不开好莱坞是一个道理。那为什么清朝的艺人,要往百顺胡同和韩家潭胡同扎堆呢?

解　说: 四大徽班进京,经常被描述成这样的情境。在那个通讯基本靠吼,交通基本靠走的年代,全国四大演义团体商量好了一起"北漂"。祝乾隆皇帝生日快乐,因此全体演员拿到了北京户口,成了西城区的居民。但这只是咱们的美好愿望。

解　说: 事实上三庆班进京的第二年,四喜班才到了北京,9年后才有了和春班,13年后也就是嘉庆四年1799年,春台班最后一批进京,当时大大小小进京的徽班不下30个。

解　说: 以往我们都以为内城不能有戏园子,是满汉分居造成的,原来其中还有八旗子弟的教育原因,跟现在学校周边一定范围内不许有烟酒商店有点类似。回过头来说说四大徽班进京之后,京剧还没诞生呢。这张《同光十三绝》上,画的就是13位京剧的奠基人。从这幅画的名字就能看出来,京剧是在同治、光绪年间才形成的。您看看这13位里有认识的吗?这位梅巧铃就是梅兰芳的父亲,从左边数第六位就是程上庚,就是把南方唱腔演变成京剧的推手之一。而咱们最熟悉的还是这位谭鑫培,谭老板或许没有想到,他的子孙能够创造七代从事京剧艺术的纪录。

……

主持人: 敬请关注《这里是北京》,带您走进琉璃厂,文化的地盘我做主。

案例分析

《这里是北京》是一档极具北京本土特色的栏目。自2004年开播以来,一直立足于北京本土文化,挖掘城市变迁背后的历史渊源。将一个城市的古老与现代、深沉与幽默融合在一起。栏目以"幽默的叙述方式""以古鉴今的思维方式""戏剧化的结构方式",从人性化的角度与历史人物进行对话,以百姓的心态审视发生在京城的各类历史事件,旨在使各个层次的观众,都能够深入浅出地了解北京的传统文化。

《这里是北京》,无论是节目本身还是主持人,都具有鲜明的个性特色:节目具有强烈的人文性和地域性,主持人的讲解穿梭于北京的历史与现实当中,这就需要主持人是一个深谙北京历史文化的"知情人",方能转换自如。主持人阿龙以轻松流畅的语言和颇具民族特色的造型凸显了节目的风格特征,和节目可谓相得益彰。无论是开场白还是解说配音,阿龙略带京味儿的讲述、评书式的语态、幽默的注解、意味深长的重音,让观众觉得他就是一个熟悉北京民风民俗的、对北京特色文化很有发言权的地道北京人。主持人阿龙的确是一个地道的北京人,同时也是一个喜欢历史文化,尤其熟悉和喜爱北京的城市文化的人,他的喜好正好与节目联系在一起,使其自身散发出的气息与节目风格十分融洽。

要点小结

电视社会生活节目的主持语言特点：
1. 内容通俗易懂、简洁明晰。
2. 态度真诚恳切、谦和亲切。
3. 表达平实质朴、生动灵活。

第七节　电视社会生活节目主持人的能力诉求

电视社会生活节目数量庞大，社会影响力广泛，其内容专业化、形式多样化、对象分众化均需要主持人能够深度具备相应领域的知识，能够胜任各种节目形式，能够高度契合目标收视群体的需求。

电视社会生活节目的主持经常贯穿于节目始终，所以，这一类节目和主持人之间的黏合度非常高，主持人的个性化色彩会非常突出。

在新语境下，电视社会生活节目主持人的业务能力培养应遵循其特殊性要求，需关注以下几个方面：

一、熟知与节目相关的专业知识及技能

电视社会生活节目主持人的知识结构中应该有非常突出的专业性，对自己节目所涉及的相关领域要熟知，比如具有法律、财经、医药等学科的专业背景或相关专业知识储备。

首先，观众的文化知识水平在提升，获取信息的渠道又非常丰富，他们对相关领域或许已经有一定掌握，那么，主持人只有更大限度地占有信息和更为透彻地理解相关内容，相较于观众"略高一等"，才能发挥应有的引导作用。其次，节目邀请的嘉宾经常是某一领域的专家学者或者是行家里手，主持人要想获得与他们真正平等对话的资格，就必须具备较高的相关专业素养，这样才有可能问出更具针对性、更深层次的问题，嘉宾才有深度谈话的愿望。

拥有复合型的知识结构是电视社会生活节目主持人增强可信度、权威性的重要素养，它能够让主持人更加快速准确地收集节目的相关信息，更加全面深刻地理解节目的立意思路，更加自如恰切地调动自己的知识储备，从而选取更为独特的观察视角和更为个性的表达方式进行传播。

案例精选

中央电视台《走近科学·金字塔之谜》

导　视：金字塔惊现江西省崇仁县，建在百多米高的高山顶上，占地2200平方米，全部用巨大石块堆砌而成，是谁如何将这庞大的巨石建筑建在这千米高山之上，敬请收看

《走近科学·金字塔之谜》。

解说：一次偶然的机会我们从报纸上得知，在江西省崇仁县有一座1219米的高山，当地人称它为相山。在相山的山顶之上有一座奇特的建筑，之所以称它奇特是因为有人称它为金字塔。

主持人：其实我觉得啊，当地人管它叫作金字塔，可能就是因为看到了它的这种阶梯形式的一个结构吧。那么某种程度上讲，我觉得它跟金字塔似乎离得比较远。我们看它所用的石块都并不是很大，这一点和金字塔没有办法相比。但是我们感觉到，想当初如果这个整体建筑都在的话，应该是一个比较大型的建筑吧。可是我们中国古代的建筑大家也都知道，它基本上都是木质结构的，很少有见到这样拿石头垒得整整齐齐的建筑。那么，这样一个石质的建筑它在古代到底是做什么用的呢？

主持人：我们现在在这个桌上也摆了一些从现场寻找到的残片。那么像这块石头呢，据说就是很多类似于它这样大小的，是摆放在两块上下之间缝隙比较大的石头当中的，其实也是起到了稳定和把所有的缝隙变得更小的目的了。不过，其实看到这样的石质结构我们也会觉得，确实，在我们国家古代建筑中类似的建筑还是比较少见的。相比于长城来说，它的工作量肯定没有长城大。但是，在当时那个条件下，要想把这些石块如此比较规则地堆砌起来，在当年估计也是一个比较大的工程了。

主持人：我相信，在它当年建成的时候，这个建筑相对于其他，尤其是周围的建筑而言，绝对也是特立独行的，肯定在当时就能够显示出它的与众不同来。因此呢，我们也呼吁当地的文管部门尽快出台一些行之有效的保护方法，把整个这片区域都好好地保存下来，因为它是我们中国建筑史上不可多得、非常少见的一种石质建筑，是能够遗存至今的典范。好，非常感谢大家收看我们今天的节目，接下来请您继续关注中央电视台科教频道。

案例分析

《走近科学》是中央电视台科教频道制作的一档大型科普栏目。2001年节目改版之后以讲故事的方式吸引了大批受众，生产了大量优质的电视科学节目，在各类节目评奖中屡次获奖。节目采用专题片穿插、主持人演播室串场的形式，基本上一期节目讲述一个科学道理。

科学节目的主持人具有较强的专业性。《走近科学》节目主持人张腾岳做科学节目十余年，长久以来在自身文化定位上注重科学知识的积累和人文素养的提高，具有较高的科学素养，这也是其能够胜任节目的前提。主持人与节目风格融合度较高，体现出科学严谨的理性氛围与跳跃灵动的通俗色彩并重的特点。主持人张腾岳作为节目内容和观众之间、媒体和受众之间的桥梁，他将文字稿件或搜集的资料有效地转化为自己的理解进行讲述、阐释，每一次的串联在功能上既起到了阐释补充与结构推进的作用，又对故事的悬念设置和发展演进进行了较好的情绪把控，使得故事的讲述具有段落感、层次感和吸引力。

《走近科学》的主持特点在于，主持人能够把严肃的科学内容轻松准确地传递给受众。首先,他对片中涉及的深奥的科学道理往往采用通俗易懂、亲切口语的方式进行解读。对于片子每一个段落引发的悬念进行生动的串联,给人引人入胜之感。其次,主持人辅之以适时得当的体态语,有时还配合着道具的演示和讲解,给节目增添了自然活跃的元素。

二、精准把握传播对象的特点

对象性是电视社会生活节目具有标志性的特点之一。频道化发展、分众化传播的新语境给电视社会生活节目带来更为细致的对象分类,节目内容涉及饲养宠物、鉴赏汽车、育婴早教等方面,五花八门、琳琅满目,这使得电视社会生活节目的主持人要更为精准地了解对象的特点和需求,针对不同观众能有相应的心理认知及表达方式,以使传播更为有效。

电视社会生活节目主持人为了精准地了解、把握传播对象,真诚地体贴特定对象的需求,先要选取目标观众最为感兴趣、最适合接受的内容,抓好知识点、找准兴趣点,同时注意协调好观众"欲知"与"应知"的关系,继而运用目标观众喜闻乐见、合适的表达方式,使观众能够真正理解、感到愉悦。

案例精选

农民是一个很有特点的群体:他们往往缺乏"时尚"元素,脚下有泥接地气;他们又与时俱进,"新农民"有新气象。

有着"中国第一农民之友"美誉的肖东坡从一进入电视领域就做对农节目,又于2003年在中央电视台创办《乡约》栏目并担任制片人兼主持人。在此期间,他获得过诸多奖项,《乡约》栏目也是获奖频频。

作为制片人兼主持人,他的信念和思想具化为一期期日常节目和特别晚会,具化为一句句主持词和串联词。《乡约》栏目和《乡约》晚会中,有许许多多贴近农民、趣味横生、庄谐皆备的有声语言创作。比如,用顺口溜作主持词:

"三十饺子吃完了,初一全家团圆了,孙男弟女压岁给赏钱了,那么多好酒好菜解馋了。开开心心您也不烦了,打开电视您就得看咱了。东坡、小燕给父老乡亲们拜年了!鼠年到来我们沐浴春风了,许多好事相继发生了,十七大胜利召开首都北京了,嫦娥一号奔月升上太空了,咱农村又出现不少百万富翁了……"①

比如,用词牌方式写晚会颁奖词:

"(《南歌子》)自古观齐鲁,先贤几辈出。圣哲椽笔著天书,岂有,三冬鲜绿给丰足。老骥耕园圃,英才史上无,改排春夏四时图,致富,神州盛誉老农夫。有请获奖者王乐义。"②

当然,肖东坡最深入人心的还是他和农民朋友在"以天为盖,以地为舆"的"演播室"

---

①② 参见肖东坡在农影中心《〈乡约〉晚会创新追求》发言稿。

畅聊时那诚朴的话语、淳朴的笑声和质朴的装扮。在《远山歌谣》一期中,他是这样和大家"开聊"的:

"我现在是在江苏省张家港市凤凰镇凤凰山脚下。大家伙看我背后的凤凰山,郁郁葱葱、流水潺潺。(用语气制造紧张气氛)可是到了夜晚呢就是竹林魅影、月黑风高,呜呜地刮着冷风,然后呢,嗷嗷地,密林深处还有鬼哭狼嚎的声音。假如说,这个时候你自己一个人独自行走在山间,突然发现背后有一个黑影在跟着你,你会怎么样?(接下来笑着说)我今天要把这个作为互动的话题来问问咱现场的观众。"

接下来观众积极地和肖东坡互动,有年轻的姑娘边说边学"女鬼"意欲把这样的人吓跑,还有老妇人高声唱了一首极具当地特色的而且估计只有当地人能听得懂的山歌,说这样可以吓跑"黑影",惹得肖东坡笑说:"要是那黑影追着你,一听你@¥#%……他就晕了!"现场农民朋友都开心地笑了。然后,肖东坡一收,进入主题:

"你说在咱们河阳镇听说还真有这么一个人,还真是晚上去追人,追人追了四里地。大伙儿想不想知道这是一个什么样的人?想不想知道?(现场农民观众热情地喊:想!)想知道的话,咱们'带'今天的嘉宾虞永良!咱们'带'老虞审上一审!"

一个"带"字、一个"审"字呼应了前面开场白的"故事",幽默风趣。紧接着,响起"包青天"的主题曲,上来的主人公果然长相"应景":吊眉立目却趣味十足。

肖东坡的主持,语言充满乡土气息,态度真诚、热情、亲切,风格自然、朴实、幽默,其别具一格的主持为我国对农节目的主持艺术增添了一道亮丽的色彩。

三、能动串联节目,巧妙处理衔接点

在专题片的节点或杂志化节目的板块之间做串联是电视社会生活节目主持人最常用的主持方式。节目一般以一个完整的事件为内容或具有清晰的板块结构,主持人在其中主要担当着起承转合的串联者的角色,比如中央电视台《走近科学》《今日说法》,北京电视台《法治进行时》《古老的北京》等。主持人的串联衔接要在应有的规范前提下尽量口语化,多种话语体式、话语样式灵活运用,让串联部分更"好看"。

主持人应提高创作主动性,能动地进行串联,恰如其分而又妙趣横生地衔接节目。主持人的串联衔接在节目中需要发挥出积极的作用,使自己的主持能够做到:

(一)拓展信息,引导收看

主持人一方面要多角度、多层面地充分感知、理解节目内容,另一方面又要调动自身的相关储备扩充信息,这样既可以帮助观众理解、接受节目内容并开阔他们的视野,又可拓展节目容量,让节目更为丰富。

(二)激发兴趣,吸引收看

主持人要充分发挥想象力和创造力,努力寻找能够触发观众兴趣和审美的细节,选择贴近观众实际生活和接受心理的"话由"引出节目。从观众的"已知"引出"未知",由近

及远、由此及彼地"联想"出接下来的内容。

(三)交流观点、沟通情感

主持人应当细心而灵敏地预测观众具体的收视心理,并把自己的感受、观点说出来,营造出朋友之间交谈共同感兴趣的话题的情景。表达时把阐释与沟通结合起来,既补充背景知识,帮助观众了解内容,又交流感受,引起更多共鸣。这样的串联,体现的是一种平等贴近的服务、一种亲切平易的引导,同时还增添了节目的个性特点和人文色彩。

案例精选

中央电视台《道德观察》

主持人:不管你是不是还在回味2011年的步步惊心,也不管你是不是相信2012那个世界末日的预言,2012就这么来了。2011年,很多新闻都跟"救人"有关,2011年许多人都纠结于救还是不救,扶还是不扶;2011年,很多人在问,我该怎么救,我扶起来以后会怎么样?2011年,更多的人感叹除了拯救生命,我们需要拯救的还有更多。2011年的国庆长假,14个人组成的户外登山团进入了四川省四姑娘山之后,他们集体失踪了,从而引发了一场让全国都关注的大搜救。12天之后他们平安出山了,人们揪起的心放下了,但人们对拯救与被拯救的争论却远未平息。

配　音:这是一群徒步四姑娘山的户外运动爱好者,他们平均年龄不到30岁,在大学的间隙,看到了著名的日照金山时拍下的视频,这几个"驴友"自发组队同游是为了看到这样的美景,但是就在4个月前,这条路线已经被景区管理局明确封闭禁止,因为在2011年6月,南京有两位"驴友"在穿越同一路线时失踪,至今没有找到。领队许宁说,他清楚地知道此事,但却没能阻挡他内心探险的诱惑,他们向景区隐瞒了路线和人数进山了。

配　音:11月4号到6号一切看起来还顺利,但越往前走,这条临时变更的路就越难走,就在队员在山林里寻找山路的时候,距离他们原定的出山时间已经超过了3天。11月9号,四川省山地救援队队长高敏接到了失踪队员家属打来的电话,但是因为他们登记时的谎报,对这支队伍的时间、路线和具体人数,当时没人能说清楚。

配　音:11月9号开始,管委会先后派出5支搜救队,前往搜寻失踪人员。为了在最短时间找到失踪人员,小金县、卧龙特区、理县、汶川县四方全部调动了起来。

主持人:这样的救援不是第一次。2011年4月,北京17名"驴友"在门头沟灵山被困,警方、当地政府和民间救援队,在3架警用直升机的帮助下,经过21个小时的搜救,成功地把他们救出来,这次救援出动了警力、消防救援队人员,以及村民一共290人。2010年12月,18名大学生违规进入安徽黄山风景区,在登山探险时迷路了,当地公共安全专家局的民警、消防官兵等救援人员,找到18名大学生并把他们全部救出,在护送他们走出危险区时,黄山风景区公共安全专家局的民警张鸣海不幸坠崖,当场牺牲,年仅23岁。不管是什么原因,只要有人陷入危险的境地,营救行动也就会随之而来,这样的做法是要告诉社会上的每一个人："当任何一个人陷入危险境地的时候,社会各方面都不会坐视不管,一定会动用一切资源,尽可能地把你们救出来!"这一次对于那14个有冒险精神,却缺乏规则意识和秩序感的"驴友",在四姑娘山当中的所有迷失和波折,才可能是拯救与被拯救的开始。

  配 音:那些"驴友"们还不知道,仅3天的时间,他们失踪的消息已经占据了全国各大媒体的头版头条。12号上午8点左右,搜救队在耿达乡正河沟的高山上,发现了失踪的"驴友"。

  配 音:但这些全部把帽檐拉低,对外界不发一语的年轻人,互相之间却合影留念,谈笑自如,给外界传达出了一种冷漠之感。当地政府为他们准备了食物,医疗队也让"驴友"们回绝了,一夜之间外界对他们热切的关注变成了谴责。

  配 音:为了搜救这失踪的14人,阿坝州大约动用了当地居民、医生、公安、武警、救援队等1000人次参与救援,救援成本超过13万。并不了解救援情况的"驴友"们,曾要求登山协会出具救援明细单。因为交流的态度,又一次引起了风波。

  配 音:经过商议,其他费用由政府承担,但山地救援队的3600元经费需"驴友"承担。近年来"驴友"失踪事件频发,而这些沉痛的教训,还是没能避免事后的惨剧发生。高敏说,内心深处他理解这些"驴友",因为他也曾经是个户外探险发烧友。

  主持人:2011年,这些迷失在四姑娘山的"驴友"们,对外界施予没有感激和歉意;去年被营救出来的那18名大学生,对于因为他们探险而牺牲的那位民警没有敬畏和悲伤。好像在这些人的眼里,所有为他们付出的人力、物力、财力甚至生命,是那么理所应当。高敏说,"生命是可贵的",这句话从这个曾经像许宁一样年轻和冲动的汉子嘴里说出来,里头有血有泪,所以他跟许多人在批评这些年轻人的时候,不是要索要感谢,也不是计较营救行动花的费用,是因为这些天里,他们为这14个人的安危受过苦、揪过心、着过急,所以他们希望"驴友"们把自己的性命放在心头。

  主持人:2011年有倒在车轮下却没人去拉一把的孩子,有摔在马路上却无人搀扶的老人,他们在路人的围观和冷漠中失去了生命。2011年还有天津的许云鹤,有武汉的张聪,也有江苏的大巴车司机殷红宾,他们在救援之后遭遇的不仅是冷漠,还有其他:先是被救后忘记了感恩,后来失去了救人的能力,最后连被人救的机会也可能失去。所有这些反映的是同一个问题——人心冷了。救与不救,扶与不扶,这本不该是问题的问题,在2011年却成了最大的问题,对于我们整个社会来说,这个问题来得不算太迟,我们还有时间去反应和应对。在深圳,一个女孩用她的举动告诉我们,小动作真的可能变成大功德。

  配 音:有人要跳桥。2011年6月9号下午3点多,深圳最为繁华的东门人民南路人行天桥上,一名男子站在天桥外缘,一手挥动着匕首,一手攀着护栏,做着打算跳桥的姿势。天桥上两名女子站在男子面前,不停地劝导他。消防、120急救人员都赶到了现场。

  配 音:天桥上男子情绪激动,不停地与女子发生争吵,还不时挥动手中的匕首威胁其他人不要靠近。一个多小时过去了,这惊险的一幕一直持续着,围观的人越来越多,交通也越来越拥堵。为了防止出现意外,救援人员在天桥下铺好了气垫。然而突然现场情况发生了很大变化,女孩搂住了男子,警察趁势把他拉了下来。

配　音： 一个吻化解了危机,围观的市民也松了口气。看到这儿很多围观的市民都以为是年轻恋人吵架,闹自杀,是一场闹剧。然而让大家没有想到的是,后来警方得知,这两个年轻人根本不认识,要自杀的男青年16岁,来自四川,而亲吻他的女孩是一名热心的路人,只有19岁。真诚的一吻拯救一名素不相识的轻生男子,只有在小说或电影中出现的场景却在现实生活中发生了。这个一吻救命的女孩叫刘文秀,她说原本自己也只是天桥下众多围观者中的一位,后来听到大家的议论时,她再也看不下去了。

配　音： 就这样刘文秀和男孩相互诉说着自己的不幸,但是半个小时过去了,小伙子还是没有放弃要自杀的念头,这时刘文秀提出了一个让人意想不到的建议,说愿意今后关心他,做他的女朋友。

配　音： 刘文秀说当时去吻他没想那么多,就是觉得他的情绪要稳定一下,不要做出不理智的举动。让刘文秀没有想到的是,这个吻给一直守在旁边的消防官兵一个绝好的救援良机,他们立即把小伙子从天桥栏杆外拉了回来。

主持人： 刘文秀那轻轻的一吻自然而然,像亲人、如朋友、似恋人,传递出的是同悲同喜的理解,给予的是坚强的鼓励,她拯救的或许不仅仅是一条人命,还有这个社会的良心。刘文秀一吻救人之后的半年,还是在深圳,救还是不救,扶还是不扶,这个困扰国人很久的问题终于以制度的形式,开始被解决。《深圳经济特区公民救助行为保护条例征求意见稿》告诉在深圳的中国人:没问题,扶吧!这次给你撑腰的,不是你的母校,不是你的单位,而是法律。让行善者无所畏惧,让为恶者心存顾忌,人们心中的法律就这么简单。

配　音： 2011年还有更多美好的故事停留在我们的回忆里,无数普通人给予我们更多的感动与温暖。2011年7月2号,杭州,吴菊萍冒着生命危险接住一个从十楼掉下来的小女孩,自己左臂严重骨折,而小女孩经抢救脱离危险。2011年10月,烟台,女孩刁娜路遇撞伤者时,立即下车施救,营救过程中自己不幸被过往的汽车撞断了腿,面对主持人采访,她坦然地回答,一条腿换一条命,值!2011年10月,南昌,一场突如其来的车祸,将一名女子卷入车底,19名农民工用他们坚实的大手,合力抬起轿车,由于救援及时,受伤的女子得到及时救治。2011年10月,重庆,一个女孩从6米高的天桥坠下,交巡警王静当机立断纵身跃起,徒手接住跳桥轻生的少女。这些普通的中国人,用他们的双手托起岌岌可危,用温暖驱散了袖手旁观的冷漠和麻木,以行动挽救了社会的良知与责任,同时也印证了人与人之间的爱心和真情。

主持人： 2011年就在各种喧嚣与温情中静静地流走了,不管世界变成什么样,不管你愿不愿意,2012还是来了。但我相信,2012不意味着毁灭,它意味着另外一种重生。您还记得电影《2012》里边的那只大船吗?它在告诉世人:全世界的人类是一根绳上的蚂蚱,是一条船上的乘客,没有国家、民族、贵贱、男女、老少、肤色的分别,生命的机会对每个人而言都只有一次。所以,我们只有同舟共济,才有存活下去的希望。我是路一鸣,明天见。

案例分析

《道德观察》是中央电视台的一档面向全国播出的道德类栏目,它通过讲述道德事件,既揭露抨击种种不道德的社会行为,又讴歌赞颂高尚的道德情操,更重要的是用节目中的正能量激发观众心中向善的力量,"深刻反映中国道德现状,深入进行道德思考,促进中国道德生态建设"。

路一鸣是该栏目的主持人,曾获"金话筒奖"。他在这个节目中的主要任务就是进行专题片之间的串联衔接,而他的每段串联词不过 1 分钟左右。他在创作过程中并不满足于简单地复述编导提供的文稿,而是会按照自己的认知、理解和表达习惯认真进行修改,使每一段话里都渗透着他的关注、他的思考、他的态度,言辞切中肯綮,语气耐人寻味。

《道德观察》每期节目的最后一段串联词都会是观点清晰、态度鲜明的总结性论述:没有责问,有的是警示、信任和期待。也许这种呼唤式的评论会产生更为深入人心的力量。另外值得一提的是,每每声落之后,路一鸣都会有意做一个稍长的停顿,之后再说结束语"我是路一鸣,明天见"。这个刻意设计的停顿恰似"留白",使得之前的话语更显意味深长,留给听者沉淀、思考的时间,可谓是点睛之笔。

四、善用道具操作,拓展表达方式

电视社会生活节目,特别是科教类、生活服务类等节目,主持人要善于使用道具。主持人在主持过程中借助图板、炊具、实验器材等,一边操作道具展示过程,一边运用有声语言加以说明、补充、评论,这样既能够使节目中晦涩抽象的内容更加直观形象,又能使主持人的语言表达有据可依、自然生动。

演示、操作时,主持人应当使自己对道具的操作运用与有声语言表达默契地配合起来,能够清晰讲解手中操作事项,让二者的节奏保持一致;注意相关信息的补充;表达生动、灵活、精练;表达、操作的同时能够兼顾与镜头的自如交流。

案例精选

湖南卫视《好好生活》

李　锐:欢迎各位收看,中国第一档生活智慧体验秀,美的变频空调《好好生活》,我是好好先生李锐。今天呢,先请我们的《好好生活》的各位嘉宾跟大家认识一下。养生膳食大师李铁钢先生。

李铁钢:大家好。

李　锐:好好男生谭杰希。

谭杰希:Hello 你好,我是谭杰希。

李　锐:还有大家很喜欢的常盈。

常　盈:大家好。

李　锐:现在天干物燥,工作生活当中,身上经常容易产生静电,把自己打得要死,究竟该怎么办呢？没关系，马上请好好生活家文怡来告诉我们，有请。

文　怡：嗨，大家好，大家好，我是文怡。去除静电的方法呢我有两个，其中第一个呢，就是在你触碰金属物品，产生静电之前呢，先用你的手摸一下墙壁，这样身上的电呢就被墙壁带走了。还有另外一个方法呢是比较实用的，我们平时穿这个厚底鞋，你可以在这个厚底鞋的鞋跟底下呢，钉一颗小小的图钉，这样的话，你身上的电也会被图钉带走。希望我这个小的方法能够帮助到您。

李　锐：相当不错啊！

文　怡：平时我在这里做饭，都是大家围坐在这里看我做饭。但是今天呢，我要跟大家分享一道比较不常见的主食，那就是我手里的这个四喜蒸饺。漂亮吧？

常　盈：真的很精致啊。

李　锐：这是饺子呀？

常　盈：对，这是饺子！可以吗？

李　锐：有一个孩子已经完全被震住了，你见过这种饺子吗？

常　盈：见过吗？

谭杰希：没有，我看了这个，我就觉得像是花样月饼。

李铁钢：这个是我们一道传统的宫廷点心。

李　锐：一看就是皇上吃的。

李铁钢：也可以说是"满点"，因为我们中国呢，习惯把这个四呢，你比如说四季发财呀、四喜丸子呀，这个四呢是一个好词儿，所以这个用四种原色来代表四喜，所以呢又叫四喜蒸饺。

文　怡：但今天呢，我不会一个人在这里做了，因为在我们中国家庭做饺子，都是大家围在一起动手做的，那样的话才会温暖，才会幸福，才会有意思。那我做这道之前呢，还是先把主要的原料给大家介绍一下，需要的呢有虾、鸡蛋、木耳、香葱、胡萝卜、青红椒、鸡蛋、葱姜水、马蹄、肉馅儿、蛋黄还有蛋白，当然了，最重要的就是这砣面。这砣面呢，为了节省大家的时间，今天都已经和好了。但是这砣面呢，和我们平时在家包饺子那个面还有点差别，做这个四喜蒸饺呢，要用两种面把它混合在一起，而且是4∶6的比例。也就是说，我这一团面里面呢，有40%是烫面的面团，另外的60%是死面的面团。

李　锐：我想知道的是，这两个面为什么要一样一半？

李铁钢：它四六开呢，吃起来这个皮呢非常地有弹性，而且蒸的时候呢，好蒸熟。

文　怡：揉好了之后，把它放在一个容器里面，然后盖上一层稍微湿润一点的布，盖在上面，防止它表面开裂，然后大概"饧"10到15分钟，也得看你那个面团大小是多少。我跟你说，其实锐哥，你别看它看起来花样比较多，也很新颖，但实际上方法很简单，比我们普通的饺子就多一个步骤。

李　锐：是吧。

文　怡：要不然咱就先开始做吧。

李　锐：饿了，赶紧开始吧。

文　　怡：你不是说你会包饺子吗？既然会包饺子，擀皮儿肯定会。

谭杰希：欢迎锐哥。

常　　盈：行啦，我看擀皮这事儿啊，文怡你还是交给阿姨吧。你知道东北人吧，都爱吃饺子。

李　　锐：我们这样好不好，其实擀饺子皮这活比较容易。

常　　盈：容易吗，一点也不容易好不好。

李　　锐：请铁钢吧。

常　　盈：行啊，铁钢老师也跟咱们一起。

文　　怡：来来来，我把这案板都给你们准备好了。

文　　怡：杰希跟我一起，咱俩一起和馅儿好不好，咱们这样分工开来比较快。

文　　怡：我的天哪，你在干吗？

常　　盈：你不是已经是孩子爸爸了吗，不用这个方法，我想。

李　　锐：是啊，我也觉得锐哥跟我差不多大呀。

李铁钢：要均匀，然后擀的时候呢，五到六下是一个皮。

文　　怡：锐哥。

李　　锐：哎。

文　　怡：行了。

李　　锐：我怎么发现我擀出一五角星型的。

文　　怡：我觉得我比你还了解你，我都给你准备好了。哎，往这儿看。

李铁钢：别说，还真圆，就是皇上他妈——

文　　怡：太厚。

李　　锐：这样吗？

文　　怡：用力，然后四边的力使得均匀一点。

李　　锐：你没骗我吧？

文　　怡：我没骗你。

李　　锐：把它拿过来，把四边这个拿掉。我这个比铁钢那个还圆。

李铁钢：没错！

文　　怡：你觉得这方法好用吗？

李　　锐：特别好用。

文　　怡：你知道这个方法在家里我是给谁用的吗？给孩子！你包饺子的时候，他又不会擀嘛，还要跟着一起参与。

常　　盈：参与一下，感受这个氛围，所以就这么做。

李　　锐：可以可以，这个就可以做一个片儿汤了。

文　　怡：不，你这个可以继续，继续摁嘛，摁完了之后还可以再擀平。那好吧，那你们先擀皮，我跟杰希我们俩把馅儿准备准备。咱们把这个猪肉馅里面倒一点这个葱姜水，但是别一次都倒进去哈，咱两勺两勺地倒。

谭杰希：就把它和匀是吗？

文　怡：对，你倒进去两勺以后，沿着同一个方向，就这样不停地搅打它，把这个馅儿打得黏稠一点。

谭杰希：是这样吗？

文　怡：对对，一定是沿着同一个方向。放这个葱姜水的目的呢，是让这个肉啊，去掉它那个腥味，而且用水打过的馅儿呢，它吃起来比较嫩滑和软嫩。打好了之后呢，我们调点盐、白胡椒粉，但是别着急啊，这个只是一个最基础的馅儿。

谭杰希：是吗？

文　怡：你看，我正准备虾呢。

谭杰希：哦，还有虾。也要加到里面吗？

文　怡：对啊。

谭杰希：我们平时吃饺子，好像只有猪肉。

文　怡：那是比较简单的做法嘛，你看我们今天准备了这么多的馅儿，就是为了让它营养更丰富，口感吃起来更好。咱们得一起来剥虾。剥这个虾的时候呢，我们先把这个虾头给它去掉，然后你看这个虾，是有1、2、3……从第三节往上拔，然后这样一剥，这个虾米就整个都掉下来了，然后尾部的那个虾呢，再轻轻掀起它的皮，顺着这个虾尾也一起掉下来了。看到了吧？但是呢，你看，看里面，都会有一条黑色的虾线，我们要把它给去除掉。

常　盈：不是，文怡，我还想问你呢，为什么要把那个线拽出去？

文　怡：它是虾的肠，不太干净。把它背部用刀切开，用牙签把这个虾线挑出来，这样就干净了。我们剥好了这个虾，来，杰希，把它给剁碎。

谭杰希：剁碎是吧？

李　锐：加油，加油，加油。

谭杰希：锐哥，你来吧。

文　怡：还是我来吧。那你这样，你去帮我把鸡蛋剥了好吧？

谭杰希：好的。文怡姐，其实我有一个剥鸡蛋的方法，我在网上学的。

文　怡：不是跟我们节目学的吗？

谭杰希：也是，对。看了我们节目之后，就把这个方法一块儿学了。

文　怡：好啊好啊。

谭杰希：剥鸡蛋的话，剥到里面有一层膜在那儿着，很难把它剥干净，那这个方法呢，就可以一次性把那些都剥干净。就是我们把头和尾的部分都先剥一个小圈，下面的这个圈稍微大一点，上面的圈稍微小一点，然后我们呢，对着上面的这个圈吹。

常　盈：吹鸡蛋还是剥鸡蛋？

谭杰希：我还是要吹一下。

谭杰希：怎么会有鸡叫的声音。

李　锐：我估计这里头是有一小鸡仔。

谭杰希：快乐男生，在生活中发现音乐，发现快乐。出来了，出来了。

文　怡：你的鸡蛋你自己吃了吧。

常　盈：我看你这是玩鸡蛋，你是"玩"蛋，你哪是剥鸡蛋！

李　锐：这个蛋它真的不是一般的蛋，它一吹还会响，所以你吃了这个鸡蛋以后，你唱歌会越来越好。

谭杰希：谢谢谢谢，那我们继续下一步吧。

文　怡：别别别，你先等一会儿，我必须要给你介绍一个，我们曾经在《好好生活》栏目里面，教给大家剥鸡蛋的一个方法，就是用手把鸡蛋的中心线这样稍微摁一下，这样就打开了。比你那个吹要好多了，而且也没有那层白膜。把这个马蹄帮我切碎好吗？切成粒。这个没问题，尝尝新的口味，放了马蹄之后啊，这个肉更清爽，而且吃起来那个口感特别好，一会儿试一下。

常　盈：是吗，哎呀，回去我也一定要（试一下）。

李铁钢：肉香，虾的弹性、甜味，还有马蹄的爽脆，呈现出递进式的口感。

文　怡：这个馅儿里面调入一点点的酱油，放一些青葱进来，其实咱们做这个馅儿比他们擀皮要简单多了。

谭杰希：是吗？

文　怡：他挑了一个看似容易的工作。

谭杰希：而且我们做的是没有重复的工作，比较有趣。

文　怡：对，有好多人在打馅儿的时候放油，但我觉得为了更健康的话，还是建议大家用葱姜水来打馅儿，这样的话馅儿吃起来既软嫩，而且呢还能够去除那个肉的腥味。这个馅儿也仅仅是给大家一个建议哈，您在家做的时候，也没必要完全按照这个配方来做。我这个馅儿准备好了。好了，你们那皮好了没有？

李　锐：差不多了。来，师傅您接着弄一个啊。

文　怡：锐哥，你半天了，就擀了一个皮是吗？

李铁钢：走。

文　怡：配合默契是吧。来，阿姨，扔给我吧，不要让李锐插手。

常　盈：李锐主要要表演一下。

文　怡：那你就扔一个吧，象征性的。

李　锐：这是怎么回事儿？

谭杰希：锐哥你是怎么做到的，一扔三个全散了。

文　怡：只要搞破坏，他总可以的。我给大家演示一下包这个吧。

李　锐：大家都来学这个四喜蒸饺吧。

文　怡：我们先往这个皮里放点馅儿，但这个馅儿呢，阿姨啊，这个比咱们平时包那个东北大馅儿饺子那个馅儿要稍微放少一点，要不然包出来就不漂亮了。咱平时包饺子，就是这样对不对，把这个两边对折。

常　盈：对，对折。

文　　怡：今天做这个四喜蒸饺也要这样对折。

常　　盈：也对折，好。

文　　怡：对折完了以后，把它平放在案板上，然后再把那两头对折。

常　　盈：哦，这两边再对折。

文　　怡：您看啊，这样，然后把中间捏死。捏死了之后呢，它不是有四个小口吗，我们用手指头把它打开。

常　　盈：哦，再把它打开。

李　　锐：好像是花啊。

文　　怡：对吧，对大拇指和食指放到这个孔里面，然后轻轻地压一下，这样的话四个小格子就做好了。我们呢，稍微给它微调一下，这个边上捏一个小尖角，一会儿出来会比较好看。好啦。

李铁钢：不错不错，挺好挺好。

文　　怡：你别说，你包得还不错。

李　　锐：这个主要看人品吗？哎呀，我想起了小时候玩那个"东南西北"，那个纸那个。

李铁钢：对对对，有点像那个。

文　　怡：有点像。然后就往里面放东西，先放一些黑木耳，放点青椒，再来点红椒。只要把这个颜色和营养搭配好，我觉得放其他的，你自己喜欢的口味都没有问题。

常　　盈：好了是吗？

文　　怡：怎么样？

常　　盈：哎呀，真漂亮！

文　　怡：会了吗？

常　　盈：怎么样，李锐？

文　　怡：你学会了吗？你们那个做得怎么样？

谭杰希：我这个叫"三毛从军记"。

李　　锐：你看我的蒸饺，一双"隐性的翅膀"。

文　　怡：看一下李锐做的这个。水开了以后呢，把我们做好的四喜蒸饺放到锅里面，然后大概用大火蒸七八分钟就成了。哎，你们有多久跟自己的家人没在一起做饭了，杰希？

……

谭杰希：其实我今天特别开心，因为我看到文怡姐姐特别用心地做这个，让我这个从来不去下厨房的一个人，特别希望我回去以后，可以跟爸爸妈妈一起分享这种时刻。

文　　怡：厨房充满了很多的乐趣，而且呢，那是与爱贴得最近的一个地方。我经常说，厨房是家庭的心脏，所以一定把心脏，把它维护好，然后你的家庭才会很幸福。

文　　怡：好，七八分钟的时间到了，我这个饺子也好了。把它端出来，有点烫。唔，好不好看？

……

谭杰希：因为刚刚我也有参与，所以我特别留意了，就是那个馅儿，我们加了两三次的葱姜水，然后我就明显感觉到，我吃的时候那个汁里面出来的，就是刚流出来的，感觉特别好，然后还有就是那个马蹄碎碎的。

文　怡：很软，那个口感又比较脆，而且马蹄还会给这个馅儿提味。

常　盈：我觉得这就和咱们东北饺子有区别了。差别大了，因为它这个讲究，你看，你看我这往外沁油，香。

李　锐：不问问我吗？

常　盈：就不用问你了。

李　锐：作为我们美食界的人来说啊……

文　怡：好吧。铁钢，你觉得怎么样，你觉得这个饺子还可以吧？

李铁钢：你这个饺子今天做得还是比较成功的，尤其是面的弹牙、肉的爽滑、虾的香甜、马蹄的爽脆全有了，非常到位。

文　怡：好，铁钢老师总结得好。谢谢谢谢。

李　锐：这是我们美食界……

文　怡：好啦，接下来我们会有更多的生活亮招跟你一起分享，不要错过，我们会给你带来更多的惊喜，

案例分析

湖南卫视的《好好生活》以家庭主妇为主要收视群体，同时也关联着老年群体，整个节目体现出真诚、温暖、实用和快乐的气质。主持人在与嘉宾对话、与受众交流的多种合作关系中成为一个有效的调节者，运用具有主导性质的话语权将节目掌控在一个和谐有序的状态，整体传递出健康向上的生活理念和简单快乐的生活态度。

在这档生活服务类节目中，内容涵盖美食、生活小窍门和生活达人秀，具有非常强的操作演示性。以上这期节目片段，主持人文怡位于操作台前承担着核心作用，以演示、操作、讲解"四喜蒸饺"的制作过程作为主线，另一主持人李锐则组织三位嘉宾围桌"观摩"并进行信息补充和内容延展。

文怡一边操作讲解，一边与对面的李锐和三位嘉宾共同构成一个话语场。因而，她需要对"四喜蒸饺"的制作过程了如指掌，需要对道具的操作运用灵活自如，这样才能既流畅地讲话又兼顾手中的操作，同时还能对谈话场的氛围和话题走向进行把控。在操作演示道具的过程中，主持人需要的不仅仅是叙述正在进行的动作，更为重要的是说清要点、难点，讲明目的、道理。我们看到文怡随着操作进程介绍了"放葱姜水"的步骤、目的，"剥虾"的方法，"剥鸡蛋"的窍门和"馅儿里放马蹄"的功用等延展内容，又重点详解了包饺子的环节，语言晓畅明快，动作熟练自如，内容充实丰富。在节目进行过程中，文怡能够在细微之处体现出为观众着想的服务意识，对于专家以及嘉宾的话语及时解读，对于观众有可能产生疑惑的环节提前做出判断并着重阐明，这不仅使观众能轻松详尽地掌握美食的制作方法，还能够在情绪上与观众实现交流对接，从而令节目更具吸引力和感染力。

五、现场体验,即兴述评

电视社会生活节目有大量的外景或实景拍摄需求,主持人在这里要作为体验者或见证人经历整个过程。文化历史节目、科学科技节目、美食节目等经常需要主持人亲临现场去完成一个体验过程,用身体力行的方式,代替观众去了解、去感受,同步描述、点评,这能使节目更具真实性和感染力。

电视社会生活节目主持人既要有敏锐的捕捉力,还要有丰富的感悟力,将情绪、言行与环境相贴合,调动各感官机能去体验。主持人要善于观察、发问、采集,善于描述、复述、评点,要描述思路清晰、信息充足、避免冗余、生动鲜活,点评逻辑合理、角度独特、短小精悍、有理有趣。

案例精选

北京电视台《四海漫游·走进约旦》

解说: 死海最吸引人的地方还是它那温暖的含盐量高的海水,这里的海的含盐量比常规的海水高10倍。水的比重超过了人体的比重,所以才有这种特殊的浮力。

外景主持:(浮在海上)就这么浅一点儿水就能浮起来,浮力真的是超大的。而且这个浮力给你的感觉就是,其实你不需要做任何的动作,完全放松,就跟躺在一个气垫床上一样。比如说你现在把腿像这样蜷起来,依然沉不下去!

……

解说: 其实在死海,最好的一样东西就是这种黑黑的死海泥,因为所有矿物质的精华全都集中在了这黑泥里,而且根据科学验证,把死海沿岸丰富的黑泥和死海的海水这么一搅和,这种混合物对人体有太多的有利物质了。简单地说几样:它可以促进血液循环,缓解关节炎,改善过敏症状。您看吧,游人们之间的这种涂抹,谁说不是最快乐的旅游体验呢?

外景主持:(浑身及面部均抹上了黑泥)我听当地人讲,说这个死海泥要涂到什么程度才最有美容的效果呢?就是像现在这样,完全被阳光照得已经干成一层壳罩在身上,现在感觉就跟一只河马刚从那泥里滚出来似的!你看这身上,一个印儿一个印儿的跟那个龟裂的大地似的!这是最好的!

……

解说: 看过《变形金刚2》的话,您一定能够被那古壁雕出的古城镇震惊,这就是约旦的佩特拉。它和吴哥窟、马丘比丘并列为三大"失落古城"……这里就是传说中的阿里巴巴藏宝的地方。

外景主持:(边行走边介绍)其实如果我现在做的事情放在200年前,那绝对是——有命进来,没命出去。因为在那时候之前,外面的人想要接近佩特拉都是会有杀身之祸的。直到200年前,有一位瑞士的探险家化装成当地人的样子,才算偷偷混了进来。也正是他的这段经历,才向外界证明了,这座古城并不是传说中的,而是真正存在的。

……

外景主持：（从狭长的小道进入古城宫殿前空地，豁然开朗）真的是太美了！我们从这个狭小的甬道一出来啊，一眼就看到这么一幅壮观的景象。真的！太震撼人心了！可能，我觉得很多朋友在类似于"人生必去的多少个地方"啊、"世界多少大奇观"中都读到过佩特拉的介绍，但是我觉得，无论你看到过多少的文字、多少的图片，都比不上你亲身站在这儿，看到它的那一瞬间！

……

解说：马德巴城，一座具有3500年历史的古城。在这座城中，最吸引人的是一幅完成于公元6世纪、拜占庭时期的马赛克耶路撒冷的地图。此外，还有数百幅马赛克画，散落在这个城市的教堂和民宅当中。可以说，马赛克是约旦人的骄傲。

外景主持：It's a natural stone, right?

约旦作画人：Yes.

外景主持：Yes.（对镜头）他们这种马赛克画的制作完全是天然的石头，根据他要做的图案切割成一个个非常小的碎块儿，然后再根据图案把它拼制起来。很难。（面对作画人）It's very difficult!

……

外景主持：如果店主说，这面墙上的马赛克作品送您一幅当礼物，您挑哪一个？要是我挑，肯定挑这个，这个最大啊！肯定最贵！但是后来问了一下才知道，不识货啊！最贵的是这一幅！您别看它小，但是它做工的工艺还有它用的石材不一样。所以这一幅是这里面最贵的一个，价值1万约旦第纳尔，折合成人民币10万多块钱啊！我的天啊，太贵啦！

……

> **案例分析**
>
> 《四海漫游》是北京电视台的一档文化旅游栏目，它以旅游为线，观照到文化经济，落实到具体的旅游服务。它有多位外景节目主持人，他们各有各的特点，共同的是，他们都竭力挖掘旅游中的闪光点并呈现给观众。
>
> 在这一期《走进约旦》节目中，主持人汪洋将自己感受到的、他处打听来的、提前准备好的、临场捕捉到的，梳理总结的、感叹评论的，都凝结在自己的主持词中，情绪饱满、鲜活生动地传递给电视机前的观众。在整个体验描述的过程中，主持人善于观察、发问、采集，能够准确描述，思路清晰，信息充足，并加以有理有趣的点评。

六、搭建对话平台，合理调节引导

电视社会生活节目主持人与嘉宾的对话方式主要是议程提问、话轮中插话和阶段小结。主持人通过这些方式驾驭节目进程、解释话语难点、调节谈话氛围、完成整体架构。主持人应恰当地把握自身作为桥梁的角色定位，既要严谨地解读嘉宾的意图，又要替观众提出他们应知与欲知的问题。

包含嘉宾、观众等元素的节目,其演播现场一般具有一定的空间,人员构成相对复杂,且节目具有明确的规则或段落结构。主持人则是组织者和调控者,其重要功能在于引导嘉宾讲出节目和观众期待的信息,掌控节目进程,调动现场气氛,组织现场活动。在节目中,主持人经常需要处理很多合作关系,包括与嘉宾对话、与观众交流、与搭档配合等。随着节目的不断丰富、发展,各种关系的复杂性越来越强,主持人需要合理地进行调节与引导,把握好话语权的主导性,将节目把控在一个和谐有序的状态。

案例精选

北京电视台《收藏秀》

王　刚:欢迎大家光临中银理财《收藏秀》。非常高兴见到今天的三位嘉宾,我突然觉得有如释重负的感觉,为什么呢?都是同行,这仨人比我还能说。不管是央视的也好,北京卫视的也好,我们热烈的掌声欢迎三位著名的、同时也是非常受大家欢迎的主持人张绍刚、那威、董路!三位鉴赏家大家也熟悉,喜欢得很,一位是著名的收藏家、艺术品经纪人翟健民先生,首都博物馆的研究员王春城先生,风雨堂的主人、年轻的鉴赏家卞亦文先生。今儿咱们这个主题呢,说的是耀州窑的瓷器。古人曾经把耀州窑用八个字来概括"巧如范金,精比琢玉"。何谓"范金"?我们说模范、模范,是那个模子,它铸出来的;"精比琢玉",老话讲"玉不琢不成器",你想它得巧到什么程度?精到什么程度?美到什么程度?那究竟什么程度呢?亮宝!好,谢谢。三位请。哪位鉴赏家给我们介绍一下眼前这件耀州窑重器?

嘉　宾:眼前这件耀州窑一个大碗。

王　刚:干吗叹口气?

翟健民:几年前我真的有机会能得到它,就是犯了一个糊涂。

王　刚:您是很精明的人,怎么能糊涂呢?

翟健民:我就糊涂,有时候也会糊涂。就是价钱的问题。

王　刚:嫌贵。

翟健民:在这几年当中,就经常想念这个碗。首先,这个耀州的碗,完整的已经是非常难得了,再加上它的刻工、颜色非常到位。虽然我擦身而过,但是也应该公诸同好,让大家欣赏一下那么稀有、那么重要的——耀州窑的大碗,谢谢大家。

王　刚:谢谢谢谢。请注意这几乎是一千年前的一个物件。看着簇新簇新的,但是它闪着的是非常温润的光。三位有点顶礼膜拜的意思!行,回去议论议论。

那　威:我是说,王刚老师,这要是来碗炸酱面得多贵啊?

王　刚:你太对不起它了!(笑)好了,刚才翟先生说了,说嫌贵,那你说它大概得值多少钱呢?这样的一只北宋的耀州窑的青釉的碗。想一想。

那　威:您给个参考价。

王　刚:您看看都是老嘉宾了,还没等我说呢,"您给个参考价"。2005年纽约苏富比秋拍北宋耀州窑刻花碗,103万元;2007年纽约苏富比秋拍北宋耀州窑浮雕荷花鸳鸯纹兽口执壶,550万元。那这件应该是多少呢?

那　威:我觉得没那么多。

张绍刚:我们这边猜的怎么也得1300多万。

董　路:我们这儿猜60万。

王　刚:好,一块儿"亮",380万。

那　威:359万。他拿了1万回扣。

王　刚:有整有零,还380万。最后鉴赏家给出的是多少万呢?400万!董路(得分)。没事绍刚、那威,根本不用计较。正经的在这儿呢。看好,这是乾隆皇帝的御笔《汉柏图》。

那　威:我就要这个,我要。

王　刚:虽然是它的复制品。不带这样的!这个也相当不错了。好了。我突然有一个临时的动议,我看这任我太高兴了。这样好不好?下面每一位藏宝人上场这段,你们来主持,大家说怎么样?

合:好!

王　刚:一个一个的。比如说,绍刚来主持这段,我到你那儿去,我来替你猜东西,怎么样?

张绍刚:可以啊,好!

王　刚:绍刚是第一个赞成这种方法的。那现在就请张绍刚先生来主持第一个藏宝人上场。

张绍刚:好! 各位好,欢迎大家收看北京电视台的《收藏秀》。刚才说千道万,说了那么多,其实呢,那个重器和大家一点关系都没有,真正和大家有关系的,是来自民间的这些东西,比如说我们的第一位持宝人。

那　威:对。

张绍刚:那威你一直摆出一副要出大事的表情是想干吗呢?

那　威:你快点。

张绍刚:你着什么急啊?千呼万唤始出来,还得犹抱琵琶半遮面。

那　威:有请护宝锤。

张绍刚:都请护宝锤了。大家掌声有请我们第一位持宝人。

张　稳:大家各位好,各位好。

张绍刚:你好你好。看到不是王刚老师很失望吧?

张　稳:不失望。

张绍刚:不失望?

张　稳:对,我知道你的主持非常棒。

张绍刚:不不,王刚老师人在下面呢。

张　稳:好好。

张绍刚：所以说话要当心，他是会回来的。好，好，您请坐。接下来您就要介绍您的这个东西了吧？

张　稳：我叫张稳，弓长张的张，稳定的稳，我来自北京，我非常喜欢董老师和王刚老师。

王　刚：整错了，张老师。

张　稳：张老师，对，说错了。

王　刚：那是董老师。

张　稳：董老师。

张绍刚：张大哥这样，送您四个字——"不聊天了"，再送您四个字——"言多必失"，再送您四个字——"聊正题吧"。

张　稳：对。

那　威：好，太有才了。

张　稳：我今天给各位带来一个耀州窑青釉倒装提梁水壶，它是宋代的产品，这个壶构思非常巧妙，结构非常独特，装饰非常华丽，制造非常精细。

张　稳：我就说到这儿吧。

张绍刚：多少钱？

张　稳：30万到50万吧。

张绍刚：30万到50万的报价，您凭什么认为它是宋代的？

张　稳：这个器形咱们国家陕西省历史博物馆有一件真品，它那个提梁壶的嘴儿是一个母狮在哺乳一个小狮，而我这个呢，它是雄狮。

张绍刚：您知道通过您的描述，我们完全对您的这个藏品，已经彻底地乱七八糟了。您知道吗？

张　稳：好啊，乱了就对了。

张绍刚：所以您这是来趟浑水来了，今天。

张　稳：不，因为这个东西，它是仁者见仁，智者见智。

张绍刚：好。

张　稳："乱"是客观情况，但是怎么在乱中做出你的正确判断，这是你的水平。

张绍刚：张大哥，言多必失。

张　稳：对。

张绍刚：少说，主要、该说的都说了，对不对？

张　稳：对。

张绍刚：30万到50万。

王　刚：我们得看东西。

张绍刚：该你们了吧。

王　刚：该我们了。

张绍刚：来，有请三位。

王　刚：还有鉴赏家。

张绍刚：来，有请三位鉴赏家。大家各自来判断一下。那威看仔细，以你的知识水准来说，今天对你是一个巨大的挑战。那威，是让你看壶，没让你在旁边看热闹好不好？

张　稳：张老师我有个请求。

张绍刚：你还有一个请求？

张　稳：利用这段时间，我给大伙演示一下这个壶怎么使用。

张绍刚：使用还要专门演示？

张　稳：对。

张绍刚：董路小心，30多万呢。

张　稳：可以吗？

张绍刚：可以，没问题。就是它的注水口是在壶底对不对？

张　稳：对。

张绍刚：这叫什么？

张　稳：倒流壶。

张绍刚：这个很多。

张　稳：我还没完呢。

张绍刚：还没完呢？来，还能展示。

张　稳：倒酒。

张绍刚：你这是在干吗？

张　稳：斟酒。

张绍刚：张大哥，我觉得你的所有的行为都开始变得越来越怪异。你先是特别认真地给我们展示，往里面倒了点矿泉水。

张　稳：对。

张绍刚：然后说还要展示，就是把这个水倒出来。

张　稳：对，这是一个使用过程。

张绍刚：使用过程？

张　稳：对。

张绍刚：大家看得怎么样？来，那威。

那　威：你拿的时候轻点，吓死我了。

张绍刚：不，是这样的，那威。刚开始呢，我还在警告董路，不要随便拿，但是我后来看到人家张大哥拿起来哗哗抢。来啊，真的假的？

那　威：我觉得应该让王刚老师先说。

张绍刚：别鼓掌，别鼓掌。

那　威：对不起，对不起，请一号嘉宾先说。

张绍刚：不不不。

那　威：今天我二，我二。

张绍刚：你有点二。那威啊，要对自己有信心，文化不多也有吗，对吧？

那　威：一点信心没有，您这个倒水我发现一个问题，如果我们家真是珍藏了这么一个比较贵重的东西，我不会轻易去弄水给大家展示的，这不等于是拿着元青花吃炸酱面吗？

那　威：您拿着这个壶，特别是张绍刚又拿又放的时候，您对他没有露出凶狠的目光，反倒好像无所谓，这要真是宝物，张绍刚这么拿我们家宝物的话，我会"扑通"一下给他跪下的。由此你们两人的这个交流，我感觉，我觉得可以请护宝锤了。

张绍刚：好。

王　刚：那老师是这样的。

张绍刚：要回应一下对不对？

张　稳：对，就是我这么拿，不一定就说我不爱护它。

张绍刚：更重要的是人家张大哥见过世面，不像有些人，家里面有个宋代的东西就一惊一乍，还"扑通"给人跪下。咱是见过世面的人，对吧，张大哥？

张　稳：对，没错。

张绍刚：来，王刚老师。

王　刚：你也是！前后根本就不统一。刚才展示那重器北宋耀州窑，翟先生觉得失之交臂了，都觉得可惜了好多年，想念了多少年的东西，你最后临下来之前，你说这要是吃炸酱面该多么的……这是你说的吧？你可以用那么大碗吃炸酱面，人家怎么就不能用这个倒流壶倒点水呢？

张绍刚：非常好！而且那威，你一定要注意，他倒的是矿泉水，干干净净地倒，一进去，倒出去，有问题吗？

王　刚：对，你想你吃炸酱面会是什么样子？大家都能想象出来吧？

张绍刚：因为是我来主持这个节目，所以和王刚老师主持不一样，我丝毫不给任何一个嘉宾反悔的机会。

王　刚：我还没说结论呢。

张绍刚：我知道您还没说呢。

王　刚：我最后说吧。

张绍刚：您得最后说啊？

王　刚：我最后说好。

张绍刚：我上来之后就要告诉那威。他通过这番话，都请护宝锤了，他觉得是假的，不许改了。

王　刚：对，不能改了。

张绍刚：没有反悔的余地，不许说话了，假的。来吧，董路。

董　路：就我吧，我在我人生很多重大的问题上，包括生活当中一些小的问题上，我跟那威呢……

那　威：猜钢镚儿他。

董　路：都是截然相反的观点。对,但是今天呢,挺奇怪的,就这件器皿上,我跟那威有一点类似。我首先怀疑制作这件瓷器,假如它是真的,这个工匠的审美水平,因为一般来讲,在这个瓷器上,如果我们要雕刻一些图案的话,比如说花,牡丹、菊花,这都有象征意义的,它那是什么花呢？我小时候在农村我知道,那是棉花。我就在想了,他能随意地把棉花雕刻在这件器皿上,他为什么不挑个菜花呢？而且我觉得这壶嘴儿太小了。

张绍刚：壶嘴小。

董　路：你想这要是盛夏季节,进屋了想喝点水,这还不得急死啊,半天才倒那么点,你给我看什么呢？

张　稳：那威,你这突然干吗呢？

董　路：您这是给我做暗号呢？

张绍刚：这什么意思,您这暗号是？就是有这个棉花。

王　刚：它这个就是那么短的嘴儿。

董　路：有,是吧？

张绍刚：董路,是这样。

董　路：我还没说完呢,还有一点挺奇怪的。

张绍刚：嘴小,是个棉花,还有什么？

董　路：对,为什么这个水是从下边往里倒？大家您可能没看,我告诉你一个秘密,下面就跟上面它是通着的。你想提了个壶,说咱喝点水吧,那天正好刮大风,土啊,什么树叶啊,全都跑到这壶里去了。你是喝茶呀,你还是泡树叶呢？所以我觉得它是假的。

张绍刚：我发现你们吧,你和那威都属于操心忒多的人。

那　威：我们非常想听听一号选手的意见。

张绍刚：好的,来来来,一号选手王刚老师。

王　刚：这二位结论对不对我先不说,但是那个理由都不太正确。

那　威：为什么？

王　刚：就是你比如说人家嘴儿短,人家拿出一个,你看那是北宋的,那照片就那么短。说白了人家是照那做的。

张　稳：那威没错。

王　刚：这个,细心的朋友,因为你们俩的结论已经说了,细心的朋友,你还甭看别的,你就翻过来底儿,一看这胎,请注意！绍刚,你不妨拿上那东西,到观众席那儿让大家看看,尤其那底儿。

张绍刚：这个过程忘来了。

王　刚：请注意看那个胎,有个磕掉了一块,你看看那胎。

董　路：我现在这么近,我再看这个胎,这胎位不正。

王　刚：什么胎位不正？我一直还纳闷,我说董路怎么知识面那么广,难怪,人家还曾经学过妇产科。这胎是白,好像是,那么耀州窑呢,它的胎不是白的,是泛灰的。那么综合起来看,其他的釉色,包括造型,尽管跟古代的是大同,但是还是有很多小异。所以综合起来,这件东西还没我岁大呢。

翟健民:刚才,王老师,我得反驳你一下,你说这个胎是白胎,其实不能全看那个白胎,它器身有几个珠点,这个珠点是灰胎。

那　威:改不改?

王　刚:你改不改?

张绍刚:那威。

那　威:我不改。

王　刚:董路改不改?

张绍刚:除了你之外,那老师改了吧,不改要到那儿去坐了。

那　威:我是请护宝锤的。

张绍刚:王刚老师我跟你讲,以前我在底下做嘉宾的时候,我只是觉得您的主持任务压力很大,但是今天呢,我就觉得这个节目太难主持了,因为我在看您主持节目的时候,从来没有看到过如此混乱的状况。所有人都在彼此反驳着,连翟老师都出面说"王刚老师我也得反驳反驳你"。不行了,尤其是下面这个环节,有请护宝锤这个环节,您还是自己来吧。大家用热烈的掌声欢迎王刚老师和护宝锤!

王　刚:但是那个结论,你们同不同意我刚才得的结论?

张绍刚:我同意我同意。

王　刚:你同意,是不是?

张绍刚:我同意,同意同意。

王　刚:那好了,现在我们看看观众是什么意见?来按表决器。我的天哪!很少有三个方阵都认为不对,刚才那位女士说了,您怎么意思?

嘉　宾:我是这位藏宝人的另一半,我今天有幸参加这个活动既感到高兴又感到很惭愧。因为他搞这个活动的时候,我特反对。

张绍刚:大姐,您觉得这是真的假的?

嘉　宾:你们不管怎么说……我还认为是真的。

张绍刚:大姐,您现在就是在情绪、情感和道义上支持他,和真假无关。

嘉宾:对。

张绍刚:我喜欢。

王　刚:的的确确,太太能做这样的表态,我同意刚才绍刚对您的赞赏。

嘉　宾:谢谢,谢谢了。

王　刚:很棒很棒,这样我们也都踏实了,大家也都表态了。有没有跟这三位认为这个东西,不对,是新的,唱反调的?

嘉　宾:有。

王　刚:大家都认准了他,你有可能坐那儿,也可能坐那儿。好,请出鉴赏家的意见。一请护宝锤,谢谢。"生死文书"签过了?

张　稳:签过了。

王　　刚：现在大事不好，还很少有这样的，三个嘉宾，包括三个方阵，统统认为这个是假的。现在退出还来得及，怎么样？

张　　稳：我还是要征求一下贤内助的意见。

王　　刚：好。

嘉　　宾：按理说，今天，咱们《收藏秀》的主题就是去伪存真，他就应该是不退。

王　　刚：不一定非这样不可。

嘉　　宾：但是要说，我觉得我尊重他自己的意见，他既然喜欢这个东西，如果它是真的，我也不遗憾他得不到金牌，如果是假的，只要他高兴，他能捧回去，回家健康快乐，我就支持他。

王　　刚：重要的是你的健康快乐，多好的太太！

董　　路：大哥，我在这儿呢，我在这儿呢，我我，我呀，我主持过一多年调解家庭矛盾的节目。

张　　稳：好。

董　　路：我的建议，我真心地建议，你退了。为什么呢？因为你在此前，你在它身上倾注了很多的精力，你甚至把很多的时间都花在这上，疏于对家人的陪伴。如果有一天，这个物件破碎了，你就会发现，你会有很多的内疚的，你的家人也会有很多的抱怨的。让它留着，永远地留在你的家里一个完好的，好吧？

张绍刚：张兄我跟你说一句话，我觉得今天既然来了，然后这是对您自己的一个，相当于答了一份卷，你总想知道一下最后的成绩，如果是真的，那有一个金牌，如果是假的，把这篇儿翻过去。回家之后，好好和老婆在一块，和孩子们在一块，特别好，多照顾照顾自己的家人，

那　　威：两位都别争了，听我的。

张绍刚：怎么又听你的了？

那　　威：退了吧。

王　　刚：怎么样？最后听你的！

张　　稳：我决定退出来。为什么要退出呢？因为我更喜欢这个壶。但是今天这个现场，包括嘉宾，包括在场的朋友，多数认为它是假的，我也担心，就是最后的决定权不在他们，而在那几位鉴赏家那里。

王　　刚：来，我们听听三位专家最后的意见：耀州刻花青釉倒装提梁壶造型釉色纹饰均与存世耀州名品相近，但釉面过于稀薄，捏塑工艺粗糙，工艺特征与真品相比，均有明显差异，经鉴定为——现代仿品！好，恭喜三位嘉宾！第一番全都猜对了。接下来，那个小姑娘，还有我们这位一号藏宝人的夫人，替夫受过啊！咱们要"奖惩分明"。那么，接下来，自然而然，下一番的主持，就落到那威先生身上了，有请他。

那　　威：有请第二位嘉宾。

……

王　　刚：耀州青釉刻花花口碗釉面莹润肥厚，造型捏塑自然生动，刻花工艺娴熟，底

足处理尤具时代特征,经鉴定为北宋耀州窑精品,市场估价约80万元!恭喜绍刚,这轮答对了!绍刚请回位,辛苦了。我们请卞亦文先生给你颁发金牌。最后终于有一件真的!来,请!我们难得,我们这些老中青的节目主持人凑在一起。谢谢大家对我们《收藏秀》栏目的关注。今天,恐怕那四个字会给我们留下更深刻的印象:不管是人与人之间,还是对东西的判断,"去伪存真"非常重要!谢谢,再见。

案例分析

《收藏秀》是北京电视台于2009年开播的一档收藏节目。面对的受众群是懂得或热爱收藏的人士,节目以顶级的藏品、权威的专家、有趣的藏宝人为亮点,主持人王刚既是著名的演员也是收藏爱好者,节目在鉴定、评判宝物的过程中展现出收藏的乐趣和收藏爱好者的真情实感。

《收藏秀》是一档文化历史氛围浓厚的节目,主持人在节目中经常担负着多种职能。面对藏品,主持人边展示边讲解,需要将更加直观、生动、可信、专业的信息呈现给观众。这就要求主持人不仅要对藏品的年代、特征、工艺给出准确的交代,还要经常引申到历史、人文等背景知识和典故,也就是说,主持人起码应该是"半个内行",具有丰富的专业知识,同时还应具有深厚的文化底蕴,才会带给观众权威感。王刚本身具有收藏方面的实践经历和经验,对于宝物的解读和讨论大多能以内行的视角来展开,这些知识和经历的积累感悟,使其能够站在这一领域的前沿,将所见所闻准确传递并与受众分享,展示讲解的过程也显得信手拈来、自然流畅,主持人的传播作用和文化影响力得以凸显,也增加了节目的深度。王刚对于中国古典文化的理解及审美积淀与相应的传播内容、受众需求相契合,举手投足间流露出的气质以及服饰搭配都能与节目主题、风格融为一体,使节目具有深厚的人文涵养和文化积淀。

本期节目我们看到现场由主持人、嘉宾、鉴定专家、藏宝人和观众五种人员构成。藏宝人介绍宝贝之后嘉宾和观众辨别真假,再由专家给出鉴定结果,若为真品颁发金牌,若为赝品现场砸碎。嘉宾多方位、深层次参与到节目之中,增加了节目的专业性、权威性和复杂性。王刚在其中作为"传播者和把关人"把握住了主导力量的话语权,在节目的群言场中始终保持着话语的核心主导地位。他以幽默诙谐的语言方式关联着嘉宾与受众之间的沟通,还通过及时的访谈深挖亮点,深化节目内涵以满足受众需求。主持人在复杂的现场人物关系中运用访谈、调节、引导等方式控制节奏、调适气氛,成功地组织现场所有人员参与到节目进程中来。这档节目的主持特点在于,主持人内行地演示、讲解和游刃有余地驾驭现场。

要点小结

电视社会生活节目主持的能力诉求:

1. 熟知与节目相关的专业知识及技能。
2. 精准把握传播对象的特点。

3. 能动串联节目,巧妙处理衔接点。
4. 善用道具操作,拓展表达方式。
5. 现场体验,即兴述评。
6. 搭建对话平台,合理调节引导。

训练材料

电视社会生活节目主持的实践将按照主持人所需的各种能力进行分项训练,每一项都说明具体要求、重点内容,并提供方法指导,同时均提供一个相关实例做参考。

(一)演示讲解能力训练

1. 可以是生活服务内容的电视社会生活节目主持。时长3分钟左右。
2. 重点训练内容为对道具的操作使用与有声语言表达的默契配合。
3. 能够清晰讲解手中操作事项,并注意相关信息的补充。
4. 表达、操作的同时兼顾与镜头的交流。

材料提供

北京电视台《您吃对了吗》

这道粥的名字叫红米粥。那么,首先原料我给您介绍一下。原料需要红稻米、紫米,红稻米和紫米的比例是1∶1。第一步,要将红稻米和紫米清洗干净,然后呢做上一锅开水。其实,最讲究的方法,应该是红稻米放在一个锅里煮,这个紫米呢,放在另一个锅里煮,两个煮好之后再放在一起,这样的话,各不"压味儿"。但是由于今天时间的关系,我呢就放在一个锅里煮。开锅之后,将清洗干净的红稻米放在锅里,比例掌握在一倍的稻米、七到八倍的水就可以啦。然后,咱们再将紫米也放在锅里,比例是1∶1。当这个紫米放到锅里的时候,你会发现,这个紫米的颜色马上就溶解在汤中了。您千万不要害怕。咱们在煮制过程当中呢,它的颜色渗透到汤中,因为这是紫米里面的花青素溶解在汤中了。紫米分为两类:一类是长粒的,它的性质是直链淀粉比较多,吃起来口感没有那么黏糯;另一类呢,是短圆粒的,有点儿像糯米,它的支链淀粉含量特别地高。所以说呢,在煮制过程当中,短圆粒的紫米相对来说黏性就好一些。咱们需要耐心地等上45分钟左右。在煮制过程中,撇去浮沫,从大火改成中小火,45分钟后,咱们的红稻米粥就算熬好啦。哎呀,时间确实过得非常快,锅里的粥越来越黏稠了,而且香味儿越来越足了。如果您要是觉得,这个粥的香味儿还不足的话呢,我在这里还可以给您做个温馨的小贴士:咱们家里如果有枣的话,可以将这个大枣的枣核去掉,放在锅里同煮,煮出来的这个紫米粥啊,味道会更加的芳香,而且滋补的效果会更强。您看这么一碗香滑的红稻米粥就做好啦!

(二)讲述复述能力训练

1. 可以是串联形式的电视社会生活节目主持,内容为科教、文化、社会话题等等。时长3分钟左右。
2. 重点训练内容为播读、复述。
3. 多种话语体式、样式灵活运用。
4. 鼓励个人表达特点的体现。

材料提供

北京臭豆腐的由来

相传清朝康熙八年,由安徽来京赶考的王致和金榜落第,闲居在会馆中,欲返归故里,交通不便,盘缠皆无;欲在京攻读,准备再次应试,又距下科试期甚远。无奈,只得在京暂谋生计。王致和的家庭原非富有,其父在家乡开设豆腐坊,王致和幼年曾学过做豆腐,于是便在安徽会馆附近租赁了几间房,购置了一些简单的用具,每天磨上几升豆子的豆腐,沿街叫卖。时值夏季,有时卖剩下的豆腐很快发霉,无法食用,但又不甘心废弃。他苦思对策,就将这些豆腐切成小块,稍加晾晒,寻得一口小缸,用盐腌了起来。之后歇伏停业,一心攻读,渐渐地便把此事忘了。

秋风送爽,王致和又想重操旧业,再做豆腐来卖。蓦地想起那缸腌制的豆腐,赶忙打开缸盖,一股臭气扑鼻而来,取出一看,豆腐已呈青灰色,用口尝试,觉得臭味之余却蕴藏着一股浓郁的香气,虽非美味佳肴,却也耐人寻味,送给邻里品尝,都称赞不已。

王致和屡试不中,只得弃学经商,按过去试做的方法加工起臭豆腐来。此物价格低廉,可以佐餐下饭,适合收入低的劳动人食用,所以渐渐打开销路,生意日渐兴隆。后经辗转筹措,在延寿街中间路西购置了一所铺面房,自产自销,批零兼营。据其购置房屋的契约所载,时为康熙十七年冬。从王致和创造了独一无二的臭豆腐以后,又经多次改进,逐渐摸索出一套臭豆腐的生产工艺,生产规模不断扩大,质量更好,名声更高。清朝末叶,传入宫廷。传说慈禧太后在秋末冬初也喜欢吃它,还将其列为御膳小菜,但嫌其名称不雅,按其青色方正的特点,取名"青方"。

怎样鉴别劣质臭豆腐呢?可通过"一看二嗅三掰"的方法来判断:首先看放臭豆腐的水是否黑得像墨水一样,如果太黑则不正常;其次闻豆腐表面是否味道刺鼻,如果刺鼻则是加入了氨水;另外,掰开豆腐看一看,里面是否较白,如果色差大则质量不过关。吃臭豆腐也是一门学问,可得讲究哦。

液体壁纸

液体壁纸是一种新型艺术涂料,也称壁纸漆,是集壁纸和乳胶漆特点于一身的环保水性涂料。通过各类特殊工具和技法,配合不同的上色工艺,使墙面产生各种质感纹理和明暗过渡的艺术效果,把墙身涂料从人工合成的平滑型时代带进天然环保型凹凸涂料的全新时代,满足了消费者多样化的装饰需求,也因此成为现代空间最时尚的装饰元素。另外,液体壁纸采用丙烯酸乳液、钛白粉、颜料及其他助剂制成,也有采用贝壳类表体经高温处理而成。黏合剂选用无毒、无害的有机胶体,是真正天然、环保的产品。液体壁纸是水性涂料,因此也具有良好的防潮、抗菌性能,不易生虫、不易老化等众多优点。

1. 光泽度好

采用最新高科技和独特的材料,做出的图案不仅色彩均匀、图案完美,而且极富光泽。无论是在自然光下,还是在灯光下都能显示其卓越不凡的装饰效果,这是同类产品所不能及的。

2. 施工简便迅速

采用最新研制的模具和施工方法。产品的施工速度更快、效果更好、材料更省。尤其是独创了印花施工方法。

3. 产品系列齐全

产品有印花、滚花、夜光、变色龙、浮雕五大产品系列以及上千种图案、专用底涂供顾客选择,花色不仅有单色系列、双色系列,还有多色系列,能够最大限度地满足不同顾客的需求。

4. 浓度高,施工面积大

印花漆的浓度较高,经检测:1.5公斤印花涂料可以施工80~100平方米;2公斤辊花涂料可以施工100~150平方米。需配合专用液体壁纸底漆使用。

5. 产品别具特色

新换代的印花壁纸漆图案效果栩栩如生,市场上绝无仅有。除此之外,还有滚花系列、夜光系列、变色龙系列及浮雕系列。独特的滚花系列不仅图案更美、品质更优,而且施工更快,模具无损耗,能为代理商节约不少成本。

(三)体验式述评能力训练

1. 可以是外景形式的电视社会生活节目主持,内容为旅游、美食等。时长3分钟左右。
2. 重点训练内容为在体验过程中同步描述、点评。
3. 描述思路清晰,信息充足,避免冗余,生动鲜活。
4. 点评逻辑合理,角度独特,短小精悍,有理有趣。

材料提供

北京电视台《美食地图·一探到底》

主持人:这回的任务是在北新华街,找到马连良先生冠名的美食。马连良先生那时候有"冠名"这一说儿吗?不过,我觉得既然是跟马先生有关,那应该是,至少是马先生吃过的美食,觉得好吃的。应该不难找,马先生吃过的,绝对是个老字号!

......

主持人：我们做完这个小调查,结果大家的答案有几个集中的地方,一个是腌的,然后是蒸,然后是炸,最后是烤——这四个(答案)是比较集中的。那到底哪三个步骤才是对的呢？其实我也不知道。今儿咱一探到底,后厨看看去！

......

主持人：这是所有的原料吗？

厨　　师：这是,这是所有的原料。

主持人：这是羊后腿肉,这是葱。没啦？

厨　　师：就这两样。

主持人：刚才我进店的时候,在门口看到一牌子,说这"炮糊"98块钱一份。实话说啊,这价格不便宜,

厨　　师：对。

主持人：我觉得贵应该是有贵的道理的。

厨　　师：对。

主持人：但是只看见这两样原料,我还真没看到贵在哪儿了。

厨　　师：贵就贵在这火候上了。您来看看怎么做。

主持人：直到现在为止,我还没看出有什么太特别的,觉得跟做一个葱爆羊肉也没什么区别。

厨　　师：过去这个,有一个梨园界的老先生,上这儿来说吃一个炮肉。为了赶场子,这炮肉他就搁边儿上了。这来回扒拉,也不能说是糊了是吧?! 等着老先生赶场子回来之后,他说我先尝尝怎么样吧。一尝,这个味儿比那个味儿还好吃。

主持人：好像现在有一点那种,怎么说呢,甘香、焦香出来了,有点儿那味道了。看着都有食欲,口水都快流出来了。像做这样一道菜得费多长时间呀？ 大概。

厨　　师：这一道菜起码得将近一刻钟。

主持人：这色儿太棒了！

厨　　师：但这菜费劲,限量。

主持人：就是你要是不预约还吃不着是吗？

厨　　师：对。

(四)访谈能力训练

1.可以是社会话题讨论、人物或事件专访等片段练习,也可以就专题做简短街访,时长5分钟左右。

2.重点训练内容为提问追问,组织对话,小结内容。

3.提问具体、有针对性,形成话轮,小结清晰。

思考题

1. 电视社会生活节目的特点是什么？
2. 如何理解电视社会生活节目主持人的媒介角色定位？
3. 电视社会生活节目主持方式有哪些？
4. 电视社会生活节目的主持语言特点是什么？怎样理解？
5. 电视社会生活节目对主持人的业务能力有哪些要求？
6. 电视社会生活节目主持人如何精准把握对象？
7. 电视社会生活节目主持人如何发挥串联衔接的积极作用？

延伸阅读

韩青、郑蔚：《电视服务节目新论》，中国广播电视出版社2005年版。

第五章 电视综艺娱乐节目主持

■ 本章要点：
1. 电视综艺娱乐节目主持人的文化责任。
2. 电视综艺娱乐节目的特性及类型划分。
3. 电视综艺娱乐节目主持人的素质。
4. 电视综艺娱乐节目的主持特点。
5. 电视综艺娱乐节目主持的控场艺术。

第一节 电视综艺娱乐节目主持人的文化责任

众所周知，电视是20世纪人类技术的结晶，但它却是以一种文化形态呈现在公众面前的。其特征是以科技手段为依托，融汇了资讯、艺术、科技、人文等多重内容，可以涵盖上至天文、下到地理，前达古人、后连今日的不同主题，它的文化构成极其广泛，由此，电视文化被称为"大众文化"。

电视综艺节目隶属于电视文化，所以它自身即带有"大众文化"的基因。在大众文化中秉承"存在即合理"的原则，精英与世俗并存，高雅和娱乐同在，由此也形成了观众对综艺娱乐节目审美的差异性和共生性。推而广之，观众对于综艺娱乐节目主持人也有多层面的诉求。

近年来，电视形态以及受众心态发生了特别大的变化，电视传媒也遭遇了势不可当的媒介变革，多元化、平民化、娱乐化为电视荧屏带来了崭新的格局，但同时也助长了"三俗"之风的蔓延。电视娱乐节目如何打造绿色荧屏，如何实现娱乐形式与人文追求的理想统一，是摆在所有电视人面前的一大命题。

对综艺娱乐节目主持人而言，应当树立正确的传播理念，以"先进文化的传播者"作为业务追求和奋斗目标，强化责任意识、使命意识、公益意识，注重文化内涵，提高专业水平。综艺娱乐节目主持人要既播撒欢乐娱乐大众，又传播文化提升审美品位；既有高品位的文化追求，又有扬善、扬美、批丑、批恶的人文价值取向；既能从容适应当前的娱乐潮流，又能保持传播文明和优秀文化的自觉、自信。这就要求主持人要不断提高专业素质，拓宽传播视野,提升艺术修养,以个性化、专业化、多样化的主持风格达到使大众赏心悦目、喜闻乐见的目的。这也是新时期电视综艺娱乐节目主持人良性发展的必由之路。在这条道路上,电视综艺娱乐节目主持人当以文化责任为己任,而文化责任始于文化自觉,成于文化追求。

一、文化自觉——传播优秀文化,从容适应娱乐潮流

背景延伸

"文化"一词,在中国最早见于《易经》,所谓"关乎天文以察时变,关乎人文已化成天下"。这里的"人文"是指社会生活中人与人之间纵横交织的各种社会关系。

要想探讨综艺娱乐节目主持人的文化责任,不妨先追根溯源从"人文"角度加以认识。也就是说,主持人要想强化自己的文化责任,首先就需加强人文关怀的精神。文化责任是一种承担和践行,而人文关怀是其内核和支撑。当然人文关怀具有时代性,它的具体内涵随着社会的发展而发展,但是归结到一点,其核心价值所在就是以人为本。就市场经济而言,以人为本就是要从消费者需求出发,从各个角度、层面去满足消费者;具体到综艺娱乐节目主持人这一有声语言创作主体来说,"以人为本"就是"以受众为本",就是要在满足观众追逐变化、追赶时尚的基础上,满足人民日益增长的精神文化需求,倡导健康、有品位的生活观念,通过有声语言创作和表达,将稿件中的人文精神和主持人的人文关照"形之于声,及于受众",构建起传媒与受众平等交流的良性循环。这样,主持人在传播优秀文化的时候才会"畅通无阻""行之有效"。

电视综艺娱乐节目从总体上说属于大众文化范畴。一方面,电视以其视听同步的优势,极大地拓展了观众对世界的认知范畴。这种"远在天边,近在眼前"的特点,使得观众在收看电视节目的同时能够获得奇妙的同步参与感。另一方面,社会经济领域的巨大变革给人们带来了巨大的物质生活的满足,但是生活节奏的加快也使日益紧绷的神经和身心的疲惫成为一种颇为普遍的社会心理现象。由此,电视综艺娱乐节目通过游戏方式缓解精神上的疲劳与紧张,使发生偏向的心理指针调到适中的位置。显然,电视娱乐节目满足了现代人的各种心理需求,它为观众带来的休闲和释放明显高于其他类型的节目。

电视艺术作为上个世纪产生的一种艺术门类,本身就具备大众文化品格,成为普通百姓生活的一部分。因此,电视综艺娱乐节目主持人理应传承这种文化品格,具有文化自觉,传播优秀文化,这是任何一个广播电视有声语言传播者始而有意、继而实现的文化责任。电视综艺娱乐节目主持人的作用是帮助受众缓解压力、释放情感、调节身心的平衡,而绝不是一味地迎合和无底线地满足,这就需要我们从容地应对娱乐潮流,加强文化自觉,担当起传播优秀文化的使命。我们的工作不是跳梁小丑般寻欢卖笑,也不是阳春白雪般曲高和寡,我们是主流媒体的代言人,是优秀文化的传播者,我们应该用自己手中的话语权努力为社会主义文化建设贡献自己的绵薄之力。党的十八届三中全会指出,建设社会主义文化强国,增强国家文化软实力,必须坚持社会主义先进文化前进方向,坚持

中国特色社会主义文化发展道路,培育和践行社会主义核心价值观,因此,我们就要在节目中以正确的舆论引导受众,以高尚的情操感染受众,以优秀的作品鼓舞受众,完成时代赋予我们有声语言传播者的光荣使命。

二、文化责任——强化责任意识和公益意识,传播社会主流价值观

责任是指"人们分内应做的事",它无处不在,存在于每一个社会角色。父母养儿育女,老师教书育人,医生救死扶伤,工人铺路建桥,军人保家卫国……人在社会中生存,就必然要对自己、对家庭、对集体甚至对祖国承担并履行一定的责任。而公益意识是指心怀公益,是指关心社会公众的福祉和利益,观照人文、心怀善念。电视节目主持人作为大众传播平台中出头露面的媒体工作者,其言谈举止都会被广大电视观众关注、评论甚至效仿,因此加强责任意识和公益意识应该是广播电视有声语言工作者的思想基础。

一方面,电视综艺娱乐节目主持人不仅是一档节目的代言人,也是一个媒体的代言人,其言谈举止已经不是个人的问题,特别是对于国家级主流媒体而言,某种程度上说主持人反映着这个媒体的整体素质,反映着一个国家和民族的精神面貌。另一方面,目前我国传媒事业正处于新闻改革与市场经济体制融合的新时期,媒介产业化发展同样存在着西方媒介所面临的诸如新闻自由的滥用等过于商业化、市场化的问题。作为大众传播媒介,我们理应具备传承文明、沟通社会、扶危济弱、促进和谐的社会责任意识。从这个角度来说,媒体要想承担社会责任、传播主流价值就必然要通过主持人的言谈举止向公众进行示范和传播。综上两个方面,电视综艺娱乐节目主持人的社会责任与所在媒体的社会责任应该具有内在的统一性,而媒体的社会责任在转型期和谐社会的构建中也起着不可替代的作用,为弘扬和构建社会主流价值观提供了基础。因此"主持人的社会责任意识—大众传播媒体的社会责任意识—社会主流价值观的构建"应该是一个良性循环。

这其中还有一个主持人的品牌形象的问题。综艺娱乐节目主持人的品牌形象构建,与媒体公信力和文化传承的有效性有内在联系。广受好评的节目主持人无疑会受到大家的追捧,这既提升了所在媒体的公信力,也为主持人进行有效的文化传播打通了渠道。因此,打造良好的品牌形象也应该是综艺娱乐节目主持人文化责任践行的题中应有之意。当然,主持人的形象并非指狭义的主持人的相貌体态,而是指:主持人通过广播电视传播给受众留下的较为稳定的作为一个真实存在的人的总体印象。[①] 电视综艺娱乐节目主持人在节目中是声像兼备的,他的一举一动在受众眼中都与其内涵、性格、修养、道德关联,这众多因素的集合就构筑起了主持人在受众心目中的认可度和美誉度,它直接关联着主持人所在媒体的公信力,而电视媒体公信力代表着媒介的社会公共价值,直接关系到公众舆论的正确导向,反过来也直接关系到主持人文化责任的践行与实现。在综艺娱乐节目中,节目的社会价值导向、文化价值导向要通过节目终端主持人加以诠释和彰显,因此主持人的品牌形象的构建和其文化责任的践行是辩证统一的。责任意识、公益

---

① 吴郁:《当代广播电视播音主持》,复旦大学出版社2006年版,第84页。

意识的强化促进主持人良好品牌形象的形成，良好的品牌形象也有助于主持人文化责任的有效落实。

当然，所谓文化责任意识、社会公益意识，最终还是要落实到主持人的业务能力上，因此我们需要在学习期间不断提高自己的业务素质和业务能力，提升自己的专业水平。

三、文化追求——实现娱乐形式和人文追求的理想统一

前面说过，电视综艺娱乐节目的出现有其客观必然性，它满足了人们在当今快节奏生活压力下的一种心理和生理的双重需求，因此作为电视有声语言传播者，我们应该适应这种需求并不断提高电视产品设计能力，不断生产出适合我国国情和受到观众喜爱的电视综艺娱乐节目。但在这个过程中应当注意，电视综艺娱乐节目的终极目的绝不应该只是收视率的提升和广告投入力度的加大。广播电视事业是一种文化事业，是社会主义文化建设的重要阵地，它生产出的媒介产品是一种文化产品，所以，在纷繁复杂的世界面前，在"乱花渐欲迷人眼"的各类节目的穿梭中，主持人更应加强自身学习，树立正确的人生观、世界观、价值观，全面提升政治素质、业务素质、文化修养，以弘扬真善美、传播正能量为追求，力求春风化雨、润物无声，以优秀文化浸润广大受众的心田。

综艺娱乐节目之所以受到观众的欢迎是因为它独特的审美价值。受众在游戏节目中放松身心、在文艺节目中获得艺术熏陶、在竞猜节目中比拼智力、从真人秀节目被放大的他人生活中感悟真谛。但是，我们遗憾地看到，当下荧屏的许多综艺娱乐节目文化的内涵被泛娱乐化所取代，为了迎合部分观众的"收视"，有些主持人淡化了应有的文化质感，殊不知电视节目中传导的文化力量和情感力量才是收视的真正保障。

综艺娱乐节目主持人的文化追求首先应该体现在所主持节目的思想力量上。曾几何时，有些综艺娱乐节目绕开政治性、淡化思想性的趋势非常明显，甚至有一种错觉，似乎一涉及政治，或表现出思想追求就有"左"的嫌疑，因而醉心于"纯娱乐"。事实上，人类历史上根本不存在完全脱离政治的艺术形态。我们的电视节目既然要反映现实生活、表现当今时代，又怎么能够回避社会的客观存在呢？当然，我们要传达的不是那些生硬的教条，更不是板起面孔的说教。我们的思想力量体现在积极、健康、向上的节目基调上；体现在富有时代精神、蕴含深刻的节目内容中；体现在令人愉快、昂扬、回味温馨的观看体验中。任何的电视综艺创作，只有思想的深度介入才会给受众留下记忆和启迪，节目也才会有灵魂。

其次，综艺娱乐节目主持人的文化追求体现在高品质的审美境界上。主持人是节目的标志，是节目审美诉求的代言人，由此也注定了主持人的一言一行、承接应对，甚至举手投足都会具备符号性的象征意义。因而，主持人必须在日常生活中不断修炼自己，明确综艺娱乐节目中的游戏或娱乐同样是一种文化创造，是一种审美活动。综艺娱乐节目应以传达美好、描摹生动的生活、展现人类善良的天性为旨归，进而在潜移默化中，净化心灵，提升精神品位，使受众受到鼓舞，获得精神的愉悦和满足。而不应该以简单化的调侃搞笑，或者刻意的煽情来吸引眼球。

以人为本的传播理念促成传播者由"信息给予"到"文化传递"的转型,这种转型使传播者赢得了更多的受众群体,为所在媒体的发展开拓了更广阔的空间。一方面,市场经济的发展、媒体事业的变革以及知识平民化的影响,使得传播媒介早已走出了"魔弹论"的阴影,取而代之的是"贴近实际、贴近生活、贴近群众"的"老百姓自己的故事"。不断创新的综艺娱乐节目样态的改变促使综艺娱乐节目主持人的语言样态和风格的调整,但是如果主持人不从有声语言发出的"心理动力"入手加以调整,那么所谓的口语和亲民只不过是市场经济催生的烟幕弹。另一方面,电视的社会公用不仅仅是一种信息传播工具,还应该是一种文化交流的工具。广大电视观众早就不满足于呵呵一笑,他们需要从节目中感触、从感触中思考、从思考中共鸣、从共鸣中把"理想的意图"化作"理想的力量",从而指导自己的现实生活,这体现了电视所属有的一种人文精神。因此,专业素质的不断提高、传播视野的不断拓宽、艺术修养的不断提升、人文追求的不断深化都是电视综艺娱乐节目主持人矢志不渝的目标。

要点小结

电视综艺娱乐主持人当以文化责任为己任,而文化责任始于文化自觉,成于文化追求。
1. 文化自觉——传播优秀文化,从容适应娱乐潮流。
2. 文化责任——强化责任意识和公益意识,传播社会主流价值观。
3. 文化追求——实现娱乐形式和人文追求的理想统一。

第二节 电视综艺娱乐节目的特性及类型划分

一、电视综艺娱乐节目的特性

(一)娱乐性

电视综艺娱乐节目无疑是最能直接体现电视节目娱乐功能的一种节目形式。电视娱乐节目能够营造轻松、快乐的氛围,以满足人们放松心情、愉悦身心的心理需求。

娱乐性是电视娱乐节目的基本属性,也是电视娱乐节目的重要特性。从节目内容上看,娱乐节目选择的都是一些休闲娱乐的、轻松消遣的、能给人以精神激励或慰藉的游戏、竞猜、文娱表演等内容作为节目内容;从播出效果上看,娱乐节目借助具有较强感官刺激效果的一些文娱活动让观众欢乐起来,达到放松、休闲的目的;从主持特点上看,娱乐节目主持人通常采用或幽默诙谐、或风趣调侃、或自然亲切的表达方式,烘托、渲染现场气氛,达到"哗众取宠"的效果,以突出娱乐化的主题诉求。总之,电视娱乐节目不是要观众正襟危坐地去体验神圣感、崇高感、使命感和责任感,而是要凸显开心快乐的主题,以新颖、时尚、轻松、搞笑的节目,满足大众求新求奇的心理和喜爱游戏的天性,达到娱乐大众的目的。

(二)欣赏性

为了满足观众闲暇快乐、休闲消遣、缓释工作压力等生理与心理需求,电视娱乐节目常常通过唱歌、弹琴、跳舞、说相声、演小品、说评书、戏曲表演、魔术表演等艺术形式,以渲染节目快乐、祥和的气氛,体现"大众娱乐"的节目主旨。尤其在综艺晚会节目、竞赛节目以及综艺游戏节目中这些形式俯拾皆是,鲜明地彰显出欣赏的特质。作为精神文化产品,这些艺术形式客观上具有较强的艺术感染力和审美欣赏价值,无疑能够成为观众欣赏的对象,能使观众赏心悦目。所以,欣赏性是电视综艺娱乐节目的重要审美特性之一。

(三)时尚性

"时尚"即当时的风尚。电视综艺娱乐节目时尚性是现时风尚在电视文化中的直接反映,是电视娱乐节目所具有的追逐现时风尚的特性。时尚化的理念始终贯穿于电视娱乐节目的创作过程。如,主持人时常使用的一些时下流行的话语,做出的时髦动作以及表现出的尽可能迎合大众口味的姿态,无不反映出娱乐节目主持人渴望成为追新赶潮的时尚风向标。尤其在节目的包装设计上,时尚、流行的观念与行为更是其重要的创作理念与诉求指向。如演播室的布景、道具、灯光的设计,主持人的服装、化妆乃至发型设计,节目片头、片花、字幕的设计,等等,无不体现出娱乐节目特有的鲜活灵动、时尚新潮的风格追求。因此,时尚性是电视娱乐节目的标志性特征之一。

(四)可复制性

"可复制性"是指具有依照原件制作成同样的东西的性质。节目的可复制性是指具有依照某一种节目模板制作出相同节目的性质。从理论上讲,娱乐节目的模板应该是一种"通用产品",其节目模板具有可复制性。这是因为,娱乐不分国界。无论在地域、文化、宗教、民族性格等方面存在多大差异,人们与生俱来的"游戏天性"却是相同的,只有或多或少、或强或弱的差别。电视娱乐节目属于"文化快餐"式的大众文化消费产品,它满足了人们的这种"游戏天性"的需求,达到使人快乐的目的。如荷兰的《老大哥》与法国的《阁楼故事》、中央电视台的《城市之间》与法国电视一台的《夺标》、上海电视台的《相约星期六》与台湾的《非常男女》、湖南电视台的《快乐大本营》与香港的《综艺60分》等,均为相同节目模板的电视综艺娱乐节目。需要指出的是,由于各国在社会体制、道德水准、审美追求等方面的差异,电视综艺娱乐节目模板的引进需要进行本土化改造,需要"因地制宜"、量体裁衣,切忌盲目照搬。这样,节目模板的引进与使用才能体现符合本国国情、符合族群审美文化心理的需求。

(五)普适性

应该说,凡是以娱乐、消遣为主旨的电视综艺娱乐节目一般都具有老少皆宜、受众广泛的特点。如电视综艺晚会、谈话类、竞赛类、综艺游戏类等娱乐节目,都能普遍满足观众追求娱乐消遣的心理需求。这说明电视娱乐节目具有适合广大受众需求的普适性,这种普适性具体表现为娱乐节目的大众化特征。

1. 节目理念的大众化

在电视综艺娱乐节目的创作理念中,创作者故意不注重对曲高和寡的精英文化的诠释与表达,而是有意推崇对通俗流行的大众文化的解构与展示。在消解电视文化内涵与价值的过程中,倡导电视节目的平民意识和主题表层化原则。电视综艺娱乐节目将娱乐的权利还给大众。当然,电视传媒也不能一味地迎合观众的某些低级趣味,制作低级庸俗的娱乐节目讨好观众。

2. 节目形式的大众化

电视综艺娱乐节目在形式上非常强调观众的参与性和人际传播效果。第一,从人员构成看,娱乐节目一般均由主持人、嘉宾和场内(外)观众共同组成,其现场观众(有时甚至连场外观众)已经不再是"观看表演的人"这一原本意义上的观众,而成为参与表演的"演员",成了娱乐节目中不可或缺的节目元素;第二,由于每一期节目都有不同的嘉宾和观众加入,节目内容因此丰富,节目与大众接触、交流的界面也日益延展;第三,由于场外观众可以通过电话或互联网的形式迅速、便捷地参与节目,所以受众广泛。

总之,电视综艺娱乐节目十分重视大众参与,注重对普通大众审美心理的观照。

以上所述电视娱乐节目的几种特性,由于不同类型的电视综艺娱乐节目的关注点不同,其所表征的特性也会有所侧重。如有的节目注重娱乐,有的节目偏重欣赏,有的节目追逐时尚,等等。

■ **要点小结**

电视综艺娱乐节目的特性:
1. 娱乐性
2. 欣赏性
3. 时尚性
4. 可复制性
5. 普适性

二、电视综艺娱乐节目的类型划分

对电视综艺娱乐节目进行分类,是认识和研究电视综艺娱乐节目的基础。本书将以"同一性"即相同或相近的属性和相等的条件为原则,以节目形式为划分标准,对电视综艺娱乐节目的类型进行一个大致划分:

(一)电视综艺晚会

1.晚会的概念

我国是一个诗的国度、散文的国度,也是一个晚会盛行的国度。从电视艺术学的视角看,晚会节目在我国有着深厚的根基,是深受广大民众喜爱的一种电视综艺娱乐节目形式。在半个多世纪的发展历程中,晚会节目一直生机勃勃。

广义的晚会,从性质上讲,可以是艺术性的,也可以是非艺术性的,还可以是二者兼有的。如《春节联欢晚会》《祖国万岁——庆祝新中国成立45周年大型文艺晚会》《大地芬芳——三八国际妇女节文艺晚会》等,这类晚会均属于艺术性的。又如《3·15晚会》,整台晚会从头到尾既没有一首歌,也没有一支舞,这类晚会就属于非艺术性的。再如《向祖国报告——2008迎"七一"暨抗震救灾文艺晚会》《大学生电影节颁奖晚会》《2000年大世界吉尼斯纪录颁证晚会》等,这类晚会则属于艺术性与非艺术性二者兼有的。[①]

狭义上的晚会,是指特定主体在特定时空里围绕特定主题诉求而组织向公众表演和展示的艺术性聚会。

■ **关键术语**

狭义上的晚会,是指特定主体在特定时空里围绕特定主题诉求而组织向公众表演和展示的艺术性聚会。

"特定主体"指晚会的组织者、策划者、表演者。"特定时空",一是指特定聚会进行所依赖的环境场所。二是指聚会过程依赖的时间段落。这个时间段落,既可以是晚上的,也可以是非晚上的某一特定时段。"主题诉求"指晚会举办的出发点和紧扣的中心议题。可以说,没有一台晚会是无主题的杂乱活动。"艺术性聚会"指晚会的定位取向和进行过程是艺术化的存在。一场晚会,主要而必需的是要有艺术化或艺术性的节目出场和主要展示。虽然在有的晚会上,可能还有非艺术的从业人员参与,如领导祝词、劳模讲话、行业性代表讲话、某典型事件的主角出席并讲话等非艺术性节目的展示,但从晚会总体看,仍然是让观众享受到艺术文化润泽的艺术性聚会。

2.电视综艺晚会的概念及主要特征

电视综艺晚会是指晚会策划和编导通过电视媒介,把在特定场所组织的即时表演的节目传播给电视观众观看的艺术形式和节目形式。

■ **关键术语**

电视综艺晚会是指晚会策划和编导通过电视媒介,把在特定场所组织的即时表演的节目传播给电视观众观看的艺术形式和节目形式。

[①] 中国电视艺术家协会:《中国电视艺术发展报告》(蓝皮书),中国广播电视出版社2007年版,第148页。

电视综艺晚会的主要特征是：

第一，它是一种综合视听感觉元素的艺术形式；

第二，电视综艺晚会与非电视综艺晚会的差别，主要是凭借电视这种传播工具满足电视观众的观看需求；

第三，电视综艺晚会的构成要素还要包括影像和电子工程等技术成分及其技术系统，以适应电视直播或录制播出的要求。①

3．电视综艺晚会的类型

电视综艺晚会的类型一般可分为三类：

(1)节庆纪念性电视综艺晚会

节庆纪念性电视综艺晚会由节庆性电视综艺晚会和纪念性电视综艺晚会组成。节庆性电视综艺晚会是指为庆祝国际、国内法定节日和我国民族传统节日而举办的电视综艺晚会。纪念性电视综艺晚会则是指为纪念在历史上或刚刚过去的时间里产生过重要影响的事件、人物(伟人、名人)而举办的电视综艺晚会。节庆纪念性电视综艺晚会的形态与风格是多种多样的。

(2)行业专题性电视综艺晚会

行业专题性电视综艺晚会是指具有某种行业特点的，围绕宣传行业、促进行业发展和扩大行业积极的社会影响而举办的电视综艺晚会。它包括行业庆典、重大活动和评选颁奖等多种晚会。

(3)应时性电视综艺晚会

应时性电视综艺晚会，通常是为配合国际、国内某一特定时期的宣传任务而举办的有特定主题的电视综艺晚会。它既包括为宣传和鼓动大众积极参与社会公益活动的电视综艺晚会，也包括因特殊需要而专门举办的非公益宣传活动的电视综艺晚会等。其中，公益宣传类电视综艺晚会的产生与发展，对于净化社会风气、促进和谐生活、推进中华文明等都将产生积极的影响。

要点小结

电视综艺晚会的类型：

1．节庆纪念性电视综艺晚会。

2．行业专题性电视综艺晚会。

3．应时性电视综艺晚会。

案例精选

案例1

(开场舞蹈《丹凤朝阳》)

---

① 参见中国电视艺术家协会：《中国电视艺术发展报告》(蓝皮书)，中国广播电视出版社2007年版，第148～149页。

（主持人朱军、周涛、李咏、董卿上场）

朱军：中国中央电视台

周涛：中国中央电视台

李咏：最最亲爱的观众朋友们，

合：春节好！

董卿：亲爱的观众朋友们，这里是中央电视台2005年春节联欢晚会的直播现场，

周涛：在这辞旧迎新的除夕之夜，我们又和大家如期相见。

朱军：在这里，我们向全国各族人民，

李咏：向香港特别行政区同胞，向澳门特别行政区同胞，

董卿：向台湾同胞、海外侨胞，向全世界各国的朋友们，

合：拜年了！

朱军：金鸡报晓，让新春的第一缕阳光拥抱我们的欢乐，

周涛：闻鸡起舞，把中华的美丽化作民族的交响，

李咏：相聚除夕，让我们的心一起飞翔，

董卿：展望东方，看朝霞浸染、丹凤朝阳。

朱军：哎，这就叫"爆竹声中除旧岁"，

周涛："岁时春风舞万千"，

李咏："千家万户喜开锣"，

董卿："锣鼓喧天

合：大联欢"！

（歌舞《盛世大联欢》）

（节选自《2005年中央电视台春节联欢晚会主持词》）

案例2

（主持人倪萍上场）

倪　萍：观众朋友，我们每个人都有自己的童年。长大后就经常手捧一本相册，想从一张张的相片中寻找自己童年的足迹，寻找那往事如烟的昨天。1950年，那时候全国刚刚解放。第一天当上摄影师的徐永辉到嘉兴去采访，一阵孩子的歌声把他带到了农民叶根土一家的面前。他以一个新闻工作者特有的敏感，拍下了这张全家福。（介绍图片）您瞧，虽然还是衣衫褴褛，但是翻身做了主人的叶根土笑得多么开心啊！徐永辉被深深地感染了。13年后，也就是1963年，徐永辉几经周折又在黄雁山区找到了叶根土一家，拍下了这第二张全家福。这时候啊，女儿就要出嫁了。瞧，儿子长得比妈妈还高呢！徐永辉被山乡的巨变深深地感动了，为这张照片取名叫《合家欢》。又过了16年，也就是1979年，那个时候，我们国家刚刚召开了三中全会。徐永辉想，三中全会以后的农村变化一定非常大。于是他又背起了照相机，再次找到了叶根土，拍下了这第三张全家福。遗憾的是，根土老人这个时候已经去世了，但是家里又多了三口人——两个儿媳妇和一个女婿，依然是一个幸福美满的家庭！又过了一个16年，也就是1994年的新春之际，徐永辉即

将退休了。他舍不得、放不下自己手中的照相机。于是,他又再次翻山越岭,找到了叶根土家,拍下了这第四张彩色的全家福……朋友们,这四幅照片已经被中国革命历史博物馆收藏,它是我们年轻的共和国由贫穷走向富裕的一个历史见证!今天,在这样一个合家团聚的夜晚,我们想到了他——一位普普通通的新闻工作者。所以我们也把他请来了,请他从他的照片中走出来和大家见面,有请!

您好,请您给我们全国的观众讲几句话,好吗?

徐永辉:我的普通话说得不好,我借这个机会向大家拜个年!

倪　萍:听懂了吗?徐永辉同志说他的普通话讲得不好,在这里给大家拜年了。我想徐永辉同志把想要说的话都已经拍进了他的照片里了……他真的是没有想过要出名,一个人想出名等不了40年!徐永辉同志真是饱含了对人民无尽的爱,40年来始终如一日地把镜头对准我们普普通通的农民,将这瞬间变成了永恒,我们再次感谢他!

（节选自《1994年中央电视台春节联欢晚会主持词》）

案例3

（小品《装修》结束）

（主持人周涛上场）

周涛:刚才这个小品给大家带来了阵阵的欢笑,我们衷心地希望在笑声当中,让我们抖落一年的辛劳,在新的一年中,幸福和快乐永远地伴随您。好,各位嘉宾、亲爱的朋友,接下来我要高兴地为大家介绍一位我的同行,她也是一位主持人,但与我不同的是,她用手语跟大家交流,让我们请出聋人手语主持人姜馨田。

（姜馨田上台,用手语跟大家交流,周涛做翻译）

周涛:亲爱的朋友,接下来,我要为大家介绍一个特殊的节目。它的特殊之处在于,为大家表演的所有演员都是生活在无声世界中的聋人朋友。他们听不到爸爸妈妈深情的呼唤,当然也无法感知音乐的旋律。

即便是这样,他们还是要把对大家的新春祝福化成美妙的舞姿带给我们,一起来欣赏舞蹈《千手观音》。

（舞蹈《千手观音》,结束）

（主持人周涛上场）

周涛:（与姜馨田牵手上场）谢谢,谢谢演员们的精彩表演!真是好美的一段舞蹈,我是含着眼泪看完这个节目的,我相信很多朋友都会和我有同感。他们感染我的除了艺术的美感之外,更有一种不向命运屈服的强大的精神力量。虽然在演出的过程当中,我们现场的观众多次对他们报以热烈的掌声,尽管这些演员不可能听见我们的掌声与喝彩,但是我还是提议,让我们再一次以发自内心的掌声来表达我们由衷的敬意,好吗?（掌声）姜馨田,你还想对大家说点什么?（姜馨田手语,周涛翻译）姜馨田说:爱,是我们共同的语言!谢谢!我提议,朋友们,让我们一起来学会这个手语,好吗?我身边的这几位,他们是中国残疾人艺术团的手语老师,刚才的演员就是在他们的指导下完成表演的,请他们为我们做示范。（观众学手语）

(歌曲《手心手背》,结束)

(主持人董卿、李咏上场)

董卿:一曲《手心手背》,让我们感受到的是温情,感受到人与人之间最宝贵的是相互的关爱。

李咏:因为有了相互关爱,社会才会变得和谐,生活才会变得和顺!因为有了相互关爱,家庭会变得更加和美,邻里之间会变得更加和睦。

董卿:是啊,但是我们也要想到家庭的和美需要每一位家庭成员用心用爱去营造,有时候可能还需要一些小小的技巧。

李咏:哎,接下来这个小品说的就是这事儿。

(小品《男子汉大丈夫》,结束)

(主持人周涛、朱军上场)

周涛:哎呀,看到刚才这个小品,让人想起咱们中国那句老话叫"远亲不如近邻"。

朱军:说得一点都不错!咱们中国还有一句老话叫"处事让一步为高,待人宽一步是福"。

周涛:是啊,邻里之间相互关照、有乐同享也是我们民族的美德嘛!

朱军:过春节了,邻里之间相互走动走动,拜个年,问个好,让咱们中华民族的传统美德在我们的祝福和笑容里延续。

(歌曲《邻里之间》)

(节选自《2005年中央电视台春节联欢晚会主持词》)

延伸阅读

节目:历年《中央电视台春节联欢晚会》;

《祖国颂——庆祝中华人民共和国成立50周年大型文艺晚会》;

《陕西'95春节晚会》;

《乡音、乡情、乡恋——1996年河北春节晚会》;

《新世纪 新北京——2001年北京电视台春节晚会》;

《第十一届亚运会开幕式》;

《大地飞歌——2001南宁国际民歌艺术节开幕式文艺晚会》;

《同在星空下——第14届全国电视文艺"星光奖"颁奖晚会》;

《走向辉煌——第五届"五个一"工程颁奖晚会》;

《'96中国音乐电视颁奖晚会》;

《情系三湘——湖南'99赈灾文艺晚会》等。

(二)娱乐资讯节目

1.娱乐资讯节目的概念

"资讯"即提供信息。娱乐资讯节目是以提供娱乐信息为主的节目。这类节目兼有娱乐和新闻的特性，它既强调事件的真实性，也突出报道理念的娱乐性。娱乐资讯节目时长从 30 分钟至 150 分钟不等。娱乐资讯节目在电视节目中占有重要的位置。如今，世界绝大部分电视台都有娱乐资讯节目。据了解，美国的 ABC、CBS、CNN、NBC 等很有影响的电视网，每天都有半小时左右的娱乐资讯节目。

(1) 娱乐的资讯

娱乐新闻的出现，满足了以青少年为主的观众对娱乐资讯的需求。这种资讯早些时候更多地出现在报纸和杂志上。但是，只有电视能够带给观众身临其境的感受。因此，资讯类电视娱乐节目有其独立存在的价值。

> **关键术语**
>
> 娱乐的资讯是指"娱乐界"或"娱乐圈"中的明星逸闻、近期动态等内容的资讯。

(2) 娱乐化的资讯

在大众传媒欠发达的年代里，新闻媒介的竞争主要表现为对独家新闻的争夺和报道。当通讯技术逐渐发达起来，很难再有"独家的"新闻时，媒体间就开始确立自己新闻的独家视角，媒体的泛滥导致新闻视角也无法"独家"了，众媒体只好从寻找最合适的表达方式上入手。"娱乐化的资讯"中的"娱乐化"实际就是新闻的一种表达方式。资讯的娱乐化，实际是对资讯传达语境的个性化设计，也是将资讯人性化、资讯传播人性化的尝试。

> **关键术语**
>
> 娱乐化的资讯是指被"娱乐"手段处理过的一般资讯。

当然，不是任何新闻都可以娱乐化。只有社会新闻、文化新闻、体育新闻等与娱乐业紧密相关的内容，才能做成娱乐化的风格。

2. 娱乐资讯节目的特性

(1) 节目理念的娱乐性

与严肃新闻节目相比，任何一档娱乐资讯节目都不仅仅是提供一些有关娱乐的信息，而是用娱乐的形式承载娱乐的信息，使观众在娱乐的氛围中收看有关娱乐的信息，达到娱乐大众的目的。

(2) 节目内容的时效性

时效性是所有资讯类节目的共同属性。无论是严肃新闻节目，还是娱乐资讯节目，它们都必须具有时效性。当新闻成为旧闻的时候，资讯节目也就失去了它存在的价值和意义。时效性是娱乐资讯节目的重要特性。

(3) 节目形式的多样性

从主持形式上看，娱乐资讯节目有单人主持、双人主持，有坐着主持、站着主持。无论是主持人的语言、动作，还是摄影技巧、灯光效果、场景布置等，无一不体现出资讯类电视娱乐节目带给观众的鲜活、新颖、时尚、灵动的丰富感受。

(4)表达语境的独特性

娱乐资讯节目需要在一种轻松快乐的氛围中传递娱乐信息,这样的语境与严肃新闻节目的语境大不相同。因此,娱乐资讯节目的编导、主持人、摄影师、灯光师、美工师等都渴望在轻松、随意、自然的语境中营造娱乐的氛围。于是,快乐、风趣、幽默就构成了娱乐资讯节目的独特语境。

■ 要点小结

娱乐资讯节目的特性:
1. 节目理念的娱乐性。
2. 节目内容的时效性。
3. 节目形式的多样性。
4. 表达语境的独特性。

■ 案例精选

杨:嗨,大家好!欢迎收看《雪碧·娱乐无极限》,我是主持人乐乐。

彭:我是主持人彭宇。

杨:就说一个人跳舞的话,你要是错了没有关系。但是和大家一起跳,你稍微出一点错就会被看出来。

彭:看样子,这一次"春春"跳舞的话就不能自由发挥了,是吧?好了,来看看这个演唱会的彩排报道。

(画外音)

让所有歌迷等了好久,李宇春首张个人专辑《皇后与梦想》终于正式上市了。专辑首唱会即将于9月20号在北京举行。目前,李宇春正在全力进行演出前的排练。昨天记者在录音棚里采访到了正在彩排中的"春春"。下午两点,身穿黄色T恤和牛仔裤,脚穿球鞋的"春春"完全是一副"粉丝"的打扮,与专辑海报中的造型截然不同。采访时"春春"透露,自己并不习惯海报上性感的造型。(同期声)刚刚上市的新专辑《皇后与梦想》与周杰伦的新专辑在同一时间上市发行,对于这种遭遇,李宇春表示纯属巧合。(同期声)本周三李宇春即将举行她的新专辑首唱会。"春春"表示在首唱会的舞蹈里有许多自己设计的环节,但是对于一些细节,她还是用"不能说"三个字来结束了采访。《娱乐无极限》小武、彭薇北京报道。

杨:"春春"还是那么可爱啊!再来看看我们今年的"超女"吧。"超女"五强已经出炉了,当然,给她们安排的活动也真的不少呢!虽然有不少活动都是和往常一样的,什么拍摄啊、采访啊这样例行的安排,不过,其中有一个别出心裁的安排让"超级女声"们感受到了心灵的净化。

彭:对,这就是"超级女声"五强的"盲哑学校之旅"了。相信我们也能从这一次不一般的探访中寻找到心灵最纯净的角落,来看报道。

(画外音)

昨天"超级女声"五强和长沙盲聋哑学校的孩子们进行了一次亲密的接触。刚到学校门口,"超级女声"们就和前来欢迎她们的孩子们打成了一片。到了学校的午餐时间,"超级女声"们又和学校的孩子们一起吃饭。有了这些大姐姐的陪伴,孩子们吃得是格外香甜。接下来五位"超级女声"又来到孩子们上课的教室,聋哑女孩儿正在表演一段无声的舞蹈。趁着课间休息,童心未泯的"超级女声"们还和孩子们一起玩起了跳绳。不过,很久没有跳绳的"超级女声"们玩起跳绳来也是状况平平。通过和这些盲聋哑儿童一天的相处,大家都觉得自己收获了很多快乐,也被他们纯净而透明的心灵深深感动。《娱乐无极限》刘涛长沙报道。

杨:嗯,真的希望我们的"超女"们能够给这些小朋友带去快乐啊!

彭:是啊!

杨:好,再来关注一下我们"超级女声"第六名——许飞。许飞是一个让观众和评委还有选手都非常喜欢的"超女"。别看她平时唱歌非常成熟和理性,其实私底下她非常活泼好动,所以她还有一个外号叫"大头飞",真是很可爱。

彭:这名字真是实至名归啊!不过,说到这个许飞的离开,不但让观众十分遗憾,那五位同场竞技的好姐妹更是舍不得这个"大头飞"。来,一起听听她们的肺腑之言。

(节选自湖南卫视《娱乐无极限》节目主持词)

延伸阅读

节目:中央电视台《综艺快报》;

中央电视台电影频道《中国电影环球之旅——资讯快车》《中国电影报道》;

东方卫视《娱乐星天地》等。

(三)赛季节目

1. 何谓赛季节目

赛季节目是指周期性在电视中播出的各种赛事活动的节目。

赛季节目主要由选手表演、评委评选、专家点评、观众投票等环节构成。主持人在其中起到介绍和串联的作用。赛季节目作为一种大众化的电视文化产品,除专家的经典评价外,观众也介入评选,使这类节目具有浓厚的平民化色彩,成为经典性和平民性相结合的产物。所以,这类节目深受广大观众的喜爱,成功案例也不在少数。

2. 赛季节目的特点

(1)选手众多

随着经济的发展,生活水平的提高,文化生活的丰富,具备"一技之长"甚至"多才多艺"的人越来越多,参加竞赛、展示才艺已成为普通人的生活内容之一,尤其成为那些渴望"一夜成名"的年轻人的梦想。赛季节目能够迎合大众的心理需求,激发选手参赛的积极性,所以参赛选手众多,节目十分火爆。

(2)受众广泛

观众之所以关注比赛,原因之一,参赛选手是自己认识或者熟知的人,如亲戚、朋友、同事;原因之二,观众评选已成为竞赛活动的重要环节,选手的胜负与观众的投票评判密切相关;原因之三,高科技手段的运用,使得评选方式越来越便捷,从邮寄信件到热线电话,再到手机短信,甚至网络评选,评选手段丰富,极大地调动了观众的参与兴趣。可见,节目重视观众意志,观众自然也就关心节目,从而形成了良好的互动关系。

(3)权威评判

评委是赛季节目不可或缺的重要元素,评委的人选是这类节目的一张"王牌"。是否有权威、知名的评委参与评选,是节目的一大看点。选择权威、知名的专家担任评委,至少能给节目带来两大优势:一是权威评委可以增强评选结果的可信度,二是权威评委自身就是观众的重要看点。

(4)富于悬念

赛季节目总是极富悬念。究竟"鹿死谁手""花落谁家",只有等到最后才知分晓。这类节目的悬念构成主要表现在三个方面:第一,选手的才艺展示富有悬念;第二,评委打分是悬念;第三,观众打分是悬念。如果说评委给的分数反映了选手的专业水准,那么,观众的评判则代表了大众对选手的接受与喜爱程度。因此,观众所给分数也成了一个悬念。

(5)程序规范

赛季节目总是有比较严格而明确的程序。尽管比赛内容不同,但是无论哪种竞赛,一般都要经过初赛、复赛、决赛三个阶段。选手必须按照规定程序参加比赛,不能违背比赛规则。此外,不同的比赛还会制定出相应的比赛细则。

总之,比赛活动的种种规定使得赛季节目具有很强的模式化程序,它是选手公平竞争的前提,也是竞赛活动公正合理的保障。

■ **要点小结**

赛季节目的特点:

1. 选手众多。
2. 受众广泛。
3. 权威评判。
4. 富于悬念。
5. 程序规范。

■ **案例精选**

案例1

(第一现场主持人董卿、张泽群)

董　卿:你好,王喆。我看到你在演唱的时候,万山红评委听得非常专注,我想问问万山红评委,您演了多少场《原野》?(万回答:十几场!)所以,字字句句您一定非常熟悉了。我们问问王喆演唱之后的感受。

王　喆：万山红老师演唱的视频我看了很多次,我就是为"青歌赛"专门准备了这首歌曲,没想到今天真的把这首歌曲抽到了。

董　卿：那很好,你做的准备用上了。今天对于王喆来说也是一个特殊的日子,是吗?

王　喆：对,今天是一个很重要的节日,是我妈妈的生日。今天早上到现在一直都没有跟我妈妈说"生日快乐",因为我想在这个舞台上对我的妈妈说一声,"妈妈,女儿希望你长寿、健康、开心,生日快乐!"

董　卿：王喆跟我说她的家乡有个规矩,就是姥姥过生日的时候妈妈要给姥姥送一罐儿桃儿。妈妈过生日的时候你给妈妈也要送一罐儿桃儿,是这意思吗?哦,你过生日的时候,你要给妈妈送罐桃,是怎么说的?

王　喆：是这样的,我妈妈从来都不过生日,她跟我说,生日这一天其实是自己母亲受苦的日子,所以每年她过生日的时候都要给我的姥姥买一筐桃,或者是买一罐桃罐头,说这样呢,让我的姥姥能够脱离苦难,然后长寿。

董　卿：所以就把这个习俗一直延续到今天。行,比赛结束后,明天你给妈妈买一筐桃儿,祝妈妈身体健康!好,我们一起来看看选手的得分。

张泽群：去掉一个最高分99.20分,去掉一个最低分98.80分,10号选手规定曲目演唱得分是99.07分。

董　卿：王喆99.07分可以排在第四位,这样的话,刚才演唱《卜算子·咏梅》的吴静,非常可惜就无法竞争金银铜奖了。不过,也已经是优秀奖的获得者了。我们先祝贺王喆。

张泽群：朋友们,现在我们的监审组要发布通报,有请监审组成员赵季平。

赵季平：监审组通报,今晚第五号选手吴彦凝演唱后,因技术故障,大屏幕对该选手的评委打分显示出错,现提请工作人员重新向观众显示该选手的准确得分,特此通报。大赛监审组。

张泽群：好,谢谢。那么现在我们有请现场的工作人员再次显示一下5号选手吴彦凝的得分情况。

去掉一个最高分99.80分,去掉一个最低分99.40分,5号选手规定曲目演唱得分是99.53分。来看一下排行,吴彦凝99.53分排在了第二位。下面,有请11号选手上场。11号选手王庆爽,由武警部队政治部文工团选送。在上一轮比赛之后她排在第七位,有请王庆爽。

董　卿：好的,王庆爽同样选择的是女声B组的规定曲目。我们先请庆爽在粉色球体当中抽取曲目。我们来看一下,B1,《边疆处处赛江南》。

(11号选手王庆爽演唱)

张泽群：请评委打分。

董　卿：你好,王庆爽。王庆爽其实对"青歌赛"的舞台已经不陌生了,第几次参赛了？

王庆爽：第四次来参赛了。

董　卿：第四次来参赛。像经常来参赛的选手到后来对名次、对成绩还会很在乎吗？

王庆爽：当然，参加比赛一定会比较重视这个名次的。

董　卿：是真心话，实话。

王庆爽：嗯，是的。不过，我觉得在"青歌赛"这个舞台上还是推了一些新歌。

董　卿：你个人？

王庆爽：对，是这样的，第一届我推出了一首《断桥一梦》，第二届推出了《千古绝唱》，第三届《梁祝新歌》。这一届呢，我带来了三首新歌，一首是《红旗飘》，一首是《文成公主》，还有一首是《知己红颜》。

董　卿：嗯，这些歌名儿听上去都能写小说了。王庆爽的这些歌儿……有很多喜欢唱歌的朋友都在找你的谱子，也真的是在不断地推广当中，这也是一种收获吧。好的，我们一起来看一下选手的得分。

张泽群：去掉一个最高分 99.60 分，去掉一个最低分 98.60 分，11 号选手规定曲目演唱得分是 98.87 分。

董　卿：来看一下 11 号王庆爽 98.87 分能否进入，排在了第五位。但是非常可惜的是泽旺多吉啊，我们场上的两位男选手当中的一位已经被挤出了前六名。先要祝贺庆爽继续准备接下来的比赛。

张泽群：今晚第一轮比赛最后一个上场的是 12 号选手吕宏伟，由武警政治部文工团选送，上一轮比赛之后他排在第九位。有请吕宏伟。

董　卿：吕宏伟选择的是男声 A 组的规定曲目。我们先一起来看看五首歌曲，好，请吕宏伟在蓝色球体当中选择一个。男声 A 组，A4，《不能尽孝愧对娘》。

（12 号选手吕宏伟演唱）

张泽群：请评委打分。

董　卿：你好，吕宏伟。这首歌也不好唱啊！你本来最想唱的是哪首歌？

吕宏伟：其实这五首歌我都很喜欢唱。

董　卿：啊？真的吗？那倒好，无论选哪一首对你来说都是有备而来。那我也想问问宏伟，都说这个民族唱法的男高音少，不好唱，到底难在什么地方？

吕宏伟：民族声乐男高音要求挺多的，它不像美声有一个大概的框架，有很多年的历史。我们中国民族声乐正在一个飞速发展的时期，男的比女的还要困难一些。比如说我自己个人理解啊，就像男生他要求音色啊、情感啊，等等。但是，高音太高了、太假了，不行；太真了，又上不去高音。有的时候音色暗，有的时候音色亮，就是每个人的欣赏水平不一样，所以要求也不一样，男歌手特别难。

董　卿：总之是很难。你看咱们最后这场就剩你们俩了。宏伟也是第五次参加比赛了。如果说这个最后的成绩不能进前六的话，你下届还会再来吗？

吕宏伟：我还能参加两次。

董　卿：你的意思是要将比赛进行到底，是吗？

吕宏伟：嗯，对。

董　卿：好，加油！我们来看一下得分。

张泽群：去掉一个最高分98.40分，去掉一个最低分97.00分，12号选手规定曲目演唱得分是98.20分。

董　卿：我们来看一下12号选手吕宏伟98.20分，排在第九位。

张泽群：朋友们，现在大赛监审组要发布通报，有请监审组成员李谷一。

李谷一：大家好，按照大赛规则，每错一个字扣除0.01分，今晚第三号选手周旋在演唱中唱错了三个字，应该从该选手的演唱得分中扣除0.03分；第六号选手王丽达唱错一个字，扣除0.01分；第八号选手常思思唱错了五个字，应该从该选手的演唱得分中扣除0.05分。监审组提请工作人员据此更改选手得分，特此通报。大赛监审组。

张泽群：好，谢谢。那么我们的工作人员会进行核对和更正，不要走开，接下来的比赛更加精彩。

（节选自《第14届CCTV全国青年歌手电视大奖赛民族唱法决赛（第一现场）》）

案例2

（第二现场主持人朱迅、评论员余秋雨）

朱　迅：欢迎来到第二现场。这个监审组的各位老师看得真够仔细的，零点零几分都这么认真。哎呀，比赛进行到这里，无论我们的歌唱选手在舞台上笑得多么灿烂，但是我们心里还真的挺心疼他们的。因为走到今天一关关、一层层，他们要准备那么多首歌，还要准备那个文化、艺术、表演等各种素质考核。真的，您不觉得他们太累了吗？

余秋雨：嗯，是的，可能是很累。但是我想，提高文化素质就可以帮他们做一点减法，自身就一览众山小了。如果视野比较开阔的话，就会明白我们生活当中好多年轻人他在追求的东西其实很可能是要被抛弃的，你们把如此大好的青春一头就扎在一个已经没有太大希望的模式里边，还忙、忙、忙。如果你有足够的文化素养的话，你会接触更高的一些艺术群体和更高的一些文化人，然后帮助你来筛选，你自己也明白这个是重要的，那个是不重要的。面对这样的大的历史，面对国际标准，面对广大民众的审美趋向，面对未来，我该怎么做？所以，只有当视野开阔以后，你的担子就会轻。文化是个做减法的工作，不是做加法的工作。我有些时候看到有一些网友在做一些琐碎的加法，我真是为他们心疼，你们可贵的生命还落在那么无聊的小点上！赶快站高了，如果你那么沉重，比如你刚刚讲的那么沉重，还有什么精力用自己年轻的生命去创新呢？现在最缺的就是创新。

朱　迅：我明白你的意思了，也许生活可能会变得更清净一点，不会过得那么热闹。只有生活变得丰富了，你的作品才会变得更加完美。

余秋雨：人也会变得更加空灵。文化艺术界的人都知道，特别有文化素养的人往往显得特别轻松，甚至特别健康。有的时候把重担压在头上每天忙着那些"假坐标"，我有的时候叫"伪坐标"，奋斗啊，奋斗啊，要到这个东西，要得到那个东西，争来争去。结果当这一切都得到以后突然发现没意义了,但是青春过去了,岁月过去了。

朱　迅:但是,余老师,有时候真的是加法容易减法难啊!

余秋雨:对,对。

朱　迅:好,明天又要开始流行唱法的文化素质考核了,题目会偏难吗?

余秋雨:我觉得这一次的题目比过去的有个好处,就是它虽然有的有点难度,但总的说呢,都在文化的主干道上。

朱　迅:好,我们就沿着这条主干道往前走。在这里,还要提醒电视机前的观众朋友们,如果你对我们的大赛有任何意见、看法或者疑问的话,别忘了可以通过发送免费手机短信的方式告诉我们。全国的手机用户请您发送T加上您的留言到1066999955,您就有机会获得由"洋河蓝色经典"提供的"天之蓝"礼品一份。另外,我要向您公布一下人气指数最高的选手还是1号选手泽旺多吉,恭喜你,非常难得的一位男选手!接下来,让我们把画面交还给第一现场,一起来看看本届"青歌赛"民族唱法的最终排名。

（节选自《第14届CCTV全国青年歌手电视大奖赛民族唱法决赛（第二现场）》）

■ **延伸阅读**

节目:历届《CCTV全国青年歌手电视大奖赛》；

中央电视台《星光大道》；

湖南卫视《超级女声》；

湖南卫视《快乐男声》；

浙江卫视《中国好声音》；

北京卫视《最美和声》；

东方卫视《舞林争霸》；

安徽卫视《超级演说家》等。

(四)娱乐谈话节目

1.何谓娱乐谈话节目

娱乐谈话节目,也称"脱口秀"节目。是谈话节目的一种,它以谈话为载体,充分展现话语的幽默和情景的滑稽,极力营造轻松愉悦的收视氛围,以取悦观众。这类节目或具有娱乐的内容,或节目形式娱乐化。

■ **关键术语**

娱乐谈话节目,也称"脱口秀"节目。是谈话节目的一种,它以谈话为载体,充分展现话语的幽默和情景的滑稽,极力营造轻松愉悦的收视氛围,以取悦观众。这类节目或具有娱乐的内容,或节目形式娱乐化。

"具有娱乐的内容"是指以演艺界、"娱乐圈"中的名人轶事为谈话内容的节目。

"节目形式娱乐化"是指谈话节目能够营造娱乐的氛围，使观众感到开心快乐，达到娱乐大众的效果。

延伸阅读

节目：中央电视台《艺术人生》；
　　　东方风行传媒《超级访问》；
　　　凤凰卫视《锵锵三人行》《鲁豫有约》；
　　　湖南卫视《天天向上》；
　　　湖南经视《越策越开心》；
　　　东方卫视《东方夜谭》等。

背景延伸

美国电视娱乐谈话节目发展十分迅速。如：《雷诺今夜秀》《杰瑞·斯普林格秀》《杰尼·琼斯秀》等节目都产生过较大的影响。因为谈话节目制作成本低，又能满足观众的收视需要，轻松讨巧，容易产生好效果。所以，深受电视制作人的青睐。很多国家的电视台都争相效仿。

在我国台湾地区，内容丰富、形式多样的谈话类娱乐节目成长迅猛。较有代表性的有：《费玉清时间》《马妞报报》《台湾真精彩》《命运大不同》《非常男女》《世界大不同》《小燕有约》《同学大不同》等。

2. 娱乐谈话节目的优势

第一，投入少，成本低，便于操作。

谈话节目一般是在演播室录制完成的。演播室一旦按照要求设计好，场景可以反复使用，直到需要重新设计为止。即一次投入，长久使用。所以，成功的谈话节目既能填补节目时间，又能赢得好的收益，是最经济的节目。

第二，内容广，话题多，选题面宽。

在娱乐谈话节目中，演艺界、"娱乐圈"里的名人、趣闻、故事等都可以成为节目的内容。所以，谈资丰富，选题多样。

第三，形式活，搞笑多，轻松活泼。

娱乐谈话节目可以在两人之间、多人之间进行。谈话的环境可以设计成家里的客厅，也可以设计在餐桌旁，还可以设计在小剧场里……有的节目不单是"说"，其间还穿插一些唱歌、弹琴、即兴表演等，形式不拘一格。

这类节目总是寻求轻松惬意、自然活跃的氛围。常以搞笑为主，即使煽情、猎奇，搞笑也是其中不可或缺的元素。搞笑不仅营造了休闲的气氛，使节目风趣幽默，而且也能提升节目的娱乐效果。

■ 要点小结

娱乐谈话节目的优势：
第一，投入少，成本低，便于操作。
第二，内容广，话题多，选题面宽。
第三，形式活，搞笑多，轻松活泼。

(五)益智博彩节目

1. 何谓益智博彩节目

"益智"使更有智慧，"博彩"即获得奖励。"益智博彩"就是使更有智慧的人获得奖励。

益智博彩节目兴起于美国，它由广播中的智力竞赛节目发展而来。当时广播的奖金不高，只是一种象征性的奖励，目的是为了引起听众的兴趣。

■ 背景延伸

1955年，美国CBS的《带走它或留下它》(Take It or Leave It)、《六万四千美元问答》(The $ 64000 Question)、《二十一分》(Twenty-One)。1957年，这类节目在美国商业电视网收视率排行前十名的节目中已占据了一半的比例。尽管后来因为《二十一分》节目以及其他一些类似节目作假的丑闻(在赛前就将答案告诉制作方选定的参赛者)，使智力竞赛类节目受到很大的挫折。但是，经过一段时间的调整与整顿之后，受人欢迎的智力竞赛类节目很快又恢复起来，并一直延续至今。

随着以高档奖品为吸引的益智博彩节目的迅速推广，不仅节目主持人声名大振，而且节目收益也成绩斐然。

■ 背景延伸

香港亚视推出的《百万富翁》(香港版)以及无线台推出的英国广播公司开发的《最弱一环》的香港版《一笔OUT消》，由于节目名声大、人气旺，使其节目主持人陈启泰、郑裕玲得以跻身香港十大艺人的行列。台湾华视推出的《超级BANGBANGBANG》，奖品价值高达50万元。台湾电视公司仿效《谁想成为百万富翁》(Who wants to be a Millionaire)制作的《超级大富翁》，奖金达到100万元。由于巨额奖金的刺激和节目的搞笑，使得节目收视率高居不下，收益颇丰。

2. 益智博彩节目的特点

第一，比赛规则是益智博彩节目的创作核心，它的设置是以竞争性和刺激性为原则的。

第二，与其他节目相比，益智博彩节目的节奏比较紧张。其外部节奏的变化与事先设置的比赛规则相关。如：节目进展何时紧，何时松，怎样才能张弛有度等；其内部节奏的变化则与参赛者和观众有关。因为观众的情绪与参赛者答题的对错直接相关,这种情绪随着参赛者的输赢、对错,形成了跌宕起伏的变化,直接影响节目的整体节奏。

第三,益智博彩节目兼容了大众传播、人际传播和自我传播等传播特点,形成了多元互动的传播效果。如主持人与参赛者、现场观众之间的人际传播,主持人与场外观众的大众传播以及参赛者的自我传播等。

■ 延伸阅读

节目:中央电视台《正大综艺》《幸运52》《开心辞典》《开门大吉》;
　　　重庆卫视《魅力21》;
　　　江苏卫视《夺标800》等。
图书:〔英〕大卫·麦克奎恩:《理解电视:电视节目类型的概念与变迁》,苗棣等译,华夏出版社2003年版。
　　　宗匠:《电视娱乐节目理念、设计与制作》,中国广播电视出版社2003年版。

(六)游戏节目

1.何谓游戏节目

游戏娱乐是人的天性。正如德国美学家席勒所说:"游戏使人成为真正的人。"他认为人受到两种相反的力量——"感性冲动"和"形式冲动"的驱使,当这两种力量结合在一起时就形成了"游戏冲动",每个人都具有游戏冲动。为了满足受众渴望参与、喜欢娱乐的心理,游戏、竞技、益智、猜谜等形式被添加进娱乐节目的"大拼盘"中。其中,游戏因素在娱乐节目中得到了充分体现,并成为节目的关键环节。

■ 关键术语

所谓游戏节目,就是以游戏活动为内容的娱乐节目。主要包括综艺游戏类和竞技游戏类两种形态。具体来讲,游戏节目是大众广泛参与的、按照一定游戏规则进行的、综合多种艺术形式或体育竞技活动的娱乐节目。

■ 延伸阅读

节目:湖南卫视《快乐大本营》;
　　　北京有线《欢乐总动员》;
　　　安徽卫视《超级大赢家》;
　　　广西卫视《夺宝奇兵》;
　　　浙江卫视《我爱记歌词》等。

2.游戏节目构成因素分析

如果说综艺节目是以艺术表演的精湛化来赢得观众青睐的话,那么,综艺游戏节目则是以艺术表演的游戏化来唤起观众的兴趣点。同理,如果说体育节目是以体育运动的竞技性和悬念性吸引观众眼球的话,那么,竞技游戏节目就是以体育运动的游戏化激发观众的兴奋点。在竞技、综艺游戏节目中,无论是竞技游戏节目,还是综艺游戏节目,尽管其中的竞技因素与游戏因素、综艺因素与游戏因素,各因素之间彼此相互依存,但各自在节目中所占分量、所发挥的作用却不尽相同。

(1)竞技、综艺因素——好看

电视是直接诉诸视觉的传播媒介,将节目做得"好看"是创作者不遗余力追求的目标。竞技因素在竞技游戏节目中之所以"好看",主要是运动项目设计上惊险刺激,有相当难度,富有极强的挑战性;综艺因素在综艺游戏节目中之所以"好看",主要是节目形式丰富多彩,如音乐、舞蹈、小品、相声、魔术、杂技等艺术形式的有机结合。另外,无论是竞技游戏节目,还是综艺游戏节目,所邀请的嘉宾往往是演艺界的明星、观众心目中的"偶像",他们的表演具有很大的吸引力。

(2)游戏因素——好玩

游戏作为一种文化娱乐活动,其涵盖范围广阔,主要包括发展智力的游戏和发展体力的游戏两大类。如文字游戏、图画游戏、数字游戏、电子游戏、捉迷藏等。

在竞技、综艺游戏节目中,尽管运动项目、综艺表演不可或缺,但是游戏因素却是贯穿节目始终的重要组成部分,"好玩"是游戏节目的主旨。游戏因素在竞技、综艺游戏节目中之所以"好玩",主要体现在游戏环节的设置上和游戏展示的过程中。从游戏环节设置上看,游戏设置既要贴近生活、贴近大众,又要赋予游戏以知识性、趣味性和审美情趣,还要力求创新,从而激发观众的收视兴趣。从游戏展示的过程看,竞技、综艺游戏节目可以通过调动电视摄像手段,增强游戏的形象感和真实感,通过灯光、音效、电脑特技的运用,加强游戏的喜剧色彩和紧张效果;通过主持人在现场适时烘托悬念、渲染气氛、调节节奏、开展互动等,使得游戏更加精彩,更能吸引观众。

■ 要点小结

游戏节目的构成因素:

1. 竞技、综艺因素——好看。
2. 游戏因素——好玩。

(七)"真人秀"节目

1. 何谓"真人秀"

"真人秀"或"真实电视",英文名称为"Reality Show"或"Reality TV"。在我国,普遍使用"真人秀"这一称谓的直接原因是1998年上映的美国电影《楚门的世界》(*The Trueman Show*)。影片的主人公楚门在不知情的情况下当了30年"真人秀"节目的主角,他所居住的小镇是一个庞大的摄影棚,他每天就生活在无数个摄像头下,他的亲朋好友和他每天碰到的人全部是职业演员。楚门在生活中发现了一个个蛛丝马迹,最终找到真相并逃离小镇。

背景延伸

尹鸿认为:"'真实电视'泛指由制作者制定规则,由普通人参与并录制播出的电视竞赛游戏节目。"①

纪辛认为:"'真人秀'节目是制片方给选手提供一个封闭的环境、一个刺激的游戏规则,让选手在规定的情境里自行其是,然后对他们进行全天候、全方位的拍摄,真实记录他们的言行、情感、心理以及隐私,也有人称其为'窥探电视'。"②

韩青、郑蔚认为:"'真人秀'节目是记录以普通人为主体的参与者在游戏规则制约下,在人为设定的场景和一个较长的周期内,完成某一目标或展现生活状态的真实过程的电视娱乐节目。"③

2."真人秀"节目的类型划分

早期有学者根据"真人秀"节目的拍摄地点将其划分为"野外'真人秀'节目"和"室内'真人秀'节目"。随着"真人秀"节目的发展,很多"真人秀"节目的拍摄场景都是室内外兼有的,于是就不能简单地用"野外"和"室内"来加以区分了。

韩青、郑蔚在《电视娱乐节目新论》一书中提出,将"真人秀"节目分为"生存冒险型"和"生活状态型"更为合理一些。这样的划分不仅在空间上有一定区分,更重要的是对节目形态和内容做了区别。④

(1)生存冒险型"真人秀"

这类节目主要以野外冒险、求生为主。将人为制造出的人与环境的冲突作为节目的基本框架,将挑战过程中选手之间的人际交往作为节目的主要内容。这类节目既强调竞技性,同时也重视观赏性。选手在节目中需要挑战自己的体能、心理承受力以及生存能力的极限。国内的"真人秀"节目大多以这一类为主。主要有野外生存、竞技对抗、寻宝探险和极限冒险等。

(2)生活状态型"真人秀"

如果说生存冒险型"真人秀"节目展示的是人在非常规环境中的生存状态的话,那么生活状态型"真人秀"节目则更多地把焦点放在人身上。关注人的外表、言行、能力、思想,关注人与人的交往以及交往中出现的矛盾。

相比野外生存节目,生活状态型"真人秀"节目的诉求往往利用隐私、性、情感来吸引观众,这在早期节目中尤为突出。人性中恶的、非理性的、潜意识的一面受到压抑,人们对人性中隐秘的一面充满了窥视的欲望。这种欲望在"真人秀"节目中成了一种现实的体验,欲望、情感、两性之间的微妙关系以及身体等都成了节目惯用的资源。

---

① 转引自韩青、郑蔚:《电视娱乐节目新论》,中国广播电视出版社2005年版,第102页。
② 纪辛:《西部黄金卫视再造内容看点》,《国际广告》2003年第11期。
③ 韩青、郑蔚:《电视娱乐节目新论》,中国广播电视出版社2005年版,第102页。
④ 参见韩青、郑蔚:《电视娱乐节目新论》,中国广播电视出版社2005年版,第109～110页。

女性主义电影理论家劳拉·穆尔维说:"看本身就是快感的源泉,正如相反的形态,被看也是一种快感。"在这一类节目中,选手与观众都能通过摄像机获得各自的快感。

■ **要点小结**

"真人秀"节目的类型可划分为生存冒险型"真人秀"和生活状态型"真人秀"两种。

■ **延伸阅读**

节目:广东卫视《生存大挑战》;

贵州卫视《峡谷大生存》;

中央电视台《非常6+1》《金苹果》《绝对挑战》;

湖南卫视《爸爸去哪儿》;

《生存者》(美国);

《我是名人——让我离开这里!》(美国);

《学徒》(美国);

《老大哥》(荷兰);

《阁楼故事》(法国)等。

图书:谢耘耕、陈虹:《真人秀节目:理论、形态和创新》,复旦大学出版社2007年版。

3."真人秀"节目的特性

(1)刺激性

"真人秀"节目是以满足观众的欲望为首要出发点的。"真人秀"节目无论是在内容安排、场景设计、拍摄手法、视听元素运用等方面,还是在选手选拔、规则制定、奖金设定、评选办法等方面都力争具有强烈的刺激感和冲击力。另外,"真人秀"节目中对于他人心理的窥视也能给观众带来极大的心理满足。这也正是"真人秀"节目为人所诟病的根本原因。

(2)冲突性

为了争夺比赛提供的稀缺资源、高额奖励,避免被淘汰出局,选手们只能采取一些如钩心斗角、合纵连横、"明修栈道、暗度陈仓"甚至循循"色"诱等尔虞我诈的手段,"驱逐"他人,保存自己。一些"真人秀"节目中的情节、细节乃至矛盾冲突,绝不亚于一部惊心动魄、扣人心弦的电视连续剧。

(3)假定性

从叙事学角度看,规则的设定就是要产生障碍,有了障碍,才有叙事的基础。"真人秀"节目就是要人为地设置障碍,制造矛盾冲突,在短时间内表现人的丰富的自然属性与社会属性,使得节目精彩、好看。

(4)真实性

尽管"真人秀"节目规则的制定带有假定性,但是就节目的整个过程而言,展现的都是真人真事,绝不允许虚假。从节目的拍摄制作看,基本上全部采用纪录片手法。如果说纪录片从内容到形式都要求完全真实的话,那么,"真人秀"节目则更侧重表现形式的真实性。

■ 背景延伸

《老大哥》节目在现场安排了 25 台摄像机、32 个麦克风以及 40 公里的电缆线,采用同步录音等方式,每天 24 小时记录参赛者的行为举止,并且将这些录像制作成半小时至一小时的节目,天天播出。

(5)"强制"性

在"真人秀"节目中,由于选手随时随地都处于摄像镜头的"监视"之下,他们的行为举止总是克制的——尽管他们参加节目是自愿的,但是他们在节目中的表现则是被压抑的。

■ 背景延伸

在一些"真人秀"节目中,选手几乎丧失了个人的心灵自由,不仅内心深处的真情实感长时间得不到表达,而且还要按规则去违心地做一些"伤天害理"的事情。这种"强人所难"的行为,对观众而言也许觉得挺有看头,对选手来讲也许就是一种"精神折磨"。所以,有些选手在结束这种"被迫"作假作恶的活动后,便患了抑郁症或厌食症。

在"人是金钱的奴隶"的西方国家,电视台开办这种让人为了钱而扭曲天性的节目,可以说是对其社会现实的一种形象化写照。在我国,"真人秀"节目目前还处于一个探索阶段。考虑到中国传统文化的价值观以及中国人的道德准则,这类节目在主导思想上应该力求表现人类的智慧与勇敢精神,反映中华民族做人的美德,体现人与人之间的友好合作。如果一味模仿欧美电视台"真人秀"节目的做法,是不可取的。

■ 要点小结

"真人秀"电视娱乐节目的基本特征:刺激性、冲突性、假定性、真实性和"强制"性。

第三节 电视综艺娱乐节目主持人的素质

随着电视媒体的发展,电视综艺娱乐节目形态日益丰富多样,从综艺晚会、文艺专题到互动游戏、娱乐访谈,再到真人秀、脱口秀……如今的中国电视娱乐节目进入了一个异常活跃的发展期,综艺娱乐节目主持人的功能随着节目形态变化的要求,从解说报幕到互动访谈,再到主持人作为娱乐元素的一部分全面参与、适度表演,可以说功能的拓展对于这类主持人的素质提出了更加全面的要求。《现代汉语词典》中对"素质"的解释是:①事物本来的性质;②素养;③心理学上指人的神经系统和感觉器官上的先天特点。[1] 我们认为电视综艺娱乐节目主持人应当以自己先天的生理和心理素质为基础,在后天学习和

---

[1] 《现代汉语词典》(第 6 版),商务印书馆 2012 年版,第 1241 页。

工作的过程中有意培养、修炼相应的素质,形成相对稳定的适应工作需求的内在特质,主要包括思想素质、专业素质、语言素质、身心素质等几个方面。

一、思想素质

电视综艺娱乐节目主持人通过大众传播平台向公众传播信息,提供娱乐,起着媒体宣传引导和提供娱乐的双重作用。坚持正确的舆论导向,践行社会主义核心价值观,弘扬中华传统文化艺术,提供健康向上的社会娱乐服务是主持人必备之责。主持人作为节目进程中的"把控者",一言一行中流露出的看待客观事物的观点见解、思想意识和水平境界,不仅能体现出主持人自身的水准,也决定着节目的品质、品格,任何随意的玩笑和不负责任的言行都会造成意想不到的社会危害。

(一)把控全局,增强导向意识

电视综艺娱乐节目主持人作为传媒工作者,不是单纯的艺人,他肩负着电视媒体的职责,是体现群体性思考和操作的职业,应当以较高的思想觉悟和理论素养为基础,倡扬真善美,不断提高引导水平。综艺娱乐节目主持人应对当下所处的时代背景,社会政治、经济、人文环境有着深刻准确的理解和判断,把握好节目定位和言论走向,否则便容易造成是非混淆、思路误导。综艺娱乐节目主持人应当避免完全以艺人的身份或私人化的定位进入职业角色,否则容易因一味追求娱乐而有失偏颇。

(二)守住底线,增加人文修养

电视综艺娱乐节目商业化趋势明显,节目内容在商业目的和收视率的驱动下容易触及敏感话题或低俗表现形式,主持人就要把握尺度,既积极娱乐又"守住底线",当好"把关人",不能不顾道德底线地曲意逢迎、低级庸俗、放肆无礼,这些表现实际上都与自己的道德水准和价值观密切相关。

综艺娱乐节目大众参与性强,节目中主持人经常面对不同生活方式和价值追求,面对金钱和道义发生冲突,面对公共利益和私人利益产生矛盾的情况,主持人应该自觉地做出符合社会发展总体价值目标的判断和选择,体现出应有的道德层次和人文修养。

要点小结

综艺娱乐节目主持人的思想素质:
1. 把控全局,增强导向意识。
2. 守住底线,增加人文修养。

二、专业素质

电视综艺娱乐节目主持人的专业素质既包括主持人长期积累的文化底蕴、生活阅历等内在因素,也包括形象、气质等外部要素,以及在特定工作环境中的职业意识。

(一)文化修养和文艺知识

作为电视综艺娱乐节目主持人,应具备深厚的文化底蕴、科学素养和文学艺术常识,同时关注前沿性知识,这样在主持创作时才会如鱼得水、如虎添翼。比如从事文艺专题类节目,就要谙熟所主持的文艺门类,有大量相关信息的储备和不俗的见解,有创新的构思,具备较好的编辑能力和演播能力。如果从事竞赛益智类节目,则要熟练准确地把握竞猜题目、游戏或竞技的程序、规则、答案,同时真情投入,平等善待每位参赛者,在欢乐中弘扬科学知识与人文精神。例如中央电视台主持人董卿在主持全国青年歌手电视大奖赛期间,对音乐知识、选手背景、赛制赛程等进行充分了解,同时充满人文关怀地与选手嘉宾即兴交流,表现出良好的文化艺术涵养。

(二)社会经验和人生阅历

电视综艺娱乐节目主持人的定位应平易近人,与观众、嘉宾打成一片,因而深入了解社会生活、积累人生阅历是至关重要的。电视综艺娱乐节目主持人在节目录制现场置身于复杂的场景以及人际环境中,需要完成与搭档、嘉宾、观众以及合作团队在内的各方人员的交流合作。因而,及时接收各方信息做出准确合理的反应,灵活驾驭控制场面,对于嘉宾和观众的理解、启发和服务到位,很大程度上依靠主持人的经验和判断。比如美国著名脱口秀节目主持人奥普拉,成长经历坎坷曲折,但丰富的人生经验使其在节目中成为一位令人信赖的主持人。倪萍、周涛、董卿等也都是经历不同职业、不同平台,通过积累和努力最终成为优秀主持人的。综艺娱乐节目主持人如果缺少阅历,只靠年轻靓丽,往往无法洞察和理解主持环境中的状况,难以驾驭、处理好各种关系。

电视综艺娱乐节目主持人的定位常常不是专家学者,也不是明星偶像,在节目中必须以亲切、随和、平易、居常的一面示人,与大家打成一片,真诚热心地为观众服务,送去欢乐。[①]

(三)合作精神

电视综艺娱乐节目形态复杂,制作过程从策划、创作、排练到录制需要多工种的协调配合。一方面,主持人应当尊重同行、尊重搭档、善解人意,把握好自身定位,不能为了自己出风头而拆别人的台。要知道主持人与团队是"一荣俱荣,一损俱损"的关系,衡量节目优劣的是体现出来的最终的整体效果,观众绝不会因为某个主持人一时损人利己的"抖机灵"而推崇他。另一方面,主持人还应积极投入,主动参与策划、撰稿等环节,与各工种多打交道,深入了解节目主旨和意图,掌握节目层次结构,这样才能在广义备稿的同时获得更多的真实体验,积累心得,从而在节目中有感而发。

---

① 罗莉:《电视播音与主持艺术》,北京广播学院出版社 2001 年版,第 276 页。

(四)创新精神

电视综艺娱乐节目主持人处于大众文化和时尚文化的前沿,在思维、语言和内容创作上都需要创新意识,尤其是在当前中外电视娱乐节目从形态到技术手段日渐融合,在国内外电视节目不同制作氛围和模式的转化中,如果主持人思维模式化,语言状态单一,以不变应万变,必然难以适应。主持人对待节目要开阔视野,打破思维定式,根据嘉宾和情境的差异适时调整自己的沟通策略,多迸发出优质的即兴语言,把握好现场的节奏、气氛、进程。对于主持人来说,快速适应节目的形态和变化,及时准确地做出语言和控场上的反应,就是创新意识和素质的重要体现。

(五)多才多艺

我们经常能看到一些电视综艺娱乐节目主持人多才多艺,在节目中唱歌、跳舞、曲艺、器乐……好像什么都能展示,这些艺术技能的积累和学习不仅能丰富主持人的个人艺术经历,还能为综艺娱乐节目锦上添花。首先,如果主持人在艺术上具有一定造诣,有助于形成深刻敏锐的总体艺术感受力,在解读艺术信息上更具水准;其次,主持人的艺术技能通常在节目中可以有所展现,能丰富节目内容,与嘉宾良好互动,也能获得观众的好感;最后,在涉及专门艺术领域的电视综艺娱乐节目中,主持人若有相关艺术门类的实践经验就有可能知晓此类专业知识,在节目中"不外行"。

■ **要点小结**

电视综艺娱乐节目主持人所需具备的专业素质:
1. 文化修养和文艺知识。
2. 社会经验和人生阅历。
3. 合作精神。
4. 创新精神。
5. 多才多艺。

三、语言素质

电视综艺娱乐节目主持对于语言素质和功力的要求是全方位的。其中包括书面语言的转化力、有声语言的表现力、即兴语言的生成力和多种语态的协调力,要求主持人在思维、情感、心理作用下提升有声语言表达的整体水平和幽默气质。

(一)书面语言的转化力

在电视综艺娱乐节目的创作中,创作依据通常是稿件文本或比较细化的台本,主持人需要在较短的时间里将文本内容或台本的结构思路转化成流畅自如的有声语言表达出来,这包含着主持人对文本的理解力、记忆力和转化力。在实践工作中,很多优秀的电视综艺娱乐节目主持人,像朱军、周涛、董卿等,对文稿串词几乎都能做到过目不忘。同时,语言的转化能力还包括主持人对大量信息、素材和知识的快速甄别、选取、重组,继而转化成有声语言进行传播的能力。媒介技术的发展、社会环境的变化以及节目形态的多元化都要求主持人要在短时间内消化理解文案资料,完成传播。

案例精选

撒贝宁:与明星一起,为公益梦想而战。这里是《梦想合唱团》。观众朋友,这里是中央电视台综合频道为您倾力打造的大型电视活动玉兰油《梦想合唱团》第二季,今晚是总决赛的现场。

曾宝仪:是的,经过两个多月的比拼呢,我们八支梦想合唱团又再次齐聚美丽的北京温都水城,到底谁会成为第二季梦想合唱团的总冠军,收获百万公益梦想基金,同时还有机会跟我们的小撒先生一起登上蛇年春晚的舞台,一切的悬念都要在今天晚上一一揭晓。

撒贝宁:随着战况的升级,我们决赛的赛制也全面升级,首先是八支队伍通过抽签,分成四组,两两对决,得票数较高的那支队伍将获得五分的积分,然后排在前四名的队伍将进入第二轮。第二轮四支队伍再两两对决,同样决出两支队伍,进入最终的冠亚军争夺。谁能够获得最终由招商证券和苏宁易购提供的公益梦想基金和音乐梦想基金?我们共同来见证梦想,见证无尽可能。对于我们的观众来讲,今晚真是大饱眼福、大饱耳福的时候……

曾宝仪:绝对非常精彩!

撒贝宁:岁末的气氛越来越浓厚了,今天晚上,我们也将用玉兰油《梦想合唱团》自己的方式向这样一个时间节点表达我们的一种情怀,今晚的八支队伍都将在台上演唱一首春晚经典曲目。

曾宝仪:所以我们能够听到大家耳熟能详的歌曲,但是他们会重新演绎,给它们新的生命。

撒贝宁:对,让我们掌声有请八位队长回到座位上进行战前的最后准备。你发现没,今天我们现场在座位安排上和以往有些不太一样?

曾宝仪:感觉以前都是有八个王座在下面,今天好像有十个王座,还多了两个王座……

撒贝宁:多出两个座位,虚位以待,这是谁呢?我要告诉大家,这两位和我们所有人对于中央电视台春晚的记忆都紧密相连,两位老师一上场,意味着我们的年夜饭可以开席了。

曾宝仪:那我们可以请他们上来了吗?

撒贝宁:掌声有请倪萍、赵忠祥老师!

案例分析

这一段串词是2012年2月8日中央电视台综合频道《梦想合唱团》总决赛的开场语,本次节目由中央电视台主持人撒贝宁和台湾综艺节目主持人曾宝仪联袂主持。串联词从内容结构上看首先"决赛开场",介绍比赛的名称、参赛队、赞助商等信息;然后"介绍赛制",宣布总决赛的比赛细则;继而"烘托主题",总决赛的主题是凸显岁末春晚的气氛;最后"引出嘉宾",有请倪萍、赵忠祥两位嘉宾出场。可见开场词从内容上承担着诸多功能,两位主持人能够在短时间内将文字稿件消化记忆,呈现出自然流畅、生动活泼的交流状态,营造出紧张热烈的开场气氛,充分体现了他们对稿件内容层次的理解划分、语言份额的明确和较高的语言转化能力。

(二)有声语言的表现力

电视综艺娱乐节目通常具有一定的艺术欣赏性和审美性,因而,主持人颇具艺术性的语言能够与节目融为一体、相得益彰。电视综艺娱乐节目中主持人的语言相对夸张,具有较大的变化幅度,或声情并茂,或娓娓道来,或轻松搞怪,或诙谐幽默……在情感把握上具有艺术创作的特点,在语言形式上具有较强的艺术表现力和感染力。

案例精选

朱军:真正的专家在这呢!我们大家,来,欢迎阎肃老师。

阎肃:都到家了吗?(观众喊:到家了!)

朱军:阎老师,咱这都问了好几遍了。

阎肃:我就会这一句。

朱军:别就会这一句啊,我请您来啊,是想请您和我来段相声。

阎肃:相声我说不了。

朱军:咱这相声简单,传统的,对春联儿。

阎肃:春联儿马马虎虎。

朱军:马马虎虎?

阎肃:唉,有点讲究。

朱军:那咱就开始?

阎肃:行!

朱军:我出上联儿。

阎肃:我对下联儿。

朱军:我这上联儿您听好了啊,"朱军"——

阎肃:那我对"马圈"。

朱军:马……(观众笑声)不是我说阎老师,这"马圈"干吗啊?

阎肃:"猪军"那不是"马圈"吗?

朱军:不是,我这是人名。

阎肃:哦,我糊涂了,就是您,那不好对,那我凑合吧,对"阎肃",就是我。

朱军:嗯,人名对人名!告诉您阎老师,我这上联能加字儿。

阎肃:我这下联能填词儿。

朱军：那您听好了，我这上联是"朱军主持节目"。

阎肃：下联是"阎肃喜对春联"。

朱军：好！还真是一个好联！其实啊，是通过这么一个简单的对话给观众朋友介绍一下对春联的基本规则，因为今年春晚我们要给大家送出五副春联，向观众朋友们征集上联或者是下联，您只要对上一副就有机会参加我们的评奖，并且把您对出的春联通过屏幕下方的地址邮寄给我们。那下面我们就有请阎肃老师为我们送出今年春晚的第一副春联。

阎肃：第一副，大伙听好了，我这可是下联，您对上联。我这下联是："五十六朵花开五色十光六合春"！

朱军：好联！（掌声）"五十六朵花开五色十光六合春"！

案例分析

这是中央电视台 2011 年春节联欢晚会的一个片段，朱军与阎肃老师对对联的段落是当年春晚一个引人入胜的环节。双方对话自然流畅、气氛活跃，主持人朱军的语言节奏感强、张弛有度，既能在口语化的对话段落体现尊重、幽默和自谦，又能在对对联的环节充分表达中国传统民俗对联当中的韵律和含义，这与主持人有声语言艺术性的表现力密不可分，也与朱军本人对曲艺和中国传统文化的积累息息相关。

（三）即兴语言的生成力

电视综艺娱乐节目主持人的语言功力还体现在临场发挥的即兴语言上。主持人在具体语境中，用最短时间，把握好现场的节奏、气氛、进程，确切地组织好语言，显得尤为重要。这既包括相对完整有一定篇幅的总结抒发，也包括快速机智地交流应对、巧妙处理。

很多情况下电视综艺娱乐节目主持人要靠幽默机智的即兴口语灵活控场。幽默诙谐而不失品位，通俗得体又观点独特，便会成为节目的亮点。倘若主持人缺少语智和即兴灵感，就容易使语言陷入刻板僵硬，破坏节目欢乐的气氛和连贯的节奏。当然，这与文化底蕴的丰富、思维能力的拓展、语料素材的积累和积极乐观的心态境界直接相关。像李咏、吴宗宪都是在节目中富有语智、敢于自嘲、语言反应速度很快的主持人，深受观众的喜爱。

案例精选

朱军：亲爱的朋友们，新春的钟声已经敲响，又一个明媚的春天向我们走来。在这里，我们再一次给大家拜年，祝大家己丑牛年大吉。此时此刻，一定有很多很多朋友在给自己的朋友送去新春的祝福和问候。我想说：在您送去问候和祝福的时候，千万别忘了我们最容易忽略的人，那就是常伴在我们身边的人。如果您的父母还没有休息的话，请起身给您的父母鞠躬，感谢他们的养育之恩，感谢他们一年的劳累，感谢他们带给这个家庭的温暖。请用您的笑容为您的丈夫、为您的妻子，也给您的儿女送去祝福，感谢一年来我们相互搀扶走过的日子。最后我想说：也让我们感谢我们自己，感谢我们这一年来的自信与坚强，感谢我们这一年来所取得的工作成绩。

案例分析

在2009年春晚,由于节目临时调整,导演郎昆紧急要求主持人朱军在当前节目结束后上台说一分钟的话。朱军接到导演指令后,即兴构思,临时补词一分钟。话题以"拜年"为核心延展到感谢身边的人,包括父母的养育与艰辛,伴侣、儿女的陪伴和温暖,自己的自信与坚强。这段即兴抒情,既是对每一个中国家庭实实在在的总结,又符合大年夜里合家欢乐、喜庆祥和的氛围,不仅及时救了场,还激发了观众的共鸣,获得了良好的传播效果。这与主持人朱军的日常积累、主持经验和临场即兴语言组织能力是分不开的。

(四)多种语态的协调力

电视综艺娱乐节目有欢乐喜庆的基调、有宏大的场面、有众多的现场观众、有浓淡不同的色彩和起伏变化的节奏,因此,主持人语言灵活多变、收纵自如非常重要,应对多种语态,比如娱乐谈话式、朗诵宣读式、娱乐播报式、介绍串联式等灵活掌握,才可能游刃有余地驾驭不同节目以及同一节目的不同阶段。在节目中插播、串联、演绎、访谈、情景小品、外景等都有可能成为主持形式。比如主持人董卿在主持全国青年歌手电视大奖赛的过程中语言具有极强的感染力,善于把握分寸,能调动观众情绪,她的语言既能按照"既定方案"控制场面,又能视现场情况随机应变。无论是素质考核的环节,还是对每位参赛选手的即兴访谈,她的语言样态都有相应的调节变化,转换自如,熟练把握了语言交流指向的变化与和谐,充分展现了她的语言素质和知性魅力。

要点小结

电视综艺娱乐节目主持人所需具备的语言素质:
1. 书面语言的转化力。
2. 有声语言的表现力。
3. 即兴语言的生成力。
4. 多种语态的协调力。

四、身心素质

(一)赏心悦目的形象气质

主持人的外貌、气质、体态等方面在电视画面中具有美感,本身就能给人带来精神上的愉悦和放松。对于娱乐性较强的电视节目而言,有时不见得一定是帅哥美女,外形上具有亲和力同样可以赢得受众。总的来说,综艺娱乐节目主持人的外形条件应当赏心悦目。当然,所有气质、外形的修炼都与内在涵养密不可分。

(二)质朴开朗的性格特征

性格和心理要素在很大程度上决定了一个主持人的亲和力、沟通力、观众缘和气场。

性格主要源于先天因素，但也有后天的环境、教育以及自身实践的影响，电视综艺娱乐节目主持人的性格素质应该具有以下特征：

1. 真挚朴实

电视综艺娱乐节目强调大众的参与性和互动性，主持人在节目中要与嘉宾和观众建立良好的沟通关系就需要以真诚为前提。真挚朴实是打开沟通窗口的最好方式，任何矫揉造作都会成为障碍。真诚还体现在主持人出错的时候能否表现出足够的诚恳。如果在节目中让人感觉"不实在"，专业水平再高，也难以让观众信任。许多受观众欢迎的综艺娱乐节目主持人往往不会不懂装懂，有些方面如果不熟悉，或者理解错了，就会以特有的方式自嘲化解，而不是装腔作势。

2. 善于沟通

电视综艺娱乐节目主持人作为节目现场的组织者和气氛调动者，应当善于主动与人沟通，在短时间里让观众、嘉宾及现场所有人消除紧张感和陌生感，和他们打成一片、融为一体。主持人作为各个角色之间的纽带，节目的娱乐效果很大程度上依靠主持人建构的关系场和气氛。这就需要综艺娱乐节目主持人具有平易近人、热情开朗的个性。乐于在场、善于沟通，才能有效调动现场的各种角色和元素，营造欢乐高涨的氛围，提升场内热度，以吸引屏幕内外的受众。优秀的主持人是有观众缘的，他们身上往往具有热情开朗的性格和高超的交际能力。

3. 机敏活跃

电视综艺娱乐节目的整体基调往往是轻松活跃、起伏跌宕的，而且在节目制作过程中气氛的营造和鼓动具有不可复制性，所以主持人一味按部就班或慢条斯理恐怕难以及时捕捉节目的亮点。对于现场发生的临时状况做快速机敏的应对、恰如其分的处置和活跃生动的调节成为影响节目效果乃至成败的关键。主持人一定要首先是个"聪明人"，在复杂的情境下善于看到事物的本质，体察周围人的情绪变化，流畅接应又敏锐捕捉有趣的"点"，这既是如今综艺娱乐节目的特点给主持人提出的要求，同时也是主持人个性魅力的核心特色。

▎**要点小结**

电视综艺娱乐节目主持人应具备的身心素质：
1. 赏心悦目的形象气质。
2. 质朴开朗的性格特征。

总之，中国电视综艺娱乐节目经过几十年的成长与发展，已经成为目前电视媒体非常普遍的节目样态，综艺娱乐节目主持人素质的提高对于自身职业生涯的可持续发展和电视综艺娱乐节目传播水平的整体提升都具有重要意义。电视综艺娱乐节目主持人的素质要求是综合全面而又特征鲜明的，主持人在日常积累的过程中应具有理性的探索精神、敏锐的感性素质、高层次的审美追求、健全的人格修养，综合提升个人素养和自身与外部环境的协调能力。这样,主持人才可能在工作中与制作团队精诚合作,与嘉宾、观众良好互动,以独特的视角深化节目主题,扩充节目内涵,提升节目品位。

第四节 电视综艺娱乐节目的主持特点

对于节目主持人而言,要主持好一档节目,除了对该节目的内容、形式乃至主持程序、传播对象等了如指掌外,不容忽视的是,主持人必须准确把握不同类型节目的主持特点,只有这样,才算具备了完成好该节目主持任务的前提条件。电视综艺娱乐节目的主持特点是自然亲和、轻松愉悦、风趣幽默、机智灵活和个性鲜明。

一、自然亲和

通常,"自然亲和"可以解释为不勉强、不造作的温和适中、和谐和睦的爱的状态。

关键术语

在主持综艺娱乐节目时,"自然亲和"就是指主持人以温和适中、和谐和睦的爱的心理,不造作、不局促、不呆板地主持节目的一种状态。

电视综艺娱乐节目主持人要在"娱乐为民""与民同乐"的精神理念引领下,用"仁爱"之心对待受众,真心实意、不卑不亢地与受众和睦相处。但是节目主持人也不能一味地迎合受众的口味,甚至迎合受众的某些低级趣味,而是在满足受众娱乐需求的同时,"润物细无声"地实现引领受众健康娱乐、提升娱乐品质的目的。为此,电视综艺娱乐节目主持人在主持节目时首先要做到不矫揉造作、不忸怩作态,保持一种自然真诚、朴实大方的平和心态;其次要做到不孤芳自赏、不盛气凌人,保持一种向善向上、中正平和的主持状态。娱乐节目主持人只有具备了自然亲和的主持心态,才能产生一种使受众愿意接触的力量,即亲和力。只有具备亲和力的节目主持人,才有可能亲近受众、感染受众乃至引领受众,真正达到"娱乐大众"而非"愚乐大众"的目的。可以说,是否具备亲和力是其能否主持好电视综艺娱乐节目的重要前提,也是其能否赢得受众欢迎的关键所在。

二、轻松愉悦

"轻松愉悦"是指人因为没有负担、不紧张而感到幸福或满意的一种高兴的情绪。

关键术语

在主持综艺娱乐节目时,"轻松愉悦"是指主持人以一种或幸福、或满意的高兴的情绪,合理排除各种羁绊与顾虑,轻快爽朗地主持节目的状态。

电视综艺娱乐节目主持中的"羁绊"与"顾虑"在于,主持人作为媒体的代言人,在节目中应该谨言慎行,维护媒体的社会形象,不能因个人的偏好、情绪、情感影响受众,减损媒体的社会责任。这就要求主持人在主持中不该说的话不能说,不该有的行为不能有。然而,对于电视综艺娱乐节目而言,如果主持人不能以一种放松的心态和高兴的情绪主持节目,不能为受众营造一个轻松愉悦的现场氛围,那么节目就不能带给受众以快乐、消遣的感受,就无法真正实现"娱乐大众"的目的。为此,综艺娱乐节目主持人在不断提高自身的思想修养和艺术素养的同时,应该在国家利益与媒体利益之间、在媒体利益与受众利益之间、在媒体得失与主持人个人得失之间,在严肃与谐谑之间、在高雅与低俗之间寻找恰当的平衡点,把握时机,拿捏好分寸,秉持自己的职责,传播文明进步的思想。这样,综艺娱乐节目主持人才能既不失履行自己传媒人的职责,又能够保持一种轻松愉悦的主持状态。

三、风趣幽默

"风趣"指风味、情趣。情趣是指性情志趣、情调趣味。

背景延伸

俄国著名哲学家、美学家、文艺评论家车尔尼雪夫斯基在《论崇高与滑稽》一文中把"幽默"理解为对别人和自己身上的喜剧性缺点的批判性剖析和自我批判性剖析。他认为,凡是爱好幽默的人,"凡是天性委婉、容易激动同时又善于观察、公正不阿的人,在他们的目光下,随便什么琐碎、寒伧、渺小、卑微的东西都是无法隐遁的",所有这些东西都是和"一般的人类尊严相矛盾的"。[①] 所谓喜剧性缺点,是指人们在性格、外貌和举止等方面的某些可笑的特征。幽默不同于讽刺,它只是温和的微笑和善意的玩笑。

关键术语

在主持综艺娱乐节目时,"风趣幽默"不仅表现出主持人的一种性情志趣,也是主持人用于调节现场气氛、营造轻松环境的一种方法,同时还反映出主持人明辨生活中喜剧性特征和现象的能力,体现出一个主持人的思想境界和艺术境界。

一个风趣幽默的主持人带给受众的绝非怜悯与同情、痛苦与难堪,而是快乐与智慧、轻松与和谐、收获与启迪。

四、机智灵活

"机智灵活"是指既有善于把握时机、赢得机会的聪明智慧,又有思维敏捷、不呆板、不拘泥且善于随机应变的能力。在娱乐节目中,主持人的工作除了准确无误地完成好节目预定程序外,还要随时处理现场出现的各种意外情况,调节好现场气氛,使得节目制作能够顺利进行。因此,主持综艺娱乐节目的主持人较之于主持其他类型节目的主持人要更机智灵活一些。

---

① 转引自〔苏〕奥夫相尼柯夫、拉祖姆内依主编:《简明美学辞典》,冯申译,知识出版社1981年版,第193页。

■ 关键术语

在主持综艺娱乐节目时,"机智灵活"是指主持人能够根据节目现场发生的情况,调动自身才智,把握时机,思维敏捷,不呆板、不拘泥地处理各种突发事件,达到有效控制现场的目的的性情和能力。

"性情"指本性,即人的禀赋和气质。① 如"无以反其性情而复其初"(《庄子·缮性》)其中"性情"即本性之意。"禀赋"是指人的体魄、智力等方面的素质,"气质"是指人的稳定的个性特点,是高级神经活动在人的行动上的表现,如活泼、直率、沉静的气质等。气质也指风格和气度。能力通常指完成一定活动的本领。能力是在人的生理素质的基础上,经过教育和培养,并在实践活动中吸取前人的智慧和经验而形成和发展起来的。② 由此可见,一个节目主持人的机智灵活,既与先天因素占主导的禀赋和气质有关,也与后天的教育和培养有关,二者缺一不可。

五、个性鲜明

从哲学上看,"个性"是指一事物区别于其他事物的个别的、特殊的性质,它使事物具有各自的特点;③从心理学上看,"个性"是指个人稳定的心理特征(如性格、兴趣、爱好等)的总和。它是在一个人的生理素质的基础上,在一定社会历史条件下,通过社会实践活动形成和发展的。④

■ 关键术语

"个性鲜明"是指在一定的社会条件和教育影响下形成的一个人稳定、明确、区别于他人的各种心理特征的总和。

为什么主持人在主持综艺娱乐节目时需要"个性鲜明"? 一方面,从受众的基本需要而言,受众除了有信息的需要、社会化的需要之外,还有调剂生活的需要。⑤ 娱乐节目正是为了满足受众调剂生活的需要而产生的。在现代生活中,缓解和消除人们紧张、不安情绪的重要方式之一就是使潜伏在潜意识中的缺憾得到宣泄和释放。当一个人的痛苦得以发泄,那么在一定程度上就可以减轻这种痛苦。同样,当一个人愉悦的心情得以外放,他就会产生一种满足感,就会在一定程度上增加他的幸福感。所以,宣泄、释放本身就是一种快感。在主持综艺娱乐节目时,如果主持人能够将其具有鲜明个性倾向性的心理特征即个性彰显出来,如将自己坚定的理想和信念、强烈的兴趣与动机、独特的气质与

---

① 《哲学小辞典》,上海辞书出版社 2002 年版,第 114 页。
② 参见《辞海》,上海辞书出版社 1979 年版,第 479 页。
③ 《哲学小辞典》,上海辞书出版社 2002 年版,第 45 页。
④ 《辞海》,上海辞书出版社 1979 年版,第 309 页。
⑤ 郑兴东:《受众心理与传媒引导》(修订本),新华出版社 2004 年版,第 46 页。

性格、突出的才华与能力等表现出来，那么，受众就能够通过"移情"①获得情感上的宣泄与释放，在心理上获得满足和安慰，起到缓解和消除受众紧张、不安情绪的效果。另一方面，综艺娱乐节目内容丰富、形式多样。正如马克思所说的："多样化使人愉快"，从内容上看，凡是能够让大众放松心情、消遣休闲、身心愉悦的都是综艺娱乐节目涉及的范围。从形式上看，几乎所有艺术形式，如唱歌、跳舞、相声、小品等都能够成为综艺娱乐节目内容的载体和表现的手段。面对如此丰富多样的节目，主持人在驾驭节目的同时必须做到尽可能地彰显自己的信念、理想、气质、性格、能力、情趣等方面的魅力，即"个性魅力"。这样，他才能在众多综艺娱乐节目主持人中脱颖而出，给观众留下深刻的印象。总之，面对如此庞大的综艺娱乐节目市场，倘若主持人缺乏个性或者个性不鲜明，非但不能满足受众的调剂生活的需要，而且综艺娱乐节目本身也将因缺乏个性魅力而丧失生命力。

■ 要点小结

娱乐节目的主持特点：自然亲和、轻松愉悦、风趣幽默、机智灵活、个性鲜明。

■ 延伸阅读

张颂：《播音创作基础》（第3版），中国传媒大学出版社2011年版。
吴郁：《主持人的语言艺术》，北京广播学院出版社1999年版。
刘洋、林海：《综艺娱乐节目主持概论》，中国传媒大学出版社2007年版。

第五节　电视综艺娱乐节目主持的控场艺术

一、何谓控场

电视综艺娱乐节目主持的控场，是指电视综艺娱乐节目主持人的即兴语言能力。具体来讲，就是电视综艺娱乐节目主持人在演播现场进行即兴发挥或处置意外情况时所表现出来的有声语言能力。

控场是电视综艺娱乐节目主持人的一种极为重要的能力。控场通常分为常规控场和应变控场，常规控场能力与应变控场能力共同构成了电视综艺娱乐节目主持人的控场能力。

（一）常规控场

电视综艺娱乐节目主持的常规控场一般是指主持人在演播现场的即兴发挥能力，其特点是"既定中的即兴"。

即兴发挥可以说有预设的成分，但具体的词句需要主持人根据现场情况灵活机智地加以组织，其作用是强化主题、烘托气氛、沟通场内外观众等，电视综艺娱乐节目主持人

---

① 移情是指把自己的主观情感移到客观对象上。它是审美活动的一种主观心理现象，是"移情说"美学理论流派的核心范畴。

是否具备这种即兴语言创作能力,对节目的成败优劣将起到十分重要的作用。

(二)应变控场

电视综艺娱乐节目主持的应变控场一般是指主持人在演播现场的随机应变能力,其特点是"不测中的应变"。

为了使节目获得逼真翔实、新鲜生动、兴奋热烈的效果,通常都采用直播方式播出。尽管每个节目在直播之前,全体演职员都会对整台节目进行反复的排练,但是,节目生产者为追求现场直播带来的刺激与兴奋效果的同时,也意味着某种风险的存在——这种风险具体表现为直播过程中或多或少、或大或小的种种"意外事件"。如:

在节目进行中突然出现某些技术故障,如:话筒无声、录音、录像播放操作失误等;

在节目进行中表演者一时失误或情绪上的一时失控;

在节目进行中主持人或应邀嘉宾突然忘词或把话说错、说漏;

在节目进行中临时需要压缩或延长时间;

在节目进行中现场气氛过于激烈或过于低沉……

节目直播过程中发生和可能发生的"意外事件",可以说变化无穷、不胜枚举。然而,面对种种可能出现的"意外事件",主持人的唯一选择就是应变控场。具体来讲,当主持人"不幸"碰到"不测情况"、面临非常规状态时,必须以"语言急智"妥善加以处置,并使之化险为夷。

孤立地看,这些"意外事件"的发生似乎纯属偶然,但是,这些"意外事件"在电视综艺娱乐节目主持人的职业生涯中,时有发生,这说明其具有某种必然性,这就要求电视综艺娱乐节目主持人必须具备应变控场的能力。应变控场能力强的主持人,总能在发生"偶发事件"或"意外情况"的紧急状态下,镇定自若、处变不惊地运用自己的智慧和才能,机智巧妙、随机应变地圆场补台,挽狂澜于既倒,变末路为通途,确保演员、观众的情绪不受影响,使节目得以顺利进行,甚至令节目平添亮色,更加精彩。如果说常规控场中的即兴发挥,有它能够"锦上添花",无它也"无伤大雅"的话,那么,非常规的应变控场中的即兴发挥,有它则能"绝处逢生""柳暗花明",无它定会误入歧途、陷入窘境。

电视综艺娱乐节目主持人的应变控场能力是其综合素质的集中体现,是综艺娱乐节目主持人区别于其他类型节目主持人的显著标志之一。综艺娱乐节目主持人控场能力强,其综合素质就高。反之,主持人控场能力弱,其综合素质就相对较低。

二、几种应变控场的技巧

电视综艺娱乐节目主持人的应变控场能力,是建立在主持人全面而深厚的专业素养和广博的知识与经验积累基础之上的一种综合业务能力。这种能力反映在节目主持过程中,就是随着种种出人意料的"险情"的发生,转化为种种看似"急中生智"的化解"险情"的巧妙方法。尽管节目主持人遇到的"险情"各不相同,他们解除"险情"的方法也各有千秋,但是,再复杂纷纭的事物,只要用心加以分析研究,其中总有规律可循。

电视综艺娱乐节目主持人应变控场的方法大致上可以归结为四种：

(一)从节目主题着手,寻求应变思路

这是电视综艺娱乐节目主持人在应变控场中应该遵循的一种基本方法。由于任何节目都是具有主题的,主题是节目的灵魂,因此,电视综艺娱乐节目主持人在对节目现场发生的意外情况进行应变处置时,可以迅速地将出人意料的"险情",巧妙而合乎情理地"拉"回到节目主题中来。换言之,不论主持人用什么样的方法去处置什么样的意外情况,都不应该离开节目之"宗"——节目主题,可谓"万变不离其宗"。主持人采用这种应变方法,不仅能保证应变控场的思路不偏离主题,而且能够起到强调和深化节目主题的作用,甚至能使行进中的节目掀起一个小的高潮,为节目增添一笔靓丽的色彩。

▍**案例精选**

1991年,倪萍首次担任中央电视台春节联欢晚会的主持人,接近零点时,倪萍刚下场,导演就把几份电报塞到她手里催促道:"快,这是四封电报,马上宣读,时间要占满1分20秒。"倪萍根本来不及看,一边走向舞台一边说:"亲爱的朋友们,我手里拿的是刚刚收到的四封电报。"随后倪萍开始依次宣读:"第一封是侨居马尼拉……第二封是……第三封是……"当她宣读完第三封电报时,发现并没有第四封电报。这时,她的余光看见导演在台侧正拿着那封电报向她示意。怎么办? 此时的她心情非常复杂:她显然不能丢下观众,下台去拿那封电报,然后再上台宣读,这不仅会形成空场,而且还会造成观众的误解。这是电视节目现场,尤其是直播节目中所不允许的。如果导演此时走上台将电报交给倪萍,就会导致节目当众穿帮。就在这个危急时刻,倪萍十分镇静地合起手中的电报对观众说:"今天晚上,发到直播现场的电报不计其数,特别是海外华人,他们都想在这个阖家团聚的夜晚为祖国亲人送上他们的祝福,由于时间的关系,我这里就不一一宣读了。海外侨胞们,你们的问候祖国人民都接受了,也请允许我代表祖国人民向远离亲人的海外侨胞祝福,祝全世界的中华儿女万事如意!"[①]此时,倪萍成功的应变控场没让观众看出其中的破绽,台下响起了一阵热烈的掌声。

首先,倪萍在遭遇"险情"的紧急关头,镇定自若,紧紧围绕晚会喜庆、团员的主题,将收到贺电的时间和数量由点扩展到面,即由收到的"四封"电报,扩展到收到了"不计其数"的电报;其次,倪萍巧妙地置换了播报对象,即由向全国观众宣读海外侨胞的贺电,变为向海外侨胞的祝福与问候。倪萍以节目主题为应变思路的方法,不仅为自己找到了不再宣读包括第四封电报在内的其他电报的最为恰当的理由,化解了险情;同时,以向全世界中华儿女的问候与祝福作为这个段落的结束语,再次强化了节目的思想立意,振奋了精神,鼓舞了斗志,使晚会掀起了一个小的高潮。

---

① 倪萍:《日子》,作家出版社1997年版。

(二)从节目风格着手,寻求应变思路

这是电视综艺娱乐节目主持人在应变控场中应该掌握的一种控场方法。它要求节目主持人必须在把握节目整体风格的前提下进行应变控场。节目风格,简言之,就是节目中表现出来的艺术特色。由于节目的艺术特色总是通过节目的内容要素和形式要素来体现的,因此,节目主持人必须全面把握所主持节目的内容与形式,即主持人必须熟悉所主持节目的风格。这样,才能在遭遇"险情"时,巧妙地利用节目的各种要素,通过"逢场作戏""顺水推舟"等方法,达到应变控场的目的。总之,综艺娱乐节目主持人应该在把握节目整体风格的前提下,使自己的应变控场尽可能与节目的整体风格协调一致,做到"到哪座山唱哪种调""登什么台演什么戏",进而让自己巧妙和谐的随机应变为整个节目增色添彩。

案例精选

上海电视台节目主持人叶惠贤有一次在主持《南北京剧大会串》节目时,当他的开场词刚讲到"这真叫……"时,乐队误以为他在叫板,锣鼓马上就响了起来。这时,他为了不让前面说出的三个字没着落,不使乐队的这段锣鼓让观众觉得莫名其妙,十分老到的叶惠贤,在千钧一发之际,几乎没有片刻迟疑,马上用京剧道白的方式说出了后面的主持词:"南北京剧大交流,喜看剧坛出新秀,古老艺术发新芽,咱们的京剧啊——有奔头!"叶惠贤这种娴熟老道的应变控场,真可谓挽狂澜于既倒,"化腐朽为神奇"。

当主持人叶惠贤面对"险情"时,当机立断,马上决定采用与京剧锣鼓十分契合的京剧道白的方式说这段主持词,这一应变方式不仅紧紧围绕节目主题,完好地保留了主持词的内容,而且选用京剧道白的方式,既与京剧锣鼓配合默契,天衣无缝,又与整台节目的风格——京剧艺术特色和谐一致,融为一体。叶惠贤这一高明的"顺水推舟",算得上是娱乐节目主持人应变控场的一个典型案例。

(三)宏观着眼,微观入手的应变技巧

在电视综艺娱乐节目现场直播时,节目主持人时常会遭遇"填补时差"的意外情况。生活中,一两分钟的时间一眨眼就过去了,然而,在演播现场,一两分钟的时间会显得很长。节目主持人面对众多观众期待的目光,绝不能让节目发生空场、停顿的情况。节目主持人在面对这种"窘境"时,一般都采用"小题大做"的方法加以化解。"小题"即小切口,就是主持人从一件事、一个人,或者一个道具、一件物品等展开话题。此谓"微观入手"。"大做"即主持人所谈的话题必须围绕节目主题,不能信马由缰、偏离主题。此谓"宏观着眼"。这种将宏观思考与微观着手相结合的"小题大做"的方法,在电视综艺娱乐节目主持人应变控场实践中可谓屡试不爽,十分奏效。

> **案例精选**

1995年初倪萍在主持一期以母亲为主题的《综艺大观》节目时，就在节目快结束的时候，现场导演急匆匆地告诉倪萍：准备的节目已经演完了，让她想办法填满剩余的三分多钟时差。尽管这一突如其来的"意外"让倪萍心中一紧，但是经验丰富的倪萍灵机一动，稳步走向了现场观众。她开始真切地向观众发问："我想知道，今天在场的观众朋友们，有哪位是陪同母亲一起来看《综艺大观》的？"

这时，观众席里站起一位小伙子，倪萍就请他向大家介绍了自己的母亲，并且带头为这位小伙子的孝心鼓掌。倪萍感慨道："这位妈妈，我们都为您自豪！有这么好的儿子真幸福啊！"倪萍转向小伙子，说道："小伙子，孝敬老人是受人们尊敬的，我们都应该向你学习。"话音刚落，全场响起了热烈的掌声。这时，倪萍看见导演示意她还有一分钟，她又转向镜头继续说："儿子带母亲来看节目本来不算什么了不起的，但我常常在我们的演播厅里看到的却是一对对情侣、一对对夫妻，有的是父母带着孩子，我却很少看见儿女陪着父母来的。其实，老人更需要多出来走走，他们更愿意来看看电视台是什么样，演播厅是什么样，倪萍是什么样。我希望从今天以后，能在这里见到更多的孩子陪着父母来……"

这段话，听似平常，却紧紧扣着节目的主题，又与观众息息相关，来得如此自然，说得如此亲切，既温馨又熨帖。这脱口而出的一席话折射出主持人倪萍对中华民族传统美德发自内心的倡导和赞颂。

（四）处变不惊、举重若轻的应变技巧

这是电视综艺娱乐节目主持人经常使用的一种应变控场方法。电视综艺娱乐节目与新闻节目不同，它主要是为观众"生产"快乐和提供审美欣赏的。因此，电视综艺娱乐节目主持人应该自觉成为为观众传递快乐、传递美好情感的使者。富有经验的综艺娱乐节目主持人总能在节目直播现场出现某种"意外事件"时，处变不惊、举重若轻、娴熟老道地采用"大事化小"的应变控场方法。如：说一些幽默调侃、宽慰人心的话语，找一些"就坡下驴"的"托辞"等，在不动声色中将危机"大事化小"。在确保节目顺利进行的前提下，尽量做到不影响观众轻松愉悦的心情。尽管这是一种常规的应变方法，但是节目主持人要想运用得自如娴熟，还有赖于他良好的心理素质和丰富的生活积累。

> **案例精选**

有一次，宋世雄和钟瑞共同主持一台晚会。一位青年演员在台上唱《女起解》，刚唱完第一段，观众席就响起了热烈的掌声，宋世雄以为演员唱完了，就赶紧上了台。当他发现演员还在继续唱时，观众已经看到了他。他见此情景立即退下。等到这位演员唱完下场，宋世雄再次上台时，就对观众说："刚才，这位演员唱得太精彩了，我听得入了迷，就不知不觉走上台来了……"由此，把这个小失误"圆"了过去。

1995年在一期以歌颂残疾人为主题的《综艺大观》节目中，有一个节目是聋哑孩子们表演的舞蹈。不料想孩子们跳得太投入了，没有注意到老师在侧幕给他们的结束信号，

仍继续跳着。这时,倪萍急中生智,走上台来对观众们说:"朋友们,这些孩子听不到掌声,但是他们有一双明亮的眼睛,请大家把手举得高些,告诉孩子们,我们爱他们!"当观众们一起高举双臂热烈鼓掌时,孩子们看到了,知道舞蹈结束了。此时,台上台下形成了一片欢乐的海洋。

总之,电视综艺娱乐节目主持人在应变控场时首先要做到镇定自若,才能在节目现场发生意外情况时,使自己的想象力得到正常的发挥。只有这样,才有可能通过丰富的联想找到处置"意外事件"的切入点以及与节目主题、风格等相关的链接点,找到能够"化腐朽为神奇"、可供随机应变的"事机",将"意外"处置为节目进行中的一个临时增添的"新内容",使观众在主持人机敏灵活、随机应变的精彩表现中,获得出人预料的审美享受和意外欣喜。

以上所述电视综艺娱乐节目主持人应变控场的四种基本方法,并非彼此孤立、毫无关系的,相反,它们是一个相互联系、相互配合、共生共荣的有机整体。之所以进行分类介绍,为的是便于学生学习和记忆,在分类学习中逐渐掌握应变控场的规律,最终实现综合运用的目的,以此提高节目主持人应变控场的能力。

要点小结

综艺娱乐节目主持人应变控场的几种技巧:

1. 从节目主题着手,寻求应变思路。
2. 从节目风格着手,寻求应变思路。
3. 宏观着眼,微观入手的应变技巧。
4. 处变不惊、举重若轻的应变技巧。

练习材料

练习1

(钢琴协奏曲《黄河》)

(主持人杨澜、叶惠贤、李华、张民权上场)

杨　澜: 还是萦绕在心头这熟悉而深沉的《黄河》的旋律,

叶惠贤: 还是这一泻千里、奔流到海不复回的磅礴气势,

李　华: 这是我们献给已经53岁的人民共和国的一份厚礼,

张民权: 我们在《祖国颂》之中,追寻那燃烧烽火的沧桑历史。

杨　澜: 滔滔黄河水,永远奔流;巍巍中国魂,永恒屹立。

叶惠贤: 黄河,你是民族精神的象征;长征,你是前无古人的奇迹。

李　华: 从铁锤镰刀交织到五星红旗升起,中国人民扬眉吐气,

张民权: 我们把这段可歌可泣的历史,牢牢镌刻在13亿人的心底。

(舞蹈《中国魂》)

(节选自东方卫视《祖国颂:大型音乐歌舞焰火晚会》)

练习 2

（嘹亮的军号声拉开晚会序幕）

（主持人曹可凡、夏霖、张民权、董卿上场）

曹可凡：亲爱的三军将士和武警官兵们、观众朋友们，晚上好！嘹亮的军号揭开了《军旗颂：纪念中国人民解放军建军70周年特别文艺节目》的序幕。

夏　霖：从70年前南昌城头的第一声枪响到今天，中国人民解放军从无到有，从小到大，已经整整走过了70年光辉历程。

张民权：这是一支威武雄壮、战无不胜的铁流，摧枯拉朽、势不可当。从革命战争年代、社会主义建设到改革开放的新时期，人民军队功勋卓著。

董　卿：军号吹响胜利的凯歌，军旅筑成钢铁的长城，军魂铸造辉煌的业绩，军旗召唤世纪的征程。

曹可凡：七十年漫漫征途，七十载金戈铁马，从红军、八路军、新四军到志愿军、中国人民解放军，军魂浩荡，军歌嘹亮。

夏　霖：首先请听一组《军歌联唱》。请看上海老战士合唱团、老干部合唱团的老兵们身佩军功章，雄风不减当年，他们将与驻沪陆海空三军和武警战士一起，高唱这些终生难忘的军歌。

（《军歌联唱》）

（节选自东方卫视《军旗颂：纪念中国人民解放军建军70周年特别文艺节目》）

练习 3

（主持人朱军、周涛上场）

朱　军：好，谢谢。亲爱的观众朋友们，在丙戌狗年新春钟声即将敲响的时候，向台湾同胞赠送的大熊猫的乳名已经诞生了！现在就让我们一起来隆重揭晓！

周　涛：各位亲爱的同胞，各位亲爱的朋友！现在我郑重地宣布：通过对手机短信、网络点击以及现场热线电话的综合统计，大陆同胞向台湾同胞赠送的大熊猫，最后选中的乳名得票是1 075 013 650的团团、圆圆！

朱　军：恭喜这对大熊猫有了自己的乳名——团团、圆圆！

周　涛：这对乳名也包含了两岸同胞的深情厚谊！（孩子们兴高采烈）

朱　军：亲爱的朋友们，请看，一对可爱的熊猫在向大家招手祝福呢！

周　涛：瞧，孩子们有多高兴啊！

朱　军：亲爱的朋友们，在这里我还要高兴地告诉大家，在这些可爱的孩子中，还有一些专程从台湾赶来的小朋友。在这欢乐的海洋里，愿我们的熊猫宝宝团团、圆圆带去大陆同胞对台湾同胞最真挚的祝福！

周　涛：也希望这对可爱的熊猫宝宝在台湾能够生活得幸福，生活得愉快，我们祝福它们！

朱　军：祝福它们！也要再次感谢这些可爱的小朋友们，谢谢你们！

周　　涛：更要感谢电视机前的您能够投票给我们这对熊猫起出这样好听的名字,谢谢大家!

朱　　军：好,那么,与我们结果一样的投了票的观众朋友,您将参加我们的幸运抽奖,我们的幸运抽奖将在正月十五的颁奖晚会中现场进行。

周　　涛：获奖者名单会刊登在《中国电视报》和央视国际网站上,请您注意查询!我们的奖品要发出2006份。其中一等奖10名,奖品是2008年北京奥运会开幕式的入场券;二等奖一共是100名,奖品是今年春节晚会的吉祥物——金狗望春;三等奖是1896名,奖品是由中国集邮总公司监制的春节联欢晚会的拜年封,衷心地感谢大家!

朱　　军：亲爱的朋友们,感谢大家的参与!

(节选自2006年中央电视台春节电视联欢晚会主持词)

练习4

(出主持人)

周　　涛：亲爱的观众朋友们,过年贴春联的年俗遍及祖国的大江南北。不管是雄伟的高堂雅舍,还是寻常的百姓家居,到处都可以看到妙趣横生的春联。

朱　　军：没错,人们不光贴春联,还互赠春联。你看,这字里行间啊,装满了浓浓的祝福。

周　　涛：今晚来自全国32家地方电视台的主持人和港澳台地区的代表将作为新春使者,为大家喜送春联!

朱　　军：对,他们将一个省出上联,一个省出下联,合在一起就是一副对联。我相信我们的观众朋友一定会特别地感兴趣。那新春使者都已经来到了台上,谁先来?

周　　涛：谁先来啊?

(新春使者上台献春联)

周　　涛：朱军啊,你看,真是一副春联一处风景,你说这些春联怎么样?

朱　　军：好!

周　　涛：真的好?果然好?

朱　　军：太好了!

周　　涛：你给来个横批!

朱　　军：你在这儿等着我呢!

周　　涛：来!

朱　　军：既然这样的话,我就不客气了,我来一个横批。我的横批是……

周　　涛：等一等,我的要求还没有说完呢。我们今晚晚会的主题是"盛世大联欢",你的横批要跟我们的主题相关。

朱　　军：既然这样,我就把这个难度再往上提升一下,咱们就以"盛世联欢"这四个字藏头作批,怎么样?

周　　涛：你行吗?

朱　　军：你听好了,我这个横批就是"盛景争春"!

主持人与新春使者合：好，盛景争春！

……

（出主持人）

李　咏：好，欢迎继续收看2005年春节联欢晚会的直播现场。马上就是我们第二组新春使者送春联的时间了。

董　卿：是的，我们第一组春联送出之后，全国各地的反响特别热烈，大伙儿都说用这样一种方式来祝贺新春很有新意。

李　咏：（从台边走上舞台，新春使者已经站在台上）我们这第二组更有意思，他们的地名简直就是东西南北大荟萃。有广东、广西、湖南、湖北、山东、山西、河南、河北……

董　卿：是啊，这次咱们俩先出横批，再出对联好不好？

李　咏：横批是"盛世联欢"藏头批，已经有了"盛景争春"了，我们第二组横批的第一个字一定得是"世"！

董　卿：所以大家伙听好了啊，咱们第二组的横批就是"世间同春"。

（新春使者上台出对联）

合：真是豪情满怀，壮志凌云！

……

（出主持人）

李　咏：好，欢迎收看正在直播的2005年的春节联欢晚会。

董　卿：亲爱的观众朋友，我们的第三组新春使者就要为您送出春联了。哎，李咏，你看咱们来自全国各地的新春使者在今天的舞台上像不像一家人？

李　咏：像一家人就要吃团圆饭，无酒不成席啊！

董　卿：要酒是吧？（贵州台新春使者：好酒在这……）

（新春使者纷纷上前献对联）

李　咏：（看陕西的对联）在我的印象中，杜甫不是陕西人啊。

董　卿：这你就有所不知了。杜甫在陕西旅居多年，留下了很多著名的诗篇，所以啊，就算陕西的了！

李　咏：哦，就算啊？好！我们现在要出横批了，藏头字的，有了"盛景争春""世间同春"，那我们这第三组对联的横批：

董　卿：第一个字就得是"联"字，

李　咏："联"字

董　卿：我们第三组的横批就是"联袂贺春"！

……

（出主持人）

周　涛：好，亲爱的观众朋友们，这里是春节联欢晚会的直播现场。刚才他们俩送给大家一副春联，可见送春联真的很有群众基础。一位热心观众打电话过来说，赋予地域文化的春联真的把大家连在了一起。

朱　军：说得对！有一位久居海外的老华侨打来电话说，今年春节晚会上的春联真可谓是情真意切，中华文化跃然纸上，让他的思乡之情也油然而生！

周　涛：接下来还有7个省、市以及香港特别行政区、澳门特别行政区和台湾地区的代表要为大家喜送春联。

朱　军：（唱）在那遥远的地方有位好姑娘……

周　涛：朱军，咱们是要送春联，你怎么唱上了？

朱　军：我唱的就是送春联的地方。

（新春使者上台送春联）

朱　军：周涛，春联好吧？

周　涛：当然好！

朱　军：来一横批？

周　涛：要不说我了解你呢，我知道你在这儿等着我呢！听啊，我的横批是……

朱　军：等一会儿，咱们这个横批是藏头的啊，还剩一个字——"欢"！

周　涛：（对台上新春使者说）其实啊，我们在下面早就商量好了，对吧？就是瞒着你一个人！我的横批就是：

（台上新春使者合说："欢歌迎春"！）

朱　军：好，欢歌迎春！

（节选自2005年中央电视台春节联欢晚会主持词）

练习5

（出主持人华少）

华　少：尊敬的现场和电视机前的各位观众朋友们，晚上好！非常感谢你们今天来到这里，与我们共同关注2013浙江卫视"加多宝中国好声音"的年度盛典。节目一开始，我还是要邀请现场的观众朋友们代表关注这个节目的所有朋友们，用热情的掌声再次感谢四位导师和他们的十六强学员们。谢谢！掌声别停，我们还要欢迎"中国好声音"四大家族的全部五十六强学员！欢迎哈林的健身房、那英的大House、阿妹的Family，还有汪峰的梦想班！是的，就在今晚，你们将会看到"2013中国好声音"即将迎来它的"年度中国好声音"的诞生，他将代表中国站在世界音乐之巅，这个人究竟会是谁呢？今晚，在这个舞台上最紧张的当然不仅仅是那四个登上年度盛典的学员们，还有一路走来的在这个夏天用汗水、热情、欢笑把他们送到这个舞台上的导师们！四位导师，当着全场观众的面为你们的学员加油，好吗？

（四位导师祝福）

华　少：再次谢谢四位导师！那么，今晚谁能走到最后呢？你们觉得呢？谁？是的，今晚这个决定权掌握在现场所有的观众手里。各位，请冷静地听我说，谢谢你们，请冷静地听我说，今天晚上，现场所有的观众，来自各地的观众，对！你们将决定谁是"年度中国好声音"！在确认身份之后，请你们发送四位学员的专属编号到10669588298，请各位从现在开始记录，四位学员的编号分别是：李琦881，张恒远882，萱萱883，金润吉884。你们的支持将决定谁成为"年度中国好声音"。现在我宣布,手机互动投票平台正式开通,交给你们了,现场的观众们!当然,今天和我们一起见证这一时刻的还有来自全国101家媒体的媒体评审员们,你们手中也拥有同样神圣的一票,来决定今天晚上最后的荣誉的归属!四位导师全都信心满满!现在,我们马上开始今晚的第一个环节。第一个环节将是四位导师和他们的学员共同合作演唱。广告之后,你将会看到的是阿妹首先带领她的学员李琦为您演唱《后知后觉》,马上回来!

(播放李琦与张惠妹 VCR 视频)

华　少:有请导师张惠妹和她的学员李琦带来《后知后觉》。

(李琦与张惠妹演唱)

华　少:掌声再次谢谢阿妹和李琦!两位请移步到我们的主持台前,现场多一点热情的尖叫和掌声送给他们,好吗?来!这是今天的第一个环节,老师和学员共同合作的第一个表演。在这里,我们需要请教阿妹老师,为什么给李琦选择的第一首歌是《后知后觉》呢?

(华少采访张惠妹与李琦)

华　少:谢谢李琦带给我们的精彩和诸多的回忆!今晚的比赛才刚刚开始,如果你支持李琦的话,别忘了发送881到10669588298帮助他完成他的音乐梦想。接下来,我们要看到的是汪峰老师和他的学员张恒远的表演,请看大屏幕。

(播放汪峰与张恒远 VCR 视频)

华　少:有请汪峰老师和他的学员张恒远演唱《如果风不再吹》。

(汪峰与张恒远演唱)

华　少:谢谢,谢谢汪峰老师和恒远!两位请也到主持台前来,谢谢你们的表演。各位现场的观众不要忘了,如果你支持恒远,就请编辑882发送到10669588298。两位,问题虽是同样,但内容我们始终关心。汪峰老师,为什么在今晚的年度盛典上为恒远挑选这首歌?

(华少采访汪峰与张恒远)

华　少:谢谢恒远,让我们共同关注他的成长!接下来要登场的是那英老师和她的学员萱萱,来,请看大屏幕!

(播放那英与萱萱 VCR 视频)

华　少:有请导师那英和她的学员萱萱带来《天生不完美》。

(那英与萱萱演唱)

华　少:谢谢那英老师,谢谢萱萱,也请两位移步到主持台前。现场来自全国各地的朋友们,不要忘了,我们在等待你们来替我们做出决定,如果支持萱萱,请编辑883发送到10669588298。两位,同样的问题,为什么给萱萱选择这一首《天生不完美》?那英老师的答案是什么?

(华少采访那英与萱萱)

华　少:"让她开心地笑",我想这是那姐很重要的想要达到的一个目的,那么,也打动你了吗？接下来,哈林老师和他的学员金润吉即将登场,请看大屏幕!

（播放哈林与金润吉 VCR 视频）

华　少：让我们欢迎哈林老师和学员金润吉带来《关不掉的月光》。

（哈林与金润吉演唱）

华　少：谢谢哈林老师,谢谢阿润。两位请到主持台前。不要忘了,现场来自全国各地的朋友们,884 就是阿润的编号。我们都知道第一首歌对这四个刚刚进入年度盛典的人很重要,哈林老师,为什么这首《关不掉的月光》成为开场？

（华少采访哈林与金润吉）

华　少："他想好好享受这个过程"。各位现场的朋友们,四位导师和学员的合作演唱已经全部完成了。现在,我也很好奇,到底谁会比较领先呢？因为,马上就有一个人可以直接进入巅峰对决,去争夺"年度好声音",但也意味着,马上就有一个人要离开今天晚上的年度盛典的舞台了。结果就要揭晓了！在这个很紧张的时刻,让我们欢迎《中国好声音》第一季的人气学员张玮来现场为他们歌唱加油！有请张玮带来《世界为你转身》,欢迎！

（节选自浙江卫视《中国好声音之巅峰之夜》）

思考题

1. 试分析不同类型综艺娱乐节目的特点。
2. 简述综艺娱乐节目主持的特点。
3. 何谓应变控场？应变控场有哪几种基本技巧？
4. 试总结晚会主持词的写作特点。

参考文献

毕征主编:《播音文体业务理论》,北京广播学院出版社1989年版。
韩青、郑蔚:《电视服务节目新论》,中国广播电视出版社2005年版。
韩青、郑蔚:《电视娱乐节目新论》,中国广播电视出版社2005年版。
黄会林:《中国电视艺术发展史教程》,北京师范大学出版社2006年版。
刘习良主编:《中国电视史》,中国广播电视出版社2007年版。
罗莉主编:《电视播音与主持艺术》,北京广播学院出版社2004年版。
罗莉主编:《实用播音教程(第4册)——电视播音与主持》,北京广播学院出版社2001年版。
孙玉胜:《十年》,生活·读书·新知三联书店2003年版。
王振业、李舒:《广播电视新闻评论》,中国传媒大学出版社2009年版。
吴信训:《新编广播电视新闻学》,复旦大学出版社2006年版。
吴郁:《主持人的语言艺术》,北京广播学院出版社1999年版。
徐晶:《现代职场形象设计》,中信出版社2007年版。
杨新敏主编:《当代广播电视新闻评论》,中国广播电视出版社2005年版。
叶子:《电视新闻节目研究》,北京师范大学出版社1999年版。
叶子、李艳:《电视新闻》,中国广播电视出版社2008年版。
张凤铸主编:《中国电视文艺学》,北京广播学院出版社1999年版。
张颂:《广播电视语言艺术》,北京广播学院出版社2001年版。
张颂:《朗读美学》,北京广播学院出版社2002年版。
张颂:《语言传播文论》,北京广播学院出版社1999年版。
张颂:《中国播音学》,北京广播学院出版社1994年版。
仲富兰:《广播电视评论教程》,复旦大学出版社2007年版。
《中国应用电视学》编委会:《中国应用电视学》,北京师范大学出版社1993年版。
朱羽君、雷蔚真:《电视采访学》,中国人民大学出版社2001年版。
邹煜、白岩松:《一个人与这个时代》,上海交通大学出版社2013年版。

编写说明

播音与主持艺术专业"十二五"规划教材吸纳了播音主持艺术教育 50 年的优秀成果,并持续关注传媒业界发展,创新理论,总结经验,注重实践性和指导性。

本系列教材由中国传媒大学播音主持艺术学院集体编写,教材凝结了历代播音主持艺术教育工作者的智慧结晶,体现了年轻教育工作者的思考和探索,同时也吸纳了传媒业界播音主持艺术工作者的宝贵经验。

本册《电视节目播音主持》的编写工作由翁佳统筹,卢静、杜宪审定。执笔人由校内专业教师和传媒业界专家组成。

具体分工如下:

第一章　电视节目播音主持概述,由翁佳执笔。

第二章　电视新闻播音,由卢静、杜宪、翁佳、成倍、廉伟、赵若竹执笔。

第三章　电视新闻节目主持,由白岩松、康辉、唐朝、翁佳、仲梓源执笔。

第四章　电视社会生活节目主持,由沈力、廉伟执笔。

第五章　电视综艺娱乐节目主持,由周涛、马谛、赵若竹执笔。

本系列教材拟将继承、创新、理论、实践相结合,同时参编人员众多,因此难免有不尽完善之处,敬请大方之家指正。

中国传媒大学播音主持艺术学院
2015 年 3 月

图书在版编目(CIP)数据

电视节目播音主持/中国传媒大学播音主持艺术学院编著.--北京:中国传媒大学出版社,2015.10(2024.5重印)

播音与主持艺术专业"十二五"规划教材

ISBN 978-7-5657-1324-8

Ⅰ.①电… Ⅱ.①中… Ⅲ.①电视节目—播音—语言艺术—高等学校—教材 ②电视节目—节目主持人—语言艺术—高等学校—教材 Ⅳ.①G222.2

中国版本图书馆CIP数据核字(2015)第074301号

播音与主持艺术专业"十二五"规划教材

电视节目播音主持

DIANSHI JIEMU BOYIN ZHUCHI

编　　　著	中国传媒大学播音主持艺术学院
责 任 编 辑	李水仙
装帧设计指导	吴学夫　杨蕾　郭开鹤　吴颖
设 计 总 监	杨蕾
装 帧 设 计	徐源　宋学敏
责 任 印 制	李志鹏
出版发行	中国传媒大学出版社
社　　　址	北京市朝阳区定福庄东街1号　邮　编　100024
电　　　话	86-10-65450528　65450532　传　真　65779405
网　　　址	http://cucp.cuc.edu.cn
经　　　销	全国新华书店
印　　　刷	三河市东方印刷有限公司
开　　　本	787mm×1092mm　1/16
印　　　张	15.5
字　　　数	348千字
版　　　次	2015年10月第1版
印　　　次	2024年5月第11次印刷
书　　　号	ISBN 978-7-5657-1324-8/G·1324　定　价　45.00元

本社法律顾问:北京嘉润律师事务所　郭建平

致力专业核心教材建设　提升学科与学校影响力
中国传媒大学出版社陆续推出
我校15个专业"十二五"规划教材约160种

播音与主持艺术专业（10种）
广播电视编导专业（电视编辑方向）（11种）
广播电视编导专业（文艺编导方向）（10种）
广播电视新闻专业（11种）
广播电视工程专业（9种）
广告学专业（12种）
摄影专业（11种）
录音艺术专业（12种）
动画专业（10种）
数字媒体艺术专业（12种）
数字游戏设计专业（10种）
网络与新媒体专业（12种）
网络工程专业（11种）
信息安全专业（10种）
文化产业管理专业（10种）

本书更多相关资源可从中国传媒大学出版社网站下载
网址：http://cucp.cuc.edu.cn
责任编辑：李水仙　　意见反馈及投稿邮箱：lishuixianok@163.com
联系电话：010-65779406